白目英格蘭

穿越到16世紀當混蛋

叫罵吃屎、仇女仇富、一言不合就單挑，莎士比亞也無賴的反指標文化攻略

How to Behave Badly in Renaissance Britain

露絲・古德曼 Ruth Goodman

目錄

前言

歡迎來到這個充滿惡行惡狀的時代，別再管那些高尚偉大的大人物故事了——這段歷史屬於那些有缺陷的不完美小人物。他們的小奸小惡，引領我們往世界的幽暗深處探索，不僅呈現出他們如何奮力為自己爭一口氣，也透露出一些促使他們行動的思想與情感。

光彩潤澤的環狀褶領（ruff）、鮮豔奪目的絲質賽馬服、信仰堅定的宗教改革人士、富有政治遠見的謀臣智士、大名鼎鼎的文學泰斗——一五五〇至一六六〇年，向來是被世人誇得天花亂墜的輝煌盛世，但在他們已然蒙塵的榮耀與黯然失色的光輝之下，始終隱藏著人性與人類經驗的殘餘菁華。十六至十七世紀，在英格蘭這塊地方，充滿熱烈的活力、實驗的精神與開闊的視野，卻也有一堆惹人厭又無足輕重的大老粗、傻瓜蛋、兇老太婆和好色貴族，個個頑固守舊、心胸狹窄、粗魯無禮，而我愛極了這一切。

每個時代與每個社會階層都會出一些壞傢伙，他們沒規沒矩，動不動就把周遭的每個人都給惹毛。像這樣行為舉止與社會格格不入的人，在歷史上與現代生活中都一樣不勝枚舉。一來總有人真心不明白所處時代的社會習俗，因而費盡千辛萬苦，只為遵從那些宰制日常生活的微妙人情世故和不成文規定。二來也總有人明知故犯，從來不把任何行為準則放在眼裡。有時，這種「傲視者」以反叛個體的姿態單打獨鬥，堅持要活得我行我素。就像瑪麗・弗李

（Mary Frith），她平常就會在公開場合抽菸喝酒，也會穿著男用及膝褲大搖大擺地走路，惹得她的市民同胞們又是嫌惡，又是著迷。有時，傲視者也會藉由集體破壞規定來表示挑釁，企圖營造出他們有別於人的群體認同。就像那群結成「逆天幫」（Damned Crew）的傲慢小夥子，他們成天游手好閒、喝酒鬧事，在首都倫敦四處恃強凌弱；又或者，就像那種叫人傷腦筋的新教徒，他們擺出一副自以為高人一等的樣子，沒事就去惹得鄰居一肚子火，只為滿足自己的優越感。有些人為了自己的目的而遊走於規範邊緣，有些人迫於生計壓力而悖德枉法。雖然破壞常規可能出於許多不同原因和動機，但規範終究還是規範，不容許被輕易破壞。

縱觀古今中外，凡是人類社會，無不受到錯綜複雜又頗為雷同的行為準則所約束。其中，有些是確切公開的規定，像是法令公告和正式條例；有些則源於宗教的信仰與觀念，界線更加模糊，並漸漸成為由來不詳的禁忌。此外還有很多規範，是透過他人解讀周遭世界後，根據他們的解釋所得到的「真理」，他們將某些行為定義為正確的、「自然的」，將其他行為定義為反常的、奇怪的。有些法則的存在理由早已無從考究，卻成為一直被廣為接受的傳統，是必須服從的規則，只因「我們一向都這麼做」。許多像這樣的法則並無正式的詳細說明，僅僅透過幽微的暗示或心領神會，透過家人、鄰居、同事、敵人和朋友的反應來學習，並且遍及每一種社會互動。從如何在公共曬衣場晾衣服，到如何在啤酒館和朋友小酌，

無所不包。有些人善於覺察社交線索，交際手腕特別高明，他們能先輕鬆內化所有盤根錯節（有時甚至互相矛盾）的規矩，再俐落展現大方自信的風采——至少有時候是這樣。如同今日，歷史上也有很多人努力要適應這一切，為了在每一次邂逅和每一種場合表現完美，他們不得不吃盡苦頭。

而我暗自同情他們每個人：對別人不以為然的神情渾然不覺，依然樂呵呵地表現得呆頭呆腦的人、在鬧出笑話後羞得無地自容，但只要了解規則後就願意從眾的人、故意表現得性情乖戾，藉著反抗來定義自我的人、制訂出新規範，試圖改變世界的人、算盡心機趨炎附勢，伺機攀高踩低的人、生起氣來怒不可遏，不顧一切後果發飆的人、忍不住要鬧一鬧這個世界，熱衷於取笑別人的喜劇演員和老愛惡作劇的傢伙。

這是一本關於他們所有人的書，也是一本為了他們而寫的書，目的是要探究都鐸（Tudor）與斯圖亞特（Stuart）時期，英格蘭的成文與不成文規定，以及當時的人們做了些什麼來打破這些規定。雖然書中部分活動疑似會演變成違法情事，但嚴格來說，這並非一段犯罪行為的歷史，而是要研究當古人反抗社會主流多數時，所習慣採取的各種惹人焦躁不安的反社會手段。書中也描述了這些行為的確切細節，包含冒犯的舉止及其反映出來的意義，因此，你會讀到如何惹毛別人的具體步驟說明。為了讓父母難堪、嘲笑一本正經的牧師先生、引起晚餐桌上的客人反感，以及出言貶低敵人，我

們必須勤加排練各種激怒大法。書中傳授了各式各樣較勁的方法，好讓你跟保安官周旋時能立於不敗之地，或起碼可以嚇嚇那些不懂得使壞的外行人，叫他們別來擋你的路。此外，還有寫著髒話的小抄，不僅扼要列出相關詞彙，也能在必要時刻當作致勝法寶，方便你針對特定主題即興發揮，視情況彈性制訂最佳戰術來進行言語攻擊。你也會看到幾種建議方法，教你如何穿得邋裡邋遢，把老古板的父母惹得緊張兮兮，同時也有描繪冒犯手勢的插圖，幫你藉由精準演出發揮最大效果。這是一套基本工具包，讓你得以在社會邊緣來去自如，巧妙地鑽過社會規範的漏洞。

話說回來，為什麼偏偏是這一百年呢？這其實是頗為私人的問題。我向來說不清楚，這段英格蘭歷史是怎麼攫住我的目光，令我的心魂如此深深著迷。不過事實如此，我也別無他法，只希望這段歷史也一樣吸引你。我愛這種異國情調與故土情懷的結合，你可以從中發現一些想法、言詞、態度和習慣，儘管乍看之下充滿異域的味道，後來卻漸漸挪移成為現代生活的背景。有太多二十一世紀的生活方式，都可以透過理解這段歷史來闡釋。當代的宗教與非宗教盡是在這個時代形塑而成的，不論是新崇拜儀式的出現、新教條與宗教生活實踐的定案，或是開始對基本教義派和過度熱情的唯心論懷有一種深深的（甚至是發自內心的）不信任，都可以從這段時期窺見端倪。此外，世俗主義以及各種教派的貴格會教徒與浸信會教徒，也一樣在這一百年間興起。

同樣在這段時期，世人首度開始爭論並爭取現行的民主形式。人人皆可投票（唉，女人不算）的概念，於一六四〇年代首度登上聽證會。代議制與賦稅制開始變得密不可分，宛如一種立國的原則，而君主制也數度被迫大幅讓出權力。這一切的奮鬥與爭論對全球局勢影響深遠，至今不輟。

　　另一方面，這段時期的語言演變帶來不少衝擊，挾著滿滿的活力與創意出現在街道、舞臺與印刷刊物上，更透過貿易與殖民向外傳播至離大不列顛極其遙遠的國度，影響力不可小覷。

　　而且，這如火如荼地展開的種種騷動，都不是權貴富豪所獨享的專利。當時的人即使出身再怎麼卑微，也能找到管道抒發個人意見，談論國家大事。窮困的年邁寡婦即使身處社會底層，還是能參與極其深刻的思辨活動，也能找到門路接觸感興趣的服務或辯論。大家嚷嚷著提出基進政治主張的地方，也多半是在工廠作坊，而非莊園宅第。當時最傑出的詩人與劇作家出身背景多元，且求學過程多是七拼八湊，未曾受過完整的正規教育。

　　文藝復興時期的社會階級嚴明，厭女文化盛行，但容許踰矩的空間倒是大得不可思議，只要夠大膽、夠堅決，或者夠幸運，還是有機會遊走體制邊緣，採取獨立自主的思想與行動。再者，這段時期也不乏傷天害理、燒殺擄掠或驚心動魄的場景。當時的醫學十分駭人，醫生未曾受過足夠訓練，卻要設法醫治有史以來最致命、最

噁心的疾病與流行病。至於外敵可能入侵的威脅，也終究成為舉國內戰、兵連禍結的前兆，而後把國王送上斷頭臺，更是史上罕見的戲劇性場面。

以上都是好理由，說明這段時期值得關注，不過，我也暗自為古人的行為動機心蕩神馳。這是歷史的轉捩點，而我好想知道，為什麼老祖宗行事要按著特定的規矩來，這些種種又怎麼兜成一套世界觀？我想弄明白古人的腦袋瓜是怎麼運轉的。他們關心些什麼？怎麼理解周遭的世界？為了什麼事情歡欣鼓舞？又為了什麼而煩躁不安，甚至大動肝火？一次又一次，求知慾驅使我不斷重溫這段時期，設法理解文化迅速發展下的人類經驗。

正因為那些挑戰常規的人，最能準確界定文化禮儀的底線，所以比起體面的人循規蹈矩的世界，有時反倒是惡行惡狀更能發人深省。舉例來說，「鞠躬」這個看似微不足道的禮節，卻能維持社會順利運轉。然而，我們很容易小看這個動作，非要等到哪天碰上極少數人，他們倔強地拒絕鞠躬，激怒了眾人，甚至引發暴力紛爭，我們才會在一陣激憤中明白，「鞠躬」絕不只是區區小事。從這種蹈矩行為確實可以看出，鞠躬禮是維繫著和平與社會合作的紐帶。

在因循守舊的圈子裡，我們會發現還有很多更微妙的方式，可以用來取笑或惹惱別人，甚至顛覆「鞠躬」本身的核心涵義。鞠躬是司空見慣的互動姿態，但有人鞠起躬來敷衍了事，也有人鞠得慢

條斯理,鞠得意味深長。透過千變萬化的姿態,我們得以一窺「鞠躬」從尊敬到輕蔑的豐富意涵。在差勁的鞠躬中,社會內部對個人所造成的緊張和壓力、社會群體之間的互動關係,以及禮節往來的分際,皆不言自明。

對各種差勁的鞠躬方式有這層認識後,就能深入剖析都鐸與斯圖亞特時期生活的潛規則。當年法國使者對伊麗莎白一世女王(Queen Elizabeth)行深屈膝禮,女王硬是讓他維持深屈膝姿勢長達十五分鐘,才准他起來,藉此表示她不滿法國企圖對英國施加壓力,並傳達她決心周旋到底的政治意向。而法國大使選擇承受英國女王的怒氣,在那煎熬的十五分鐘裡始終維持躬身姿勢,則帶著對得起自己身分與國家地位的尊嚴與自豪。這一幕政治劇的高潮,不需要半點言語,僅靠著舉止,便可傳達其所代表的意思,傳統禮儀具有強大的溝通力量,由此可見一斑。鞠躬不只是鞠躬,也能用來表示自己是堅守傳統,還是偏好短暫的流行,甚至是傳達政治共鳴或政治異議。有人忤逆傳統,故意用外國規矩或不當的方式行禮,有人對法式陰柔或一板一眼的鞠躬姿勢冷嘲熱諷,還有人以草率或挖苦的態度行屈膝禮。若沒有這些人,我們很可能會忽略禮節裡所蘊含的種種巧妙和趣味。

鞠躬也許算是種意想不到的溝通方式,也能被輕易地顛覆,但這也只是其中一種表達方式,人際互動的惡行惡狀多得不勝枚舉,還有很多例子能幫助我們了解古代社會。其他肢體語言形式,包括

比劃無禮的手勢、模仿可笑的行為、擤鼻涕，以及帽子的款式選擇，再加上一時失言與蓄意侮辱的情況，再再透露出各人的思想與感受。社交互動就是像這樣，由許多枝微末節與種種微妙的差異所構成。一個人的行為要是無懈可擊、完全合乎社會規範，大家基本上只會視為理所當然，給個搔不到癢處的評價，但換作惡行惡狀，反而會引起更多關注，激發更多詳細的討論與分析。我們指望別人改進糟糕的行為時，往往會再三表示憤怒、反感、厭惡，以及深切的憂慮。若是歲月靜好，哪裡還需要出書呢？就是被惹得火大了，才會想要紀錄下來洩憤。

所幸文藝復興時期並非一派和諧的黃金年代，言行舉止並非十全十美，說起話來少不了汙言穢語，穿著打扮也無處不是性暗示。只要我們仔細觀察那些傻里傻氣的行徑，看看啤酒館裡淳樸的鄉間醉漢，或小酒店裡跋扈的貴族流氓，並深入調查當時的人們當街互嗆的粗鄙言語，就能對英國文藝復興時期了解得更完整，明白現今這個世界何以如此獨特。

第 **1** 章 狗嘴吐不出象牙

　　只要曾經試著學習新語言就會知道，當我們為了在小餐館正確地點上咖啡和蛋糕，而吃力地背誦一堆東西時，聽過的髒話卻莫名其妙地想忘也忘不了。不列顛在文藝復興時期就已經是說英語的國家，但英語後來經歷了一些小小的變化才流傳至今，所以現代人要體會當時的英語，反而要費盡一番功夫。如果想回顧都鐸與斯圖亞特時期，深入了解古人的思維，一定要先花點時間「對上頻率」，破解許多看似怪異或經過改變的遣詞用句。那麼，我們就從簡單的部分開始，先來談談「髒話」。

你牙縫塞大便

「A turd in your teeth」，多麼令人愉快的開場白啊！你通常會在大街上聽到人家尖聲叫囂這句話，用意是為了驚世駭俗或引起厭惡。如果有人當面這樣兇巴巴地罵你，你一定會覺得很反感吧？這是一種冒犯言論，特別生猛、粗俗、挑釁和公開，適合搭配大音量的怒吼和吐痰。當然，我們也可以從更易辨別卻也更不真實的例子談起。

威廉·莎士比亞及其他文藝復興作家在語言使用上的創新和趣味、衝撞和幽默，想必許多人都耳熟能詳。舉例來說，只要深入閱讀莎士比亞劇作《亨利四世第一部》（*Henry IV Part 1*），就會發現法斯塔夫（Falstaff）唯獨在其中一個場景，因為朋友巴道夫（Bardolph）的鼻子看起來紅通通的，所以用「凱旋遊行不滅的火炬，篝火永恆燃燒的火光」來形容他。法斯塔夫針對巴道夫的鼻子滔滔不絕，自顧自地講了約莫十分鐘後，又罵起酒店老闆娘，不但說她「內在的信仰跟爛爛的洋李差不多」，還說她既不是魚也不是肉，簡直就是水獺。不僅如此，法斯塔夫在背地裡把王子說成「賊頭賊腦的壞蛋」，當著面又說他是「獅崽子」，中間還不時穿插「祂的血」（Sblood）、「上帝憐見」（God-a-mercy）之類的咒罵。這些例子在本質上有種荒謬的趣味，只是虛聲恫嚇，毫無實質的威脅。古往今來，只有性格太過一本正經或對宗教議題敏感的觀

眾，才會覺得受到冒犯。

　　雖然取笑別人的外表不太友善，但只要這種善意的揶揄言詞幽默、別出心裁又變化多端，就不至於那麼傷人。的確，侮辱的言語也可能變成純粹的遊戲，舉例來說，在《亨利四世第一部》早先的場景裡，亨利王子（Prince Henry）嘲笑法斯塔夫腰身臃腫，大聲嚷嚷道：「你這個樂天的膽小鬼，不但壓壞床鋪，還把馬騎到背骨折。你是一座巨無霸肉山！」不料法斯塔夫反過來恥笑王子皮包骨的身材，回敬道：「滾開！你這個餓鬼、小妖精的皮、乾癟的牛舌、乾巴巴的牛鞭，你這個鱈魚乾──噢，要形容你一口氣還說不完呢！你是裁縫的碼尺、細劍鞘、弓箭袋，你是一支插在地上的破爛長劍！」法斯塔夫拿這些東西打比方時，不僅指涉外形「細長」，也影射內裡「空洞」，所以顯得格外尖酸刻薄，而雙方的衝突原本只是在批評身材，這時更進一步擴展到性格層面。不過，兩人顯然都不是真的動怒，反倒對這種言語交鋒樂在其中。而我們身為觀眾，也不禁要為這辛辣的幽默拍手叫好。法斯塔夫伶牙俐齒，因此成為莎士比亞筆下大受歡迎的人物。一六四〇年，莎士比亞的劇作再版，倫納德・狄格斯（Leonard Digges）在書序中寫道，其他作家的劇本「儘管負擔不起昂貴的海煤與驗票員的開銷，但只要加上法斯塔夫、亨利王子和波因斯（Poins，同為《亨利四世》劇中人物，是亨利王子的隨從兼好友），以及其他人物，保證座無虛席」。其他劇本搬上舞台後，可能會因不夠叫座而賠本，付不出劇

場維修人員和驗票員的酬勞，但只要劇本裡有法斯塔夫插科打諢，演出往往會一晚接著一晚，場場爆滿。

然而，對別人說「你牙縫塞大便」卻是另一回事。首先，這話既不是劇本台詞，也不是有意識寫就的文學語句，而是活生生的人在街上高聲怒罵的用語，沒有經過縝密構思的弦外之音，也沒有專為誰設定的性格意涵。這是一句標準的口頭禪，在許多情況下廣為使用，而悍婦和鄰居、鑄幣商和斯特普尼區（Stepney）的牧師，或其他因膚色問題的糾紛而鬧上法庭的人，也常在庭審記錄中留下這句話。像這樣短短的一句話，在氣急敗壞時容易想到，跟現代髒話「你吃屎」（eat shit）有異曲同工之妙。這話雖不能用來展現聰明才智，倒是可以對付任何讓你不爽的人。如果你真想在文藝復興時期的不列顛使壞，就需要像這樣的語言。至於文學作品中華麗的罵人詞藻，除非你打算自己出書，不然忘了也罷。真正值得用心鑽研的辱罵言語，必須刀刀見血，要能把對方氣得牙癢癢、臉紅脖子粗。

如果「你牙縫塞大便」罵膩了，也可以換另一句流行髒話來變變花樣，例如「舔我屁眼」（Kiss my arse）。不過這話留有想像空間，要小心使用，否則對方的牙尖嘴利還會反將你一軍。以瑪莉・戈茲（Mary Goates）和艾麗絲・弗萊沃（Alice Flavell）為例，她們現身倫敦街頭，站在各自的家門外隔空對罵。瑪莉飛快拋出一句「舔我屁眼」，艾麗絲緊接著就回嘴：「才不要，那是約翰・卡雷

（John Carre）的工作。」這話不但暗指瑪莉與男人私通，還暗示那男人甘願任人擺布，做過變態的事，而瑪莉則是廉價的蕩婦。一般人在情緒激動之下，其實很難像這樣沉著反擊。我還要澄清，「舔我屁眼」跟現代美國用語「親我屁股」（Kiss my ass）可不一樣，沒那麼客氣，這裡的「arse」就是指英國人說的「arsehole」，也就是「屁眼」。

　　「舔我屁眼」在多數情況下都能發揮侮辱效果，拿來對付自以為高尚的傢伙更是好用。如果有人對你說教，要你酒別喝太多或別在街上嚷嚷，就可以用這句話來回嘴。「舔我屁眼」完美體現出老派路線的蔑視姿態，簡潔有力，如果你覺得有必要多說點什麼，

潑婦們因為她們既大聲又刻薄的叫囂而惡名昭彰。

可以加一句還算聰明俐落的「放個屁臭死你」（I care not a fart for you）。這麼一來，那些好管閒事或自以為是的傢伙就會知道，你只把他們的訓話當耳邊風。

但換作面對權威，當然就不能這樣無禮挑釁。當時不論傳教士或哲學家，一致認為人人都該守本分，按照神所制定的世界階層秩序，表現得莊嚴肅穆，對上位者則必須畢恭畢敬。就地位而言，男人高於女人、成人高於孩童、主人支配奴僕、經濟獨立者支配經濟依賴者、封建貴族宰制平民百姓，而上帝和牧師更握有統御眾人的權柄。在這套社會體系中，人人各安其位，各司其職。再者，隨著長大成人或成家立業，社會地位也會與日俱變，像是結婚有助於提高聲望，年老病弱卻往往導致地位下降。周遭的他人不斷重新定義或鞏固個人的地位，並提醒他們對「位尊者」善盡自己的義務。

正是所謂的神聖秩序，賦予這種階級觀牢不可破的力量與權威。也就是說，人生來是貧是富、是男是女，並非單憑機遇或命數決定，不論是社會的結構，或是個人應該扮演的社會角色，上帝都自有安排。雖然現代西方社會分工秩序不盡相同，但這大概是最有份量、最深入人心的一種。一名女子朝社會地位相當的鄰居叫罵「你牙縫塞大便」，當然非常囂張，但換作鑄幣師約翰·派伊（John Pye）對貴為神職人員的按立牧師說這種話，那可就不得了了，是擾亂社會秩序的行為，但謝天謝地，幸好他沒把更大不敬的「舔我屁眼」派上用場。以下犯上的行為不只挑釁個人，更是直接

挑戰整個社會，會威脅到上帝的神聖計畫。瑪莉和艾麗絲吵架的結果，不過是瑪莉一狀告上教會法院，指控艾麗絲妨礙名譽。反觀白約翰對牧師出言不遜，教區委員則把他的話層層向上通報，直至傳入倫敦代理主教法院的主教代理法官耳裡。婦道人家的恩怨大抵是私事，只會影響到她們在地方上的風評；然而，同樣一句話一旦逾越社會界限，就會引發更加一致的社會力量來反制。

像「舔我屁眼」這種髒話，本質上悖離了融洽有序、互相尊重的社會規範。發表異議或打擊權威都會破壞和諧，是導致言論帶有冒犯意味的一大原因。聽到別人當街互嗆的聲音，難免會覺得心神不寧，而且這種語言行為有增加及擴大敵意的風險，不但會切斷共同體內部的紐帶，導致私人恩怨越來越嚴重，還會打壞許多人賴以為生的日常合作關係。就某些方面而言，實際上說了什麼無關緊要，重要的是所處的情況。對權威人士拋出一句「你牙縫塞大便」，不見得就是在攻擊他，反而更可能是在攻擊他所象徵的權威。

近距離人身攻擊

話雖如此，許多記錄在案的辱罵事件純粹是針對個人的人身攻擊，直接把矛頭指向某個人。除了挑戰權威，惡言惡語也經常用來指出偏差行為，在冒犯言論衝著個人來時尤其常見。我們等等會介紹一系列街頭叫囂的狠話，你會接二連三地發現，那些話往往是要指責對方在某方面令人失望。侮辱言語的用途，多半是嘲弄那些行為不得體、不合群的人。惡語傷人當然是不可取的行為，但比起對方惡劣的行徑，這根本不算什麼。

大部分髒話的性別色彩都很強烈，有些詞專門用於女性，有些則專門用於男性，像是「王八」（knave）就只能用來罵男人。這個詞現在幾乎沒有人在使用，但可別傻傻地以為這只是輕微的侮辱，滿不在乎地就算了。「knave」一詞原本是用來稱呼出身低微的人，是非常體面的稱呼，只是後來有了更豐富的詞義。等到邁入都鐸王朝，核心詞義也發生了轉變。「knave」不再只是指一個人的出身低微，也意味著他缺乏教養、粗魯無禮。《兒童之書》（*The Babees Book*）於一四七五年匿名發行，旨在陶冶貴族男孩的舉止風度。書中提到，不看場合調皮搗蛋是「野孩子的行為」（knavish tricks），沒想到才過幾年，「knave」就不再只是用來表示男性舉止輕浮，也意指品德不端。以都鐸王朝來說，亨利八世（Henry VIII）在位期間，用「knave」稱呼粗俗又奸詐的人算是客

氣，仍然是一種描述性用詞；但到了伊麗莎白一世執政告終時，這個詞卻開始表示「腳下的汙垢」，用來指稱那些不配與體面人來往的人。這樣一個侮辱的字眼絕不可能被寫進童書裡面，由此可見詞意確實產生了改變。就這樣，「knave」從單純表示社會地位，演變成侮辱用詞，越來越傷人，漸漸成了「王八」。

　　文藝復興時期，男性的自尊與頭銜密不可分，而「王八」一詞可以打擊男人的社會地位，所以具有相當的威力。當時的人打從心底相信，王公貴族或仕紳望族比平民「更尊貴」。就連醫生也認為，他們的生理構造不太一樣，消化過程比較「細緻」，所以需要有別於老百姓的飲食。工人不可能在貴族的餐桌上攝取營養，貴族也不可能以工人的食物維生。鮮嫩肉品進了工人灼熱結實的胃裡，只會燃燒殆盡；而粗糠麵包進了貴族細火慢煨的肚子，也只會卡住、變冷又發硬。否定或貶低一個男人的頭銜，會深深傷害他的自尊。每個男人身處在這種社會階層中，從小孩長成大人，乃至成為父親，終其一生都渴望能隨著身分改變、責任加重、社會地位提升，而得到越來越受敬重的頭銜。再怎麼一個謙謙君子，婚後還是會希望人家不光是知道他的名字，也要喚他一聲「老爺」（Goodman）。許多成年男性也認為，雇來的僕人或學徒理當敬稱他們為「主人」或「大師」（Master）。假如有個在農夫鄰居手下幹活賺錢的「卡特老爺」（Goodman Carter），即使他地位平凡，在十六世紀下半葉罵他「王八」，一樣能貶低他的人格，顯得他心

態幼稚、沒責任感、不能信賴。冠上好頭銜，才能贏得社會尊敬，而可恥的稱謂只能叫人心裡難受，顏面掃地。

眾所周知，在盛怒之下僅僅罵一個單音節的「knave」，實在不足以消心頭之恨，非得多罵幾個字不可，所以這個字也常常跟其他詞語並用。「王八」常用來貶損社會地位，至於其他搭配「王八」的詞彙，多半是針對男人自詡為重要人物的正派形象加以打擊。要罵「汙穢王八」（filthy knave）、「騙子王八」（lying knave）、「大話王八」（canting knave，不懂裝懂又說個沒完的人），或我特別喜歡的「沒卵葩王八」（polled knave，指睪丸被閹割）都行，都能譏諷到男性作為家族權威的普世形象。也就是說，男人如果沒本事保持衛生、支持真相、管住舌頭，或者繁衍子孫，就是沒能善盡身為一家之主的職責。這些形容詞配上「王八」，就能貶低堂堂成年男子在群體中穩固的地位，顯得他是沒出息又沒擔當的毛頭小子。一六○二年，約翰・巴克（John Barker）在盛怒之下還搭配出幾種不同罵法。當時教區牧師佛斯特先生（Reverend Foster）「說了幾句話」，於是，約翰以「氣憤、吵鬧、好辯、喝斥的姿態」，朝牧師大罵「你王八，賊王八，噁爛的賊王八」（a knave, a rascal knave, a scurvy rascal knave），急得一旁幾個鄰居幫著充當和事佬。像這樣出言不遜，往往會衍生出暴力衝突。

「奴才」（varlet）則是比較少人使用的侮辱字眼，起源與

「王八」相近，都是指出身卑微的人，只是殺傷力比較小，不像「王八」那麼強烈地暗指對方不老實。而「狗熊」（sirra）與「潑皮」（saucy fellow）的語氣一樣比「王八」輕微。至於「痞子」（Jack）與「癟三」（rogue），既不如「王八」猛烈，也不比「奴才」和緩，都是介於這兩者之間的貶義詞。雖然以上字眼都能罵人「沒用」，切入角度卻略有不同。「狗熊」罵的是「卑躬屈膝、唯唯諾諾」，「潑皮」罵的是「傲慢無禮、放肆辱罵」，而「痞子」則強調「粗暴」，「癟三」則意味著「顯然有犯罪行為」。

同理，將這些用詞和其他語彙搭配使用，也能加強侮辱效果。比如說，「潑皮痞子」（jacksauce）讓人聯想到惹人厭的惡霸，老是大聲咆哮、滿口胡言，卻沒半點真本事。而大家掛在嘴上的「潑猴」（jackanapes）將「痞子」與「猩猩」（ape）結合，譏諷對方徒具人形，欠缺自制力，只是猩猩般的次等人類。相較之下，「廢物」（wastrel）則單刀直入，就是要罵人窩囊廢、活著佔地方，意思單純多了。

再者，愚昧的行為也是侮辱字眼的靈感泉源，像是「傻子」（fool）、「傻蛋」（gul）、「白痴」（clowne）、「呆頭鵝」（blockhead）、「糊塗蟲」（loggerhead）、「低能兒」（ninnyhammer）或「蠢驢」（ass），怎麼罵都行，不過罵人「傻子」最刻薄。就像「王八」，「傻子」聽在現代人耳裡似乎不算什麼，但可別因此誤以為這話能隨便講。罵人「傻子」是直截了當，

沒在客氣的，只不過就跟「王八」一樣，這個詞大家用得多了，損人的力道反而漸漸弱了。

關於冒犯，我這輩子看過不少詞彙就這麼喪失原本的力量。舉例來說，早在一九七〇年代，「妖豔的女人」（tart）一詞聽來明顯比較刺耳，平常也很少有人敢罵「幹」（fuck）。但在當代世界，「妖豔的女人」聽起來並不那麼壞，還到處都聽得到「幹」字，而且說實在，聽起來也不再那麼驚世駭俗。文字還真是種狡猾的東西啊！

就「王八」而言，這個詞的冒犯力道大概在一五九〇年代攀上巔峰，在一六二〇至一六三〇年代還保有威力，直到一六五〇年代以後才慢慢被淘汰。「傻子」的狠勁比較持久一點，在一六五〇年代這麼罵人，照樣會掀起一場全武行，而且這個字眼有損雄風，尤其會把男人給惹毛。古人相信，按照上帝的自然秩序，世界該由男人主宰，所以婦女本來就比較傻，需要父親或丈夫來引導、約束，而男性理當比較沉著冷靜，智力更勝一籌。上帝要讓男人作主，才打造出這樣的男性軀體，在四種體液*調和的條件下賦予他們更多血液；相較之下，女性體內大部分是黏液，並不均衡。正因有這種神決定的生理差異，男人比起女人，理所當然身體更強健，心志更

---

* 古希臘體液學說認為，人體由四種體液構成：血液、黏液、黃膽汁、黑膽汁。

堅韌。少不更事的男孩還在摸索人情世故，難免會幹傻事（而且當時有醫學共識，認為男孩成年後才能獲得全部血液），但長大成熟後理應增長智慧，變得通情達理。因此，罵一個男人「傻子」，等於質疑他不是真男人，做不好一家之主，顯得他沒有男子氣概。

以職業宮廷小丑為例，沒人會把他們當成年男人來看待或對待。宮廷小丑的制服華麗又昂貴（王室服裝部有帳目記載），顏色、輪廓和剪裁都刻意模仿童裝。他們常常像男學生般穿著長大衣，有時肩膀上還會繫繩索，宛如綁著學步帶的幼童。他們也經常拿著綴有鈴鐺與彩帶的道具，看起來就像嬰兒的手搖鈴。想充分發揮侮辱的效果，也可以結合其他語彙來突顯「傻子」一詞的幼稚面向，例如：「胡說八道的傻子」（babbling fool）或「瞎扯淡的傻子」（prattling fool），都令人聯想到牙牙學語的孩子。

不過「唬爛的傻子」（prating fool）倒不太一樣，是要罵人自吹自擂，說起話來自私自利，糊塗又沉悶。有些人以道德權威自居，老愛跑來對別人的生活指手畫腳，或奉行禁慾的清教徒生活，這時衝著他們嗆一句「唬爛的傻子」正好。

至於「呆頭鵝」、「糊塗蟲」和「低能兒」，用在日常生活中未免花俏了點，通常是和朋友在啤酒屋聊是非，為了痛批某人才會派上用場，倒不會在大街上拿這種話罵人。「傻蛋」也一樣，是私底下批評別人天真好騙、容易上當時用的，但「白痴」和「蠢驢」

就很適合當面開嗆。

　　「你這頭蠢驢」（You are an ass）這句話不只在許多訟案中留有記錄，也經常出現在舞臺上，其中又以《仲夏夜之夢》（*A Midsummer Night's Dream*）最廣為人知——精靈帕克（Puck）施法將織工波頓（Bottom）變成驢頭人身。我自己最喜歡的「蠢驢」場景來自《無事生非》（*Much Ado About Nothing*），劇中地方巡警多博瑞（Dogberry）像個可笑的傻子，一再把事情搞砸，後來有人罵他「蠢驢」，氣得他揚言提告：「哼，那時他要把我寫成蠢驢！各位大人請記得，他叫我蠢驢啊，儘管沒寫下來，但可別忘了他叫我蠢驢！」多博瑞受辱時正以地方員警身分執勤，算是小有權力的職位，所以即使接觸的對象社會位階高過他，他仍然覺得自己值得起碼的尊重，也因此更覺得憤憤不平。說到底，當時的行為指南也把這一點說得很清楚，根據弗蘭西斯・霍金士（Francis Hawkins）於一六四六年翻譯的《青年德行》（*Youth's Behaviour*），「凡是位尊權重者，所到之處皆享有優先權」。一個人若非出身名門，沒有與生俱來的特權與威望，那麼即使後天地位賦予的榮譽再怎麼微不足道，依然值得他牢牢守住。從歷史上真實的訴訟案可以看出，僅憑一句「你這頭蠢驢」，就足以告上法庭了，而觀眾雖然笑話多博瑞無能、裝模作樣又愛擺官架子，卻也對他的憤慨之情感同身受。

　　話說回來，將敵人定位成沒用的「王八」或愚昧的「傻子」

後，就可以用更具體的語彙繼續指責他們，例如「賊」（thief）與「騙子」（liar），都是意料之中的罵人字眼。這一類字眼一樣把男人的社會信用、可信度或可靠性當成箭靶，但並非廣泛的全面攻擊，而是集中火力砲轟特定的缺失。如果連「酒鬼」（drunkard）、「膨風」（braggart）也罵出口，就接近人身攻擊了。這種罵法比較仔細，傾向針對個人特質來打擊，不論對錯，大概都更能說服他人相信你說得有道理。「賊」與「騙子」同屬此類用語，殺傷力最強，而社會底層的人士尤其禁不起遭控偷竊的後果。當時的人普遍認為，財力最低落的那群人最有可能幹偷竊的勾當，然而，也正是這群人，會因被冠上「竊賊」的罪名而蒙受最大的損失。社會裡越窮困的人，越仰賴鄰里的善意與支援，萬一給人說成「賊」，在急需幫助時，恐怕就沒人肯救濟，而潛在雇主也不會願意錄用了。

相較之下，「騙子」的殺傷力更廣。罵一個商人是賊，他還能一派輕鬆地不以為意，畢竟他為什麼非得去偷不可呢？但如果罵他是個騙子，他做的買賣就顯得很可疑了。只要讓所屬群體相信某個男人的話不能信，他很快就會被斷絕財路。對紳士來說，「騙子」是一頂最扣不得的帽子，話一出口幾乎都要鬧成決鬥。誠信本來就具有「價值」，是當權者任何言論的首要基礎，比起其他族群，社會領袖更要展現出誠信才行。女性可以撒謊使詐，反正也造成不了太大的傷害；窮光蛋也可以信口開河，不至於真的惹誰不開心，但

紳士呢？既然有機會執法、做官、成為牧師或帶兵打仗，也就格外看重自己所說的話，務求句句都是不爭的事實。

如果要強調某人不愛乾淨，「臭鬼」（stinkard）是個特別好用的詞，或者說他「渾身蝨子」（covered in lice）也行。而「lousy」的詞義一樣與時俱進，原本只有字面意義的「充滿蝨子」，現在卻多了更溫和、更通用的言外之意，像是差勁或糟糕。然而，如果對方像伊麗莎白女王時代的人一樣不假思索，老是將字面意義照單全收，那一句「lousy」還真會惹人不爽。要是你還挑明你指的不是一般的「體蝨」，而是「陰蝨」，那更要氣死人了。一六一〇年，杭福瑞・理查森（Humphrey Richardson）被罵成是「渾身蝨子的瘋三、長陰蝨的王八、長滿陰蝨的噁爛王八」（lousy rogue, nitty britch knave, and scurvy nitty britch knave），這可不讓人開心。

另一方面，針對女性的侮辱用語，十之八九都與性有關，至於罵女性沒用，簡直無聊。首先，當時的婦女本來就無用武之地，你固然可以搭配「要飯的」（beggarly）或「補鍋的」（tinkerly，表示像補鍋匠般身無分文、居無定所）來罵，但單單責備女性沒用，效果實在不如對付男性。在文藝復興時期，女性不管在哪個人生階段，最符合社會期待的地位都是從屬於男性，而好女人就是要徹底內化這種信念，謙卑順服。即使婦女有權管束子女與僕人，也仍該保持正確的觀念：順從更高的權威。一六一九年，威廉・懷特利

（William Whately）在《婚宴》（*A Bride Bush*，為新人撰寫的婚姻義務規範書）一書中寫道：「務必將男人視為神指派給家庭的直屬長官。正因男人是家中的主宰，所以女人必須成為副手，以下屬而非平等的身分擔任他的副官。」女人應當秉持耐心、接納、忍讓的態度，對嘲弄自己地位低微的閒言閒語百般包容。身為女性，自傲是一種罪過，尤其令人髮指。同理，當時的人認為「傻」是一種女性特質，所以指責女性愚昧也沒什麼意義。稱讚女人是賢慧的妻子，她們大概都會很高興，但究其原因，不過是她們太習慣被罵成軟弱的蠢女人了。

要想惹女人難過，就要針對性生活造謠中傷，尤其要指控她出賣肉體，而描述性工作者的常用語彙多得驚人。「婊子」（whore）簡單明瞭，不僅在當時極為流行，到現在經過夜店外頭，也還常會聽到人家這麼尖聲叫罵。這個詞在城鎮街頭流傳甚廣，即使你距離很遠，聽不見當事人怒斥的其他內容，多半還是能清楚辨別那一聲聲的「婊子」。這個字眼十分惡毒，女性遭人這麼一侮辱，後果可能不堪設想。一句「婊子」說得容易，卻叫人難以舉證反駁，不偏不倚地打擊了女人的自尊與社會地位。

貞操是女性身分地位的根源。不論男女，名譽都一樣重要至極，但名譽的內涵及名譽受損的方式則截然不同，而女性的名譽總是會扯到性。即使是經法律判定的女罪犯，只要不搞婚外情，就仍稱得上是「誠實的女人」。不論是行為指南、佈道內容或民間歌

謠，給女性的建言都清楚地說明了這點。而且，整個社會也不斷提醒男人，要注重女人的貞操，一旦家族裡出了不貞的女子，男性親屬的社會形象也會遭到重創，名譽掃地的風險幾乎不亞於女性當事人。對當時的女人來說，淫亂是最惹人反感的缺點，要付出的代價也最為慘痛。

當時的人也將「淫亂」視為女性惡行的源頭。即使她們犯的過錯無關乎性，通常外界還是會認定原因出在背後有姦情，一旦女人謀殺親夫或子女，大家就會忙著找出她的情夫，以便解釋這種行為。罵女人是「婊子」，形同全面質疑她的生活，而且誰也不會尊重「婊子」。朋友和鄰居會跟她劃清界限，丈夫與父親甚至有權將不貞的女子趕出家門。不過，這個字眼傷人的威力也可能反而傷到自己，公然指控女子賣淫，真的可能吃上誹謗官司，甚至引起公眾群起撻伐。有時受辱的女性會聯合男性親友，不惜砸錢在社會上與法律上加以反駁，並要求對方公開悔過道歉，而教會法院就得為這種案件忙得不可開交。

儘管如此，在吵得正兇之際罵對方一聲「婊子」，效果卻好極了，幾乎誰也無法完全對這個詞置若罔聞。此外，還有很多替代說法任君挑選。「娼婦」（harlot）與「淫婦」（quean）都是「婊子」的同義詞，語意幾乎一模一樣，至於要選用哪一個，主要視在地方言而定。這種罵人的詞語都涉及廣義的性行為不檢，而且不限於賺皮肉錢，多半會提到通姦。「淫婦」大概是三者之中最普遍又

最粗俗的字眼，除了轉述他人說法，在其他情況下難得一見，而佈道家或治安法官撰述時，最常使用「娼婦」，其次是「婊子」。不過，「淫婦」在打街罵巷這方面的記載倒是很普遍。

然而，「鶯花」（gill）、「窰姐」（drab）或「賺食查某」（trull）就是十足的娼妓，而「馬子」（jade）嚴格說來是指廉租馬匹，但足以構成侮辱用語的理由顯而易見，況且「馬子」的用途又是「被騎」。「punk」也曾被用來指稱娼妓，而且看起來專指那種會偷嫖客錢包的妓女。不僅如此，這也是一個歷經性別轉換的詞語，到了一六六〇年代，開始有人用「punk」來稱呼男妓。數百年以來，「punk」做為多義詞，確實有「淫亂」的意思，而其他語氣較輕微的字眼包括：「蕩婦」（slut）、「浪女」（strumpet）、「騷貨」（flap）、「小妖精」（draggletail）、「狐狸精」（waggletail）、「花蝴蝶」（flirt）、「賤人」（bitch）。這些用詞對於賣春的態度比較漫不經心，雖然同樣指靠性換取金錢或利益，卻是偶一為之，並非常態。

選中符合情境的同義詞，就能增加話語的殺傷力。最刺痛人心的侮辱字眼往往有那麼一點可信度，所以比起具體的「賺食查某」，籠統的「婊子」更廣為流傳。比如罵一個體面模樣的婦人是「賺食查某」，沒什麼人會相信，所以她和丈夫輕輕鬆鬆不當一回事，但如果罵她「婊子」，就不由得叫人懷疑了。只要是平常靠接客賺錢的人，都沒辦法端著體面的架子，畢竟客人來來往往太明

顯，但若是偶爾跟某個朋友暗通款曲，就比較容易掩飾，也比較難以反駁。相較於「婊子」，當對方聽到「浪女」、「狐狸精」，更不可能要求你拿出證據。雖然這兩個詞暗指賺皮肉錢，卻也可以指願意接受他人的恩惠。不過，「狐狸精」表示女人水性楊花，招蜂引蝶，罪過比較嚴重；倘若罵了「浪女」遭人質疑，根本不必傷腦筋去想對方跟哪個男的搞外遇。

如果想多用一兩個詞增加你罵人的元素，主要可以從三種題材中挑選：個人衛生、性傳染病、野獸般的行為。「充滿蝨子的」不論男女都適用，而罵別人「充滿蝨子的婊子」還有個好處，你完全不必提到衣服，就能大略傳達「陰蝨」的意思。

平淡而古老的「骯髒」（dirty）也時不時會有人用，但說到侮辱別人，大家還是喜歡用「淫亂」（filthy）一詞。就像「婊子」一樣，有人認為多半是因為罵起來順口，才會造成這種偏好。不如自己唸唸看「骯髒的婊子」與「淫亂的婊子」，想必你也會同意後者口氣更狠。反正罵「淫亂」就是爽，當年約克郡（Yorkshire）羅斯鎮（Rowth）教區長要羞辱安妮・葛利斐斯（Anne Griffith），就選擇用粗暴難聽的罵法，說她是「噁爛淫亂的婊子，全身都是疥瘡和蝨子」（scurvy scabbed lousy filthy whore）。

在這種情境中，也可以使用「蕩婦」、「不檢點」（sluttish）來代換「淫穢」（slovenly）。在文藝復興時期，「蕩婦」一詞就

像現在一樣，既能指女人性行為放蕩，也能指她們不好好做家事，所以嚴格說來，你可以藉著罵「不檢點的蕩婦」（slutty slut），同時傳達兩種意涵。

性傳染病尤其是惡毒措辭的溫床。在文藝復興時期，這一類疾病都沒辦法治癒，病患即使癒後也是凶多吉少，不但長年症狀纏身，痛苦萬分，往往還會演變成精神失常，甚至死亡。當時的醫學知識還分辨不出感染類型，僅僅描述膿疱的存在，姑且統稱為「楊梅瘡」（pox，指梅毒），但這個名詞也可以指「天花」（small pox）或「水痘」（chicken pox），所以尤其容易混淆。

不過大家普遍相信，某些症狀肯定意味著性接觸傳染病。如果外生殖器起疹子，長出水疱或膿疱，（通常將這種身體病況稱為「燒焦」〔burnt〕），或者陰毛脫落，都是罹患性病的徵象。因此，在文藝復興時期，沒有哪個不列顛人會去做好萊塢式除毛。私密部位光溜溜的，表示成了病菌大本營，茂盛的陰毛才能確保衛生、健康與性福。

「燒焦」、「陰毛脫落」這兩大性病徵象，構成最基本的侮辱用語，像是「麻疤婊子」（pocky whore）或「屁股燒焦的婊子」（burnt-arsed whore），都很粗俗明瞭。如果說「她家屋頂沒茅草」（She has no thatch on her house），就顯得比較謹慎一點，不過殊途同歸。如果要給紅杏出牆的有夫之婦狠狠一擊，光是罵她

「婊子」就夠了，而意象鮮明的「屁股燒焦的婊子」，則令人聯想到更加縱慾過度的悖德女子，不但有格外臭名昭著的老相好，還會散播死亡與絕望。來自貝里聖艾德蒙（Bury St Edmunds）的菲絲・威爾森（Faith Wilson）牙尖嘴利，尤其表達得不堪入耳，她曾於一六一九年說：「圍巾拉高點，遮住大麻臉，回家去刮一刮你那癩皮屁眼！」（Pull up your muffler higher and hide your pocky face, and go home and scrape your mangy arse）

一旦學會罵「賤人」、「發春的賤人」（salted bitch），就會發現把女性比擬成各種動物（bitch也指「母狗」），可以創造出大量的侮辱用詞。當然，「賤人」到現在依然通用，不過在當代語境中，一般都被用來形容惡意報復的行為，倒無關乎狗的特徵。早在十六、十七世紀，世人已經明白其他動物跟人類很不一樣，低等得多。當時的人認為上帝僅僅賦予人類靈魂，而祂創造的動物具有特定用途，既從屬於人，也為人所用。因此，將人比作動物的羞辱意涵，強烈程度遠超乎現代人的觀點。正如前面提過的「潑猴」，罵人「賤人／母狗」，更甚者用「大猩猩」，也會讓對方在與他人、與上帝的關係中，失去身為人類的尊嚴、權利與特權。

「發春的賤人」指「發情的母狗」，意味著某種正在喘息的生物，因為性興奮而在大街上飛奔，毫無半點自制力與自尊心，所以對女性來說更是加倍羞辱。許多涉及禽獸的侮辱用語，都含有「性慾毫無節制」的弦外之音。舉例來說，「連母牛都不像她有這

麼多公牛追著跑」，就是這方面的即興發揮，毒舌到家，而公雞（cock，也指陰莖）就像公牛一樣，也能變出各種花樣。此外，也可以罵「醉母豬屎裝肚」（Dung bellied drunken sow）。雖然是比較稀奇的禽獸類侮辱，少了露骨的性意涵，但有隻喝醉的肥豬倒在自己的穢物中打滾，栩栩如生的畫面照樣能叫人氣結。

　　再者，性一樣能用來侮辱男性，只是描述的角度不太一樣。罵男人淫亂根本不痛不癢，要衝著他的妻子攻擊才有侮辱效果。男人照理不該拈花惹草，正經男人就該像正經女人一樣純潔。儘管如此，男人偷情被抓包，名譽受損的程度還是沒有女人那麼嚴重，而侮辱用語也明顯少了形容男人荒淫無度的字眼。然而，倒是有一些詞專門描述綠光罩頂的男人，其中最值得一提的就是「戴綠帽」（cuckold）與「好婊哥」（wittol）。「戴綠帽」表示做丈夫的軟趴趴，性能力不佳，算不上正港真男人，正因他沒好好拿出男子漢的氣魄，滿足不了老婆的性慾，才導致她出軌。由此可見，罵一個女人是「婊子」，即使沒說出「綠帽」一詞，也已經順理成章地替她老公扣上這頂帽子。反之亦然，說「妳老公戴綠帽」，就等於罵對方「婊子」。

　　不論歌謠或戲劇，通俗文學都酷愛編派一個「戴綠帽」的人物。這是一種樣板角色，總能逗得觀眾哄堂大笑，或起碼偷偷竊笑。然而，在現實生活中，誰也不喜歡被當成笑話看，有的男人更開不得半點綠帽玩笑，很容易就會惱羞成怒。惹惱這種男人的絕

招，就是故意在聊天時提到布穀鳥（cuckoo），或學叫「布穀、布穀」。「cuckold」與「cuckoo」兩個英文單字十分相似，再加上布穀鳥生性喜歡把蛋下在別的鳥巢裡，讓別的鳥替牠們養孩子，因此極易引發聯想，卻還是可以假裝「說者無心，聽者有意」。尤其如果對方的塊頭比你大，這招更是好用。

等你膽子大一點，就可以拿「角」（horn）來耍嘴皮子。我不太清楚頭上長了一對角，怎麼會變成妻子不忠的象徵，但肯定是這個意思沒錯，且已經有數百年的歷史了。根據流傳至今的大量圖像

傻傻的丈夫缺乏男子氣概，妻子吃著碗裡、望著碗外，想找其他男人來滿足性慾。這位先生於是淪為笑柄，頭頂不可免俗地畫有兩支角。

顯示，這種角看起來大多像山羊角，總是成對出現，通常有點彎曲，不過確切的形狀與樣式仍不盡相同。雖然山羊角也是魔鬼畫像的特徵，不過魔鬼那雙迥異於人腳的偶蹄，才是公認的招牌特色，頭上那對角反倒較不常見。因此，頭上長角的男人是做了烏龜，不是魔鬼。就像小木偶皮諾丘，說越多謊鼻子越長，妻子越常出軌，綠帽男的角也會越長。一六四〇年，伊迪絲‧安筑斯（Edith Andrewes）嘲諷道：「喲喲喲，可憐的綠帽先生，你頭上的角這麼大，恐怕擠不進家門啦！」圖畫中的角可以用畫筆勾勒，而舞臺演員只要戴上特殊頭套就行了。在早期或非正式的戲劇表演中，充滿了樣板角色與刻板印象，因而較常見到這種造型。此外，傻瓜的服裝總有一頂長角的帽子，也不是偶然。平常只要在帽子插上兩支棒子或羽毛，看起來就像角一樣，偷偷讓別人戴上這種帽子，保證笑果十足。

「綠帽男」可能只是輕信老婆，完全被蒙在鼓裡；相較之下，「好婊哥」對老婆的行徑瞭若指掌，甚至會替她拉皮條也說不定。嚴格說來，這個字眼比「戴綠帽」更侮辱人，暗示對方的性格更懦弱。「好婊哥」就算發現真相也莫可奈何，還幫著老婆反過來滅自己雄風，明明該是一家之主，卻成了妻奴。想更了解「好婊哥」一詞，可以把「龜公」（whoremonger）、「皮條客」（whoremaster）和「老鴇」（bawd）也放在一起看。這些詞都是用來描述替女人仲介性交易的行為，而且不限於（或不包含）自己

好婊哥明知妻子不忠卻默許她劈腿，比戴綠帽還慘。

的老婆。雖然「好婊哥」羞辱意味強，「戴綠帽」卻更靈活萬用，因為有幾分真假很難說，所以挨罵的人更有可能往心裡去，越發感到惴惴不安。按照定義，究竟是不是「好婊哥」，非此即彼你心裡有數，但說到「戴綠帽」，就得看你信不信得過你老婆了。

　　再者，「女人愛講話」的觀念也催生出許多侮辱用語，雖然不見得直指性行為，但同樣與女人的性有關。我們的文化普遍假定女人就是聒噪，經常把男人說的話表現得嚴肅、重要又中肯，把女人說的話刻劃得無聊、瑣碎又多餘。於是有人說女人是「長舌婦」（tattler），舌頭漫無目的地「擺動」（wagge），更糟的是抱怨

個沒完，叫丈夫日子難過，說起話來又尖酸刻薄，搞得街坊鄰居不得安寧。當你想羞辱某個女人，卻發現她顯然已經人老珠黃，說她偷腥沒人信，就會發現「長舌」是個很好發揮的主題。諸如「青蛙嘴」（frog mouthed）、「比目魚臉」（flounder face）或「戽斗」（long jawed），只要聽到影射闊嘴的用語，腦海都會浮現一張醜巴巴的臉，因太常講話而拉扯變形——同時，也會讓人想到因「太常使用」而衰老鬆垮的陰道。雖然這種罵詞不如「婊子」直白，卻還是頗為下流。

此外，還有另一個針對女性的熱門罵詞：「女巫」（witch）。光是接觸當代流行文化，可能會以為在十六、十七世

古人認為愛嚼舌根是女性特有的缺點，一群婦女像這樣聚在一起八卦，在當時會惹得男人極度焦慮又不以為然。

紀的不列顛人，經常跑到街上大叫隔壁的太太、小姐是女巫，但實際上並沒有，很少有人會在大庭廣眾下大叫這個詞。歷史學家蘿拉・葛寧（Laura Gowing）分析倫敦教區法院記錄的侮辱用語，發現在一五七二至一五九四年間，訴訟案件只有百分之四涉及「女巫」相關字眼，但在一六〇六至一六四〇年間，這個數字卻掉到連百分之一都不到。查遍英國其他地區的法院文件，也會發現同樣的現象。

　　罵人「女巫」，對方會要求法律賠償，但多半不必費力反駁。通常這個詞只有融入長句罵人，才會受到公開討論，例如：「妳是女巫更是賤人！」這時「女巫」一詞主要用來烘托中心論點，並非核心主旨。法院訟案也讓我們警覺，在氣頭上脫口辱罵他人可能被判誹謗罪，對方反倒得意洋洋地全身而退。以瓊・戴德（Joan Ded）為例，她遭鄰居斥為「女巫」，需要靠打贏官司來證明自己的清白，而自從鬧出風波後，迪外澤斯鎮（Devizes）上兩位麵包師傅就不准她再踏進店裡，可見鄉親們信了鄰居的話。這下瓊的處境艱難，岌岌可危，眼看事態可能進一步惡化，她找上地方治安法官，請求他們主持公道，實際上就是要當局起訴她，以便公開、正式地證明自己的清白。遺憾的是，我們不知道瓊的鄰居遭控誹謗後，是否曾受到任何懲罰，不過在以女巫罪名定讞的歷史名單中，並沒有瓊的名字。

我和我的大嘴巴

　　當時的人們在侮辱鄰居後，因此而惹禍上身的情況常見嗎？像「婊子」或「王八」這樣的字眼，究竟有多大可能會導致官司纏身？走在街上很少會聽到這種用語嗎？又或者在文藝復興時期的不列顛，喧囂的髒話就是日常的背景音樂？實際上，我們對這些一無所知。葛寧發現一五七二至一六四〇年間，在倫敦一帶有二千二百二十四樁案件，以妨礙名譽的罪名鬧上法庭。當時倫敦市的人口約莫十萬，表示這種訴訟案每年固定有三十至四十樁。此外，葛寧針對奇切斯特市（Chichester），研究差不多同一時期的訴訟案記錄後，也發現類似的現象。可見在文藝復興時期，如果現場有目擊證人，那憑一句難聽話惹得對方走法律途徑報復，也不是罕見的情況，且這還只是冰山一角。打官司很花錢，一場的訴訟費用介於一至十英鎊不等，但臨時工一天只能掙八便士，所以一般人根本負擔不起，再說，要掏腰包的可是受辱的一方。如果受害者很窮，那他們幾乎是束手無策：至少就法律而言，辱罵窮人不必承擔

任何後果。再者，打官司也需要時間、毅力與人脈，最起碼在地方上一定要靠關係。當事人必須集結目擊者，說服他們出庭作證，而司法程序曠日廢時又複雜難懂，也不是人人都想把事情鬧得人盡皆知。因此，我們不得不假設訴訟案件並非全貌，就連有錢人也可能對冒犯言語置之不理，尤其當你是女性時，更是如此。

文藝復興時期的粗俗文學對這方面也有著墨。舉例來說，一五四一年，埃德沃・葛辛賀（Edward Gosynhyll）發行的歌謠〈女子學校〉（The Schole House of Women），就曾談到女性的本質：

惡意深植在女人心中
一整年裡少有哪個男人
能聽到她們說出一點好話

當時的菁英分子大致上也同意這種觀點。以清教牧師約翰・布林斯利（John Brinsley）為例，他在一六四五年講道時表示，女人「天性容易受騙，並因而誤入歧途」。既然女人心智懦弱，充滿缺陷又愛耍小奸小惡，當然誰也不把她們當一回事。尤其對男人來說，對女人的氣話嗤之以鼻不但省錢，也比較省事。找來幾個男性同胞擺出厭女態度，笑罵女人都是小鼻子小眼睛，也無足輕重。而且，當時的法院對女性的言詞也持這種懷疑態度。同樣是原告、被告或目擊證人，如果是男性，當局僅僅質疑他們是否財務獨立，以

便排除賄賂或恐嚇的可能；但如果是女性，反而會質疑她們能否理解誓詞、是否句句屬實，還要保證過著「誠實」的性生活。

因此，當時一定有許多程度比較輕微的侮辱事件，不至於嚴重到要特地走一趟法庭。弔詭的是，有時正是透過訴訟案件，我們才會發現如何不帶髒字地罵人：像是用夠傷人的侮辱法，卻迴避掉可能因而被告的髒字或髒話。比如說，有位教區居民企圖規避責任，就曾這麼說：「我做女人勝過杜桂絲太太（Mrs Dugress）。我從來不在啤酒屋露出屁眼，也不為討酒喝而出賣自己的屄。」其中，「屄」（muff）是「陰道」的同義俚語。只可惜此詭計並未奏效，雖然她說得委婉，成功避開「婊子」一詞，但這話還是太露骨了。

但就算因為說了什麼話而惹上官司，也不至於就是世界末日。根據記錄，約有四分之三的訟案沒告到底，當中絕大部分以私下和解了事，並要求誹謗者以某種形式公開收回侮辱並道歉。至於由法庭作出完整結論與正式判決的案子，相關刑罰一樣著重於道歉，另外也可能要求誹謗者接受公開羞辱儀式。比如說，誹謗者可能得披著白床單現身教堂，站在所有教區居民面前，任大家嘲弄、唾棄或指指點點。誹謗者也可能要配合特定的道歉方式，像是朗讀或複誦法庭寫好的道歉文，有時還必須負擔名譽賠償與訴訟費用。

然而，如果大多數人侮辱鄰居都能開脫，只因為對方家裡窮、忍氣吞聲，或隨便道歉就能過關，就仍然有姑息養奸的風險。習

慣把「婊子」或「王八」掛在嘴上到處罵的人，到頭來不免會發現自己的話失去效力。你一句「臭淫婦」接連罵到第十二個女人，本來是希望眾人懷疑她、排擠她，卻發現到最後沒幾個鄉親相信你的話，甚至可能轉而同情她、支持她。就連教區牧師也掏出《佈道書》（*Book of Homilies*）來機會教育，對信徒重申謹言慎行的意義：「口出惡言者，小則煩擾鄉里，大則侵亂國家。忿忿怨言宛如瘟疫肆虐傳染，是故聖保羅（Saint Paul）要基督徒遠離惡語傷人之輩。」《佈道書》主要作者為托馬斯・克蘭莫（Thomas Cranmer），於一五四七年首度頒布給各教區。

雖然當時定期有這種官方宣導，威廉・拉姆斯登（William Ramsden）在一五九〇年代卻照樣闖出「在鄰里挑撥是非，煽動歧見」的惡名。不過這只是冰山一角，威廉在同胞看來，還有一連串失態又悖德的行為。舉例來說，牧師卜萊安・拜華德（Brian Bywater）曾試圖勸誡威廉不該拋家棄子，也不該鬧得鎮上「不得安寧」，沒想到威廉為了報復牧師，竟以誹謗罪一狀告上法院。傳統上，規束眾人的道德行為既是牧師的法定權利，也是義務，所以威廉這一告形同公然挑戰權威，可謂膽大包天，歷史上也並無威廉勝訴的記錄。如果硬是不肯收斂，時不時就公然侮辱他人，原本單純的民事罪名「妨礙名譽」，也可能演變成刑事罪名的「叫囂」，到了那時，上領地法院、自治市法院，甚至宗教法院接受審判都有可能。

說是這麼說，但只要是男人，就不太可能以叫囂罪名被起訴，也沒什麼人會叫你「潑夫」。當時的人認為婦女的心智由黏液主宰，散漫、軟弱、失控又不可理喻，所以只有「潑婦」才會「罵街」。舉例來說，約克郡亞空鎮（Acomb）領地法院記錄顯示，一五八四年，只有羅伯·史培斯（Robert Spayce）與喬治·吉爾（George Gill）兩名男子以「庭內叫囂」論處，可是在同一批記錄裡，以「經常叫囂」或在各種場合被以叫囂事件起訴的女子，卻高達十多名。進一步觀察更大範圍的法庭記錄，會發現這種性別比例落差更加懸殊。史培斯和吉爾之所以被冠上罪名，不過是因為他們咆哮的地點是在莊嚴肅穆的法院罷了。

　　「潑婦」是一種很少遭到起訴的輕微叫囂行為，指女人破壞家庭和諧，絮絮不休地頂撞丈夫固有的權威。「潑婦」也是民間歌謠反覆出現的主題，大都是為了營造滑稽效果。一六一五年，一首歌謠的開頭唱道：

有個已婚太太

我認識多年，但她還年輕

如果你以為她沒有頭腦

那麼我發誓，她的舌頭可厲害了

　　——出自〈浸水凳上的潑婦〉（The Cucking of A Scould）

另一首歌謠起源於一五八六年，將「忍受老婆叫囂」形容成已

婚男子特有的遭遇：「娶老婆，一定懂，家有河東獅子吼」（But scolding is an exercise that married men doe know）。

還有其他千變萬化的說法，不勝枚舉。雖然被老婆罵不比被戴綠帽難堪，但任由妻子無法無天地騎到自己頭上，也意味著缺乏男子氣概，所以在家老是挨罵的男人會顯得可笑，在當時是公認的取笑對象。嘲笑男人是「妻管嚴」（hen pecked，字面意義為「被母雞啄」），並說他老婆是「潑婦」，是一種擦邊球的侮辱，聽起來既沒那麼嚴重，也沒確實提到通姦，所以對方無法訴諸法律，只會被這話惹得不爽。

再者，要罵也不只在家裡罵，會罵老公的女人也會忍不住對鄰居惡言相向。舉例來說，同一首歌謠〈浸水凳上的潑婦〉中所刻劃的女主人翁，就會為了雞毛蒜皮的爭論當眾大呼小叫：

她掛在籬笆上的抹布
被鄰居的女傭拿走半條
她為了這點「滔天大錯」
犯下另一個罪過來報復
她扯開喉嚨破口大罵
整整兩天一夜

這分明是荒謬又誇大的場面，哪有人真會為了晾在籬笆上的半條抹布被偷，就指天罵地整整兩天？但撇開誇張搞笑不談，一個女

人出門在外老使性子，就可能招來「經常叫囂」的罵名。

　　大多數定罪的謾罵叫囂案都會易科罰金，通常只是一兩先令略施薄懲，但如果是累犯，就有可能（多半肯定會）被判處浸水凳刑（ducking stool），在蘇格蘭或英格蘭北部，則可能被判處毒舌鉤刑（scold's bridle）。至於浸水凳常不常用就因地而異了，有的聚落特別熱衷此道。舉例來說，位於雅頓（Arden）的亨利教區（parish of Henley），是莎士比亞的母親成長的故鄉，當地的浸水凳在一六二〇至三〇年代就曾數度派上用場。不過，也不是每個教區都有浸水凳。其中幾個案例顯示，有的女人被判處浸水刑，卻因刑具的裝置做得太糟糕，或已閒置三、四十年的凳子爛得不堪使用，而變成鬧劇一場。這種處罰方式怪得可以，搞得大家都以為是古代重要刑罰，但在歷史上其實不常被使用。話雖如此，身為一個可能兇巴巴罵人的古代女子，最好還是明哲保身，遠離雅頓的亨利教區、多塞特郡（Dorset）吉林漢市（Gillingham），或是諾丁漢市（Nottingham）。

　　總而言之，人在江湖要罵得快、狠、準，就務必要搞清楚對方的習性、性別和圈內名聲。侮辱的威力在於話裡摻著不多不少的事實，人家聽了才會當一回事，氣悶到久久不能忘懷。為了極力發揮侮辱效果，最好把千言萬語濃縮成一針見血的罵詞，同時小心別讓任何人反過來攻擊你，把你說成潑夫或潑婦。最好挑個窮光蛋來罵，反正對方才沒錢把你告上法庭。再者，煞費工夫想出一個高

明、文謅謅又冗長的說法，實在沒意思。開嗆就是要白話點，挑好主要罵詞，像是「馬子」、「廢物」，再加上其他常見搭配詞來修飾就對了。像這樣連珠炮罵一長串的效果絕佳，不但簡單好記，又能滿足想要暢快痛罵的欲望，而且對方馬上就能聽懂你的主要論點。

說來也有意思，佈道家與哲學家往往提倡仁義道德，但有時候，通俗文化卻對惡言侮辱者隱約懷有某種敬意——即使開罵的是婦女也一樣。一六三〇年，歌謠〈歡樂新曲：魔鬼被悍婦擺了一道〉（A Pleasant new ballad, How the Devill, though subtle, was gul'd by a Scold）問世，故事中做丈夫的企圖把悍妻交給魔鬼，卻沒想到老婆才真的「魔高一丈」：

「帶她回去，」魔鬼說，
「鼓起勇氣留下她吧！
地獄才不要自找麻煩，
收容這麼一個人間潑婦。」

這位太太毫無懼色，就這樣從地獄凱旋歸來，繼續天天大呼小叫。

怎麼說也有差

在倫敦，引人發噱的絕招莫過於地方口音，劇作家理查‧伯若姆（Richard Brome）就常把發音不標準的臺詞寫進劇本裡，好讓大家在閱讀劇本時，也能像觀賞劇場演出般領略箇中幽默。舉例來說，《北國姑娘》（*The Northern Lass*）劇中同名角色先是宣告：「他曾對我做的事，就是親了我那麼一下。但我必須要告訴你呀，他親以前，我早給盼了一千遍，一千遍。」（All that e'er he had o'me, was but a kiss. But I mun tell yee; I wished it a thoosande, thoosande till him）接著還說：「然後他幹了啥，您想想，居然捉起我的手給親下去。」（and what did he then do, trow you, but tuke ne thus by th'haund, and thus he kust me）也太搞笑了吧！其實只要倫敦城裡人聽來覺得夠獵奇，哪裡的口音都行。比如說，密德薩斯郡（Middlesex）芬斯伯瑞一百海得（Finsbury Hundred）一帶緊挨著倫敦城北牆與東牆，還涵蓋鬧區伊斯靈頓（Islington）、克勒肯維爾（Clerkenwell），但哪怕是這種附近城郊的口音，也成了班‧

瓊森（Ben Jonson）在劇作《塔伯的故事》（*A Tale of a Tub*）中滑稽地模仿的題材。

此外，英國西郡（West Country）的口音也是熱門題材：

喔唭，喔唭，好鄰居阿坦（Tan）

知俺幾近散哪呀

俺散普利茅斯走呀

內死棉汝看沒呀

搭馬魯，斯魔人，灣央大黑

亦有奔都西迪否炮

你吾迪魂夢主比喔

來湊賊佬人迪熱鬧

繁華的倫敦人來人往，充滿多采多姿的地方口音。

韋連・史道（William Stoude）就這樣寫出一首小詩來自娛，不但調侃土包子的口音，也取笑他造訪普利茅斯港（port of Plymouth）後興起的敬畏（或厭惡）之情。這段文字教人看得霧煞煞，但只要大聲唸出來就好懂了，不過我還是大略翻譯出來，免得各位傷腦筋：

> 喲，喲，好鄰居阿坦，
> 猜猜我這陣子上哪兒去？
> 我到普利茅斯溜搭去啦！
> 那世面你一輩子沒見過，
> 大馬路，時髦人，汪洋大海
> 還有會噴東西的火炮。
> 你我的魂靈蒙主庇佑，
> 來湊這種惱人的熱鬧

　　另一方面，通俗作家專寫廉價歌謠，卻也像紳士和劇作家一樣，善用口音發揮幽默。箇中翹楚擅長重現如假包換的鄉音，讀來相當令人折服；二流作家則多選用四平八穩的「鄉巴佬風格」，好逗得自認優越的城市讀者沾沾自喜。當時的人認為，鄉下人的智商不如古靈精怪的都市人，這種偏見直到今天仍根深蒂固，而帶有地方口音的措辭，恰恰能貼切地傳達「矮人一截」的感覺。在倫敦客看來，地方口音就是愚昧的表徵。當然，德文郡（Devon）居民也可能拿倫敦口音開圈內笑話，高高在上的態度恐怕不輸倫敦人，但

那些笑話卻不像倫敦歌謠，既沒有人記錄下來，也未曾傳遍全國各地的市集，或進了行腳商人的包包。於是舉國上下的地方人士，但凡能夠讀書識字的，行走在江湖上，很快就都察覺自己習以為常的說話方式顯得「不如人」。

操著「錯誤」的地方口音，往往會惹來許多不愉快，不單是遭到冷嘲熱諷而已，別人光是要聽懂你的話就很困難了。一五三〇年，有位作家哀號，英語「本身如此變化多端，某地的方言很難為其他地方的人所理解」。到全國各地遊歷的人常常抱怨，異地居民發音不夠標準，拼字又很怪異。歷史學者亞當‧福克斯（Adam Fox）在探討口語文化的著作中指出，英文的單字就像發音與腔調一樣變化多端。舉例來說，看似簡單的「我」，在倫敦城寫作「I」，在德文郡則寫作「Ich」；「每一個」在格洛斯特郡（Gloucestershire）寫作「Each」，在約克郡則寫作「Ay」。一六〇五年理查‧渥斯特根（Richard Verstegan）也指出，同樣一句話，倫敦客說：「我有越多起司就吃得越多。」（I would eat more cheese yf I had it.）北部人（渥斯特根沒說清楚是北部哪裡）卻說：「俺有的起司更多即食得更多。」（Ay sud eat mare cheese gin ay hadet.）如果是西部來的庶民同胞，大概會說：「喏有多地起司著吃多呢。」（Chad eat more cheese an chad it.）

一六三九年，來自格洛斯特郡的約翰‧斯密士（John Smyth），將柏克利一百海得（Berkeley Hundred）在地的語言與

口音記錄下來。這塊地方小歸小，倒是很有特色，而斯密士對這項工程雖感到難為情，卻也相當自豪，為我們留下格外完整的記錄。從中可以清楚體會，當地許多口音是多麼叫人捉摸不透。按照作者斯密士的解釋，如果問在地人哪裡出生，對方會答：「哪兒ㄚ出生ㄚ，就在柏克利百海，那兒開始吾ㄚ出生。」（Where shu'd y bee y bore, but at Berkeley hurns, and there, begis, each was y bore.）或者更簡單一點說：「吾在柏克利百海生下來。」（Each was geboren at Berley hurns.）斯密士尤其熱心強調，在地人喜歡任意將「ㄚ」（y）當作一個詞穿插在句子中，只為聽起來更順耳。

斯密士受過良好的教育。他洋洋得意地表示，雖然喬叟（Chaucer）及其他先古作家的措辭，已經不再為他同代的倫敦客所使用，卻依然保留在地方用語中。以「geboren」一詞來說，藉由在字首加上「ge」、字尾加上「en」來表示過去式，我覺得頗具德語文法的風格，而斯密士大概會認為這是古撒克遜語的遺跡。他也提到相較於倫敦用詞，其他地方常將字母「v」與「f」互換使用，像是「venison」寫成「fenison」、「feathers」寫成「vethers」，而「c」與「g」也有類似傾向。另外，由兩個字母構成的「th」，如果像「mother and father」般擺在單字中間，在地方上發音往往會變成「d」，聽起來就像「moder and fader」。斯密士還列出數百個地方語彙及特殊說法，像是「thick and thuck」就是我們現在說的「this and that」。好，現在，把這些線索拼拼湊湊，

試著解讀以下這個簡單的句子：「吾迷有疵飽兮，解吾一丁諾呃麵包。」（Each ha'nnot wel y din'd, ga'as zo'm of thuck bread.）。有答案了嗎？看吧！就算我已經把線索通通都給你了，果然還是有看沒有懂嘛！

因此，當時在英國旅行大概很辛苦，必須穿越一個個操持不同方言的區域。不過從另一個角度來看，假如你存心使壞，這種叫人迷惑的措辭該有多好用，既能嗆得別人啞口無言、愚弄路上的陌生人，還能對自命不凡的倫敦佬還以顏色——倫敦人到今天還是偶爾會犯老毛病，自以為了不起。不信你去問英國北方佬。

事實上，的確有一種語言是刻意要把圈外人搞糊塗，那就是偷拐搶騙的江湖黑話。黑話由大量的俚語與專門術語所構成，有利於企圖作奸犯科的人掩護行動。根據記錄，當時從德文郡到沙福郡（Suffolk），整個英格蘭南部都有人使用黑話，而且在倫敦城尤其盛行。舉例來說，「nyp a bong」表示「割錢包」，當時的錢包通常吊在腰帶上，要偷錢包就一定要先割斷吊索。「fylche some dudes」則表示「偷衣服」，這個說法到現在還有人使用，只是很少說一整句。在艾塞克斯郡（Essex），以及歷史悠久的倫敦東區（East End），「filch」（即fylche的現代寫法）依然表示「偷竊」，「duds」（即dudes的現代寫法）依然表示「衣服」。

再者，也有一些黑話專門用來描述不同金額的黑錢，以及可能

的集會地點。有一本於一五五二年發行，談運氣遊戲作弊方式的小冊子，裡頭也有專業老千常用的工具術語，包括十四種灌鉛骰子的名稱，像是「輕砂礫」（light gravier）、「硬毛」（brystelle）、「三四點」（cater tree）。不只工具有術語名稱，身為老千的不同「專業」當然也有。「盜馬賊」（prigger of prancers）專門偷竊馬匹，「亞伯拉罕人」（Abraham man）專門裝瘋賣傻上街乞討，至於專耍灌鉛骰子的人，則叫作「獵兔騙子」（coney catcher）。如果你想加入竊賊的行列，做黑社會的投機買賣，就一定要懂黑話。黑話顯然別具魅力，不少劇作家都熱衷於挪用小偷的黑話。我們可以發現，自莎士比亞開始，像是《冬天的故事》（*The Winter's Tale*）中的奧托呂可司（Autolycus），或《亨利六世》（*Henry VI*）中的辛考克斯（Simpcox），都一樣東拐西騙，使用黑話，且這種人物也經常登上各種警示公告。以黑話為主題的小冊子十分熱銷，往往多次再版，劇作家羅勃・葛林（Robert Greene）、托馬斯・戴克（Thomas Dekker）面臨財務困難時，都曾靠發行黑話手冊維持生計。這種資訊傳開後，賊子的暗語自然變得沒那麼好用，況且有幾個發行人就是治安法官，聲稱要用黑話手冊協助菁英執法人員打擊犯罪。儘管如此，總有許多鄉下青年涉世未深，還看不穿城市騙子的黑話。

　　說來驚人，目前為止拿來舉例的每一句方言土話，依稀都還能理解一部分。雖然大部分方言經過歲月磨蝕，越來越趨近倫敦的

「標準用法」,但現代英國的地方口音仍保有這一類說法的遺跡。更驚人的或許是,那些腔調、文法與單字,至今在美國幾個不同地區仍時有所聞。早年不列顛各地的方言,隨著不同拓荒族群傳入美國,每一種說法聽在現代人耳裡都還是別具特色。其中特別有趣的是,「like」這個字眼意外成了一種標點符號,在英國也蔚為流行。大約十五年前,這種說法傳到英國,彷彿未滿二十五歲的年輕人所說的每一句話,都要用微微上揚的語調加上「like」才行。多數英國人認為,這個詞聽起來就像美國舶來品,幕後金主則是一系列美國電視節目。然而事實上,這是古德文郡的說話習慣,當年隨著一批批「開國元勳」從普利茅斯港口啟程,飄洋過海到美洲,經過數百年後又回到不列顛故土。在英國,這種用法本來已經幾近滅絕(但尚未完全消失),也難怪後來一下子爆紅,不是住德文郡的英國人都覺得陌生極了。

相較之下,書面英語比口說英語更加一致。一四七五年,威廉・卡斯頓(William Caxton)率先在倫敦興辦出版事業,準備以英文印刷他的第一部著作,並和員工隨心所欲地擇取排版方式。當時還沒有約定俗成的拼寫法,也沒有任何正式的出版作業規範,所以只要盡量呈現得清楚易讀就好。他們主要觀摩拉丁文著作,並依照自己的發音將口語轉譯成書面文字。卡斯頓及員工,和大多數顧客,都在倫敦一帶生活,所以他們用的英文當然是「倫敦體」。從此以後,倫敦的文字和發音就隨著出版物流通到全國各地,於是,

閱讀量豐富的人不但漸漸能夠辨別，也開始期望能讀到這種英文。

倫敦腔與倫敦體也開始成為政治權力特有的語言。都鐸王朝建立後，政權越來越往首都集中。在伊麗莎白一世執政推動「進步」期間，還曾帶著全體朝臣到各地出巡，但距離與頻率都不及列祖列宗，而她也是最後一位這麼做的君主。貴族們仍然往返於宮廷與鄉間莊園之間，但也越來越常在首都從事各種日常活動。倫敦腔變成宮廷的代名詞，教學的書冊也開始把這種英文奉為圭臬，凡是標榜身分地位的人，無不要學著點，而口音象徵社會階級的漫長歷史也由此展開。

一五七七年，休・羅茲爵士（Sir Hugh Rhodes）在寫給兒童的教養書中，已經覺得有必要趁前言解釋一番：

> 我當然是笨嘴拙舌
> 從我肺裡呼出的氣息就知道
> 加上在德文郡土生土長
> 用字遣詞顯然平淡無奇

雖然羅茲具有爵士頭銜，算是菁英分子，但顯然也警覺自己有西南部口音，可能遭人訕笑。操著濃重的鄉音闖蕩菁英圈，在伊麗莎白時代已會招來一頓白眼，等到步入十七世紀，這白眼只會翻得更厲害。同時，那些擁有「純正」口音與滿分教養的人，剛好能藉此機會嘲弄鄉下土包子，並以此為樂。正如我們所見，許多倫敦人

都樂此不疲。

然而，所謂的「純正」口音，沒多久就不再單指倫敦腔。一六四六年出版的《青年德行》建議，年輕男性說英語「宜像城裡人那麼文雅，千萬別像下層階級一般」。說到「高雅口音」大家都耳熟能詳，這很可能正是受到倫敦腔啟發的觀念，但時至今日，高雅口音與倫敦居民的實際腔調已經相去甚遠。根據書中種種寫給紳士及其男嗣的建言，菁英言語不能「粗俗」，但也不能「土氣」，而且聲調既不「尖銳」，也不「平板」。這種微妙差異難以具體說明，若是從沒聽過正確的說話方式，恐怕也無法從中學到什麼。不過，這本書倒是能教人注意說話的「節奏」。數百年來，凡是溝通禮貌指南，都會建議讀者說話不要「急」，無一例外。講話太快或「含滷蛋」，都是社會階級較低的標誌，有些作家甚至稱之為「野蠻」。

同樣這一批作家所反對的「語調平板」，看起來則是源自一套發音方式不同的母音。倫敦教會執事要負責謄寫書面記錄，大概是最低階的公務員，不像菁英階級家境優渥，受過更高的教育。觀察他們的文書拼寫方式，再與菁英手稿或印刷刊物相比較，會發現其中有顯著而一致的差異。比如說，正式文獻將「箱子」寫成「coffen」或「coffin」，將「束縛」寫成「bond」；換作地方文書記錄，卻往往將短母音「o」換成短母音「a」，分別變成「caffen」與「band」。其他字母也經過類似更動，像

是一月從「January」變成「Jenuarie」，教區從「Parish」變成「Perresh」，欄杆從「rail」變成「rile」，尖叫從「shout」變成「shutt」。

亨利‧馬欽（Henry Machyn）是當時一位頗有名望的倫敦客，也是商人泰勒行會（Merchant Taylors' guild）的成員，他家財萬貫，但寫日記時經常把某些單字的「h」移到別的單字去，例如把「holes」寫成「olles」，又把「oaths」寫成「hoythes」。他也傾向用「f」來代替字首的「th」，或用「d」來代替單字中間的「th」，例如把「other」寫成「oder」。只要聽過現代東倫敦人滔滔不絕地講話，想必就對這種腔調轉換見怪不怪了，倒不是說當地口音長久以來始終如一，重點是今昔之間在某種程度上並無二致。

同時，上層階級對下層用語也是冷嘲熱諷。一五七年，喬治‧卜騰漢（George Puttenham）寫道：「工匠、車夫，或其他市井之徒，即使在王國最先進的城鎮居住或受教育……仍然會怪腔怪調、發音笨拙或拼寫錯誤，把話說得亂七八糟。」照這話看來，下層階級的口語和拼寫都不標準，往往怎麼發音就怎麼寫字，不用上層階級通行的拼字方式。然而，嚴格說來並沒有什麼正規寫法。眾所周知，莎士比亞拼自己的名字，就有五種以上不同的寫法，連上層階級也是怎麼發音就怎麼拼，只不過根據的是上流社會的口音，再結合他們熟悉的出版物文字來拼寫。說得再怎麼冠冕堂皇，終究只是五十步笑百步。

想要惹得上流人士渾身不自在，有幾種失禮的說話方式可以派上用場。這一類說話方式與口音關係不大，大致上可以稱為「言語衛生」，例如「口吃」與「咕噥」，都會令人反感。羅茲爵士在教養書的前言裡要求家長：孩子口吃時，務必加以訓斥。其他作家稍微寬容一點，只勸苦於口吃的人如果控制不住，就盡量保持沉默，非不得已不要開口。不過說到「咕噥」，眾作家可就相當毫不留情了。伊拉斯謨（Erasmus）立下規矩，要求名門子弟「講話要有先後順序，別冒冒失失地說出結論或原因，也別舌頭打結或口齒不清。要養成習慣，把話說得條理分明，把每個字的發音都說得清晰可辨」。其後一百五十年，英格蘭境內出版的教養書，幾乎都一字不漏地收錄這段話。講話咕咕噥噥，無疑會叫人聯想到下層階級，但凡紳士，都該把話說得清晰、準確、流暢，語速平穩，最好能操持倫敦口音或出版物的標準發音，還要具備「甜潤」而鎮定的嗓音，既不能大聲嚷嚷，也不能微弱到別人聽不清楚。紳士的聲音是刻意而為的「權威之聲」，藉以制定律法並要求他人服從。

然而，如果你只是個地位低下的船夫，划船載客橫渡泰晤士河是你的工作，有點像是水上計程車司機，卻還操著一口上流口音對客人說話……哎呀！言行舉止必須符合身分地位，才能受到社會認可，高雅過了頭就是過猶不及，搞不好比不夠高雅更糟糕。當時有個詞「假紳士」（gallant），就是用來批評懷有非分之想，裝模作樣充上流的人。牧師兼詩人的克勒蒙・埃利斯（Clement Ellis）曾

寫道，典型的「假紳士」說起話來就是矯揉造作、不倫不類，「大凡裝腔作勢與東施效顰者……言談間拿腔拿調，混雜許多不相干的詞藻」。菁英語言就留給菁英吧，市井小民就該堅持本色。

裝腔作勢與東施效顰

想要惹惱聽你說話的人，當然不只有怪腔怪調這一招，也可以針對措辭動手腳。即使措辭貌似文雅好禮，照樣能加以濫用、篡改、汙染，基本上就是玩弄文字遊戲。既然大家對話怎麼說才順耳有強烈的定見，要想搞怪，就有很多方向可以選擇。

如果你想放膽挑戰裝腔作勢，說幾句冒充高貴的話來挑釁，那麼多摺幾句外語準沒錯，好比取之不盡的拉丁文警語就很適合，例如：己所不欲，勿施於人（Quod tibi fieri non vis, alteri ne feceris）、人無信而不立（Frangenti fidem, fides frangatur eidem）。你甚至不必懂任何拉丁文，就能把話說出口，在許多刊物中也都找得到這種警語，還附上英文翻譯，像上面這兩句，就是出自一六六一年版的《青年德行》。

拉丁文固然很好用，不過若能加入其他語言更好。比如說，來一點古希臘文豈不妙哉，言下之意是你學識淵博，彷彿受過高壓教育；摺幾句法文或義大利文，則暗示你教養不凡又有外交資源，簡直惹人厭；或隨口拋出幾個荷蘭文單字，間接表明你還有多采多姿的從商資歷。把這些好料通通加在一起，端出一道惑亂眾生的語言雜燴，保證搞得大家茫然不解、心煩意亂。閱聽者有一半人覺得像被揭了瘡疤，傷心地想起自己受的教育不夠高；另一半人看你不懂裝懂黑白講，當場氣到傻眼。看你一副大言不慚的樣子，任誰都會有一點嫌棄。

　　除了第一招摺外語，裝腔作勢與東施效顰的第二招，主要是濫用頭銜和拍不完的馬屁。從都鐸王朝初年一直到斯圖亞特王朝時期，「敬稱」的說法變得益發細緻而正式，而當時的人也藉由這一類新興用語，來劃分自己的社會階級。為了確保自己不會落伍，能夠隨時表現得知書達禮，像個與時俱進的菁英分子，人不免要活得提心吊膽。另一方面，教養書也反映出這種演變趨勢與緊張心理，內容不再著重於用餐儀式的細節，更強調溝通與書信的禮節。

　　早期談敬稱的指南書都寫得比較簡單，只教幾項通用的基本原則，包含一些得體的現成句子，且被廣泛使用。舉例來說，一五二〇年代伊拉斯謨教導兒童，遇到學者與教師都要尊稱「道尊師父」（honoured masters），遇到牧師則要尊稱「崇德神父」（reverend father）。如果男性長輩的頭銜不明，就尊稱「先生」（sir），換

作女性長輩則尊稱「女士」（dame）。如果你知道確切頭銜，那麼每一回跟對方交談都要提到一兩次，才算夠禮數，最好能把人家的頭銜當成客客氣氣的標點符號，嵌入你說的話裡面，例如：「……然後呀，法官閣下，我告訴他貓在樹上呢……」

　　絕不得罪任何人，也不造成任何不便，才算得上是舉止合宜。你不該打斷別人說話，不該過分攫取眾人目光，也不該粗魯無禮、自吹自擂或好管閒事，而是應該養成謙遜的態度。重點在於心懷敬意，而非套用任何特定稱謂。紳士語言究其禮節，本來講求的是簡短扼要，但隨著歐陸新思潮傳入英國，這種洗鍊風格已經開始面臨反對聲浪，主要來自一五五八年在威尼斯（Venice）出版的喬凡尼・德拉卡撒（Giovanni Della Casa）的《禮儀守則》（*Galateo*），以及一五六一年譯入英文的巴達薩雷・卡斯提里歐（Baldassare Castiglione）的《廷臣之書》（*Cortegiano*）。這兩本書都鼓吹用更繁複、更恭敬的說法，來尊稱地位比自己高的人。如果你懂得這套新潮的義大利禮儀，社會地位自然高人一等，顯得格外知書達

馬屁精：華麗的修辭和複雜的敬稱，一不小心就會變成空洞的奉承話。

禮，通曉世故。但要是你一知半解，用詞不當或過分客套，都會顯得「裝腔作勢」。

到了一五八六年，描述溝通禮貌的英文書冒出一大堆空洞的自謙措辭，教讀者如何使用以填塞言語文章。舉例來說，在《英國廷臣與鄉紳》（*The English Courtier and the Country-gentleman*）一書中，廷臣瓦倫泰（Vallentine）問道：「我很高興，我那一點陋見能發揮功用……我衷心認為，您的智慧與判斷都遠勝於我，還有什麼要吩咐我效犬馬之勞？」接著鄉紳文森（Vincent）答道：「您無論何時都這麼禮貌周到，瓦倫泰大師，我知道您比我更有智慧、更有學問，可是您謙虛有禮的胸懷渾然天成，不吝惠予我十足的敬意。我實在受之有愧，感激不盡。」

文藝復興時期的文學家，都覺得書一開頭必須寫一段謝辭，獻給聲望卓越的贊助人，隨著繁文縟節盛行起來，謝辭也越寫越長。寫這種謝辭，是為了獲得重要人物支持，同時讓讀者覺得作者的所思所感更有韻味，也更加可信，內容則是彬彬有禮的短文與客氣話──起碼他們希望能這麼以身作則。十六世紀初，謝辭通常只有數百字左右，但日子久了，精雕細琢的長篇大論越來越普遍，有時一拖沓甚至長達數十頁。像這樣講半天沒重點，現代讀者恐怕吃不消，譬如在一六五六年，這封幫兒子找家教的信，就是推薦給紳士學習的範本（值得注意的是，嚴格說來，家庭教師的地位比紳士還低）：

值得尊敬的先生，我向您致上深深的敬意，您氣宇軒昂、超凡脫俗，為眾人所稱道，尤其是您渾然正直的人品，您日常交遊的地位，已經輕易征服我的理智並證實我的判斷，您就是鶴立雞群的不二人選。做為父親，我嬌慣年紀尚輕的兒子，甘願為循循善誘的明師送上束脩。我就像為兒子預備糧食般預防他的惡習，這完全是天性使然，因為我一清二楚，倘若沒有良師指引明燈，孩子必然養成傲慢無禮的性格，只會基於墮落的天性給周遭帶來不幸的後果，變得一無是處。

　　讀到這裡還有活下去的鬥志嗎？這才第一句話而已，接下來還有整整三頁，況且以當時的標準而言，這還不算過度禮貌。當時刊載這封信的出版物就在正文規勸讀者，不要說太多場面話或廢話，也不要把話說得「沉悶」或「冗長」。如果這封信還堪用「彬彬有禮」來形容，那「裝腔作勢與東施效顰」之輩究竟是什麼樣子，我也只能留給你們自己去想像了。

　　有一種人與逢迎之徒恰恰相反，老是愛把「你」啊「汝」啊掛在口上。就像德文有「您」（Sie）與「你」（du）之分，以往英文也有兩種說法稱呼對方。如果在正式場合要表示禮貌，或尊稱地位高於自己的人，就使用「您」或「君」（you／yours）；如果在私下交談要表示親近，或直呼地位低於自己的人，就使用「你」或「汝」（thou／thee／thy／thine）。回顧先前介紹的街頭罵詞，就會發現幾乎沒有「您」或「君」這種敬稱，「th」開頭的「你」

本身就是髒話的一環，表示眼下攻擊的對象比自己矮一截。在禮貌對話的過程中，大家寧可正經過頭，也不要敗在失禮，所以彼此畢恭畢敬地介紹時，一樣喜歡咬文嚼字並報上一堆頭銜。久而久之，這種尚禮精神徹底將「你」與「汝」逐出客套用語，於是「你」與「汝」作為貶抑詞，反而變得益發凶猛。

後來，一群以貴格會（Quakers）之名為後世所知的新教徒，跳出來斷言「上帝眼前，人人平等」。這在當時是很極端的觀念，甚至可能起顛覆作用，不但主張紳士的待遇應當無異於小老百姓，還堅信人人都是使徒，都能直接聽見上帝的話語，所以不需要牧師或其他神職人員。因此，他們刻意用「你」與「汝」來稱呼彼此，這種措辭大體上符合他們四海之內皆手足的宗教理念，卻在日常生活中激起許多人的敵意。貴格會信徒不光是在週日禮拜上特立獨行，叫人擔心他們異常的舉止，平常不管跟誰相處，也都完全沒有分寸。不少人本來可能願意通融，讓體面的同胞擁有一點宗教自由，但每天三不五時聽到沒禮貌的「你」啊「汝」啊，真是不火大也難。我們都知道，人與人之間縱使有再大的分歧，若懷著同情與敬意，總是比較好處理；但如果心存嫌隙，那麼本來存有的善意包容，反而會莫名其妙地消失殆盡。

根據作家理查‧柏拉維（Richard Brathwaite）於一六三〇年提出的看法，多多跟在好榜樣身邊耳濡目染，也能練就完美紳士風範，變得談吐有致。柏拉維開出一份推薦閱讀清單，把值得效法

的英文作家及其著作列出來，包括湯瑪斯・摩爾爵士（Sir Thomas More）的《理查三世生平》（*Life of Richard III*），以及菲利普・錫尼爵士（Sir Philip Sidney）的《阿卡迪亞》（*Arcadia*），而當中許多作家寫作的文法與風格，都深深受到拉丁文影響。想要找實用口語英語的同代楷模，可以聆聽著名牧師講道、觀摩議會發言，或信步走到星室法庭（Star Chamber）旁聽案審。上述好榜樣追本溯源，一樣不脫古典拉丁文，所以言語文字越像是從拉丁文直接譯成英文，在當時就越顯得高明。

另一方面，壞榜樣也不是沒有，莎士比亞就是一例。不得不說，他的確不算最糟，但在劇場學到的英語實在登不上大雅之堂，只有肉攤老闆才會引用《哈姆雷特》（*Hamlet*），紳士可不會。當時戲劇的賣點是廉價親民的娛樂，所以不論臺詞多麼機靈優美，總是沾染著幾分通俗的氣息。況且說到底，這個來自華瑞克郡（Warwickshire）史特拉福鎮（Stratford）的暴發戶是誰？沒受過高等教育的商人之子，竟放著正統英語不用，在劇本裡偷渡華瑞克郡方言！從這種人身上怎麼學得到純正的英語呢？

一六六〇年，詩人埃利斯筆下行徑乖張的「假紳士」，是從《唐吉訶德》（*Don Quixot*），或其他比較流行的中世紀傳奇文學中得到靈感的，他也會大量使用新創詞──數量之多甚至可以和產量最多的莎士比亞匹敵，但這也是莎士比亞為人詬病之處──還不惜花大錢購買每一本新上市的「下流趣味刊物」。在文藝復興時

期，一個人對莎劇《李爾王》（*King Lear*）知之甚詳，表示他常常待在鬥熊場*與妓院隔壁的劇場，伴著小老百姓逍遙浪擲午後時光。

以上帝之名發誓或咒罵別人下地獄，一定能夠惹惱很多人。

再者，經常以神之名加強語氣，也會毀掉原本順耳的英語，例如：「我拿上帝的鮮血起誓，這是美味的啤酒！」光是這句話，就能惹得虔誠信眾與高貴紳士不高興，也讓我們回想起《亨利四世》的法斯塔夫，嘴邊老掛著「祂的血」（即「用上帝的鮮血」）、「祂的傷」（zounds，即「用上帝的傷口」），還有「上帝憐見」（即「上帝悲憐我的靈魂」）。當時惹得劇評家發牢騷的「咒罵」（swear），就是指這種瀆神措辭。相較之下，所謂「咒罵」聽在現代人耳裡，則是指出口成髒，三句不離與「性」有關的髒話。現代英國人常說「滾蛋」（eff off），如果要從文藝復興時期找對等語，最接近的大概是本章開頭提過的「你牙縫塞大便」。正如我們所見，文藝復興時期不

---

*鬥熊（bear baiting）意指將熊的脖子或腿拴在木樁上，然後放出狗群撕咬。這項活動起源於十二世紀，在十九世紀遭到禁止。

缺露骨的「性」髒話，隨時可以用來發動攻擊，只不過在當時的人看來，「咒罵」真的就是指「以神之名起誓」（to swear by…），因此也可以說是「對上帝出言不遜」。髒話固然是髒話，咒罵卻是另一回事，是不帶任何髒字的另一種邪惡，其中一些說法更留傳至今，像是大家常聽到的「看在上帝的份上」（oh, for God's sake）、「上帝啊」（oh my God）。此外還有不少例子：現代人比較少說「以一切神聖之名起誓」（By all that is holy），但偶爾還是會冷不防聽到；如果是有愛爾蘭血統的人，多少都聽過「以耶穌之名」（b'Jesus）；氣到七竅生煙地說「看在上帝的份上」還不夠力，要說「看在上帝的愛的份上」（O, for the love of God）；想要表達錯愕又憤慨的心情，說「活見鬼」（bloody hell）就對了。我們太常隨口咒罵，幾乎忘了原本的宗教意涵。

像這樣的咒罵詞句激烈又傲慢，雖然備受譴責，但似乎也廣受歡迎，大致看來是當時男性特有的口頭禪。大多數受歡迎的佈道家，會將佈道內容會印刷成冊，冊子裡往往長篇探討咒罵的罪過，以及年輕男人不分階級地染上咒罵習慣的現象，並針對世人恣意咒罵、大搖大擺地逞凶鬥狠之事痛罵。在十七世紀初年，也有文獻一再提到，有些不成體統的女人試圖模仿男人，卻畫虎不成反類犬，學起咒罵那套——正是這一小群趕時髦的年輕女人不像話，頂著怪異招搖的髮型抽菸斗，而咒罵似乎成了她們特有的習慣。凡是籲請神靈制裁的咒罵語，宗教人士都很厭惡，在那種情況下提及神聖的

上帝之名，會令他們覺得很無禮，甚至有瀆神的意味。當然，許多人肆意咒罵，就是想看這群宗教人士又驚又氣的表情。他們越是吹鬍子瞪眼睛，咒罵就越顯得危險而刺激。

詛咒

　　另一種踰矩的說話方式是「詛咒」（curse）。古冊有云：「自此之後，在田地裡同樣那塊地方，受害女子再也種不出豌豆或其他穀物。」從那一刻起，這塊田地成了不毛之地，倒不是有人施毒或撒鹽，而是因為瑪格莉特‧哈克（Margaret Harkett）放話詛咒。我們聽來大概只會覺得是童話故事，但在古人看來，詛咒是非同小可的事情。當時瑪格莉特擅自跑到鄰居的田裡撿豌豆，撿到一半，鄰居就跑來責問阻撓。瑪格莉特主張自己有拾掇權（gleaning right，當時允許人民撿拾收成期間灑落在地的穀穗），表示抗議，但鄰居覺得她拿的遠遠不只掉在地上的那些，要求她留下那一籮筐的豌豆，只許帶走兜在圍裙裡的。瑪格莉特一聽之下惱羞成怒，「把懷裡的豌豆甩落一地，啐道：『為了一點豌豆妳就小題大作，

那通通拿走吧，來年我自己會有大豐收的豌豆，但妳連一顆也沒有！」她就這樣詛咒那塊田地，重重踩了幾腳，然後揚長而去」。幾年過去，瑪格莉特和鄰里的關係鬧得更僵，大家忘不了她之前那番話，疑心得不得了。一五八五年，瑪格莉特因而受審的結果載入古冊《巫術面面觀》（*The Severall Factes of Witchcraft*）。根據記載，她以女巫罪名被吊死。不是說詛咒一定會以巫術審判收場，還有更多記錄在案的情況，其實根本完全扯不上巫術，只是這樣做，終究會有遭人誤會的風險。

威廉・波金斯（William Perkins）是文藝復興時期赫赫有名的作家，作品多以巫術為主題，曾於一六〇八年出版《論可憎的巫術》（*Discourse of the Damned Art of Witchcraft*），扼要指出大眾對女巫的看法，「女巫慣常藉由詛咒來造孽」。雖然許多人都會出言詛咒，但波金斯認為，「詛咒過後出現傷亡，或起碼造成災禍」，就表示確實有巫術作祟。在留傳至今的文獻記錄中，的確有大量巫術審判案與詛咒事件有關。

一五七九年，艾德霍・懷特（Edward White）撰寫《可惡陰謀調查記》（*A Detection of Damnable Driftes*），概略記錄艾塞克斯郡的四樁訴訟案，每一樁都圍繞著「詛咒」展開。根據這本書，來自哈特斐德（Hatfield）的伊莉莎白・弗郎希（Elizabeth Frauncis），因蒲爾夫人（Mistress Poole）不願給她酵母，而「詛咒蒲爾夫人，對她降下厄運」。來自馬爾登（Maldon）的伊蓮・

史彌（Elleine Smithe）跟繼父起口角衝突，「在盛怒之下告訴他，要是他沒跟她吵架就不會出事，結果他真的一命嗚呼」。有人聲稱從那一刻起，伊蓮的繼父便一直無法攝取食物，就這麼餓死了。第三個案子是針對史湯頓太太（Mother Staunton）的長篇訴狀，其中一項控訴寫道，她不滿對方拒絕給予酵母，離開時口中「念念有詞」，馬上害得對方家裡的孩子生病。最後一個案子的主角，是來自朗帛德（Lamberd）的阿蕾斯·諾可絲（Ales Nokes），她替女兒報復手套賊，後來認定丈夫跟某個女人出軌，又對她施加詛咒：「妳領養一個孩子，但沒多久就保不住了。」話一說完，那孩子果真暴斃。這四名女性有三人被以女巫罪名遭處死刑，只有史湯頓太太免於一死，因為大家認為她沒有真的咒死誰。像這樣的起訴案件顯示，當時的人對詛咒的威力深信不疑。他們相信言語能傷人、能殺人，能帶來千百般災害。

　　儘管後果可能不堪設想，大家還是忍不住要詛咒別人，原因通常是相信「咒語」的靈驗。想要發揮效果，就要當面詛咒對方，或至少當眾詛咒，這樣你說的話才能響亮清晰地傳回對方耳裡。你的委屈越情有可原，你的詛咒就顯得越有力量，因此，大可把對方惹火你的原因簡單扼要地說個明白。此外，詛咒時跪在地上高舉雙臂，彷彿祈求上蒼作主，也不失為一個好主意。

　　詛咒有幾項公認的應用通則。祈求上帝予以報應的效力強大，而且非常符合半官方的神學思想。一五九八年，來自赫里福德郡

（Herefordshire）的約翰・史密（John Smith），來到位於雅坡（Yarpole）的教堂墓地。他在這個人來人往的地方雙膝跪地，朗聲念出仇敵的名字，接著「祈求上帝施加嚴厲報應，並在對方及其牛隻身上降下可怕的瘟疫」。相較之下，荷倫・海莉（Helen Hiley）不像史密走大庭廣眾路線，而是選擇當面詛咒，但其餘作法都差不多。她當著強・伍德（John Wood）的面下跪，大叫「伍德，上帝的報應降予汝身」。海莉不太在意伍德養的牛，但她詛咒他「所有的孩子」，還說「只要我活著的一天，就會不斷替你祈求厄運」。雖然史密和海莉都受到正式指責，但誰也沒說他們在施法術。許多人都覺得只要動機合情合理，詛咒對方就完全是正當反應，而且上帝終究會對罪人降下天譴，尤其是那種欺侮弱小的罪人，就連已出版的講道內容也表現出這種觀念。一六三七年，懷特利在《聲援貧民》（*The Poore Man's Advocate*）一書中主張，那些從不肯救貧濟窮的人，就等著「讓世人痛斥他們的詛咒……交由上帝付諸懲罰」。在多數情況下，這種比較像是禱告的詛咒不至於受到處罰。舉例來說，雖然瑪杰麗・布勒克（Margery Bluck）「祈求上帝讓鄰居痛苦死去」，但她從未被遭控為女巫；而凱瑟琳・梅森（Catherine Mason）「向上帝祈禱」，要讓洛柏・達弗斯（Robert Davies）的「房舍、孩子，乃至他擁有的一切」葬身火窟，也一樣沒人怪罪。

籲請上帝降下天譴是一種辦法，懇請魔鬼幫忙則是另一種想

法，說起來大概更嚇人吧。活該受罰和罪孽深重的人，才會害怕上帝懲罰，但魔鬼的惡欲沒有這種限制或差別，再怎麼微不足道的惡念，只要向撒旦提出請求，就可以造成傷害。像這樣的詛咒，正好能為勢單力薄的人賦予力量。

　　要祈求鬼神對仇敵造成多少損害，固然操之在你，不過許多人心裡都有一把尺，將財產損失、身體傷殘，以及死亡分成不同等級。詛咒某人養的牛，就算可能造成重大損失，卻還是不如詛咒孩子生病那麼嚴重，至於把人給咒死，那又是另一回事了。同理，一般犯罪案件也有財物損失、身體傷害，乃至謀殺之分，所以當時的人不只堅信一句話就能導致傷殘，有時候，也幾乎是將詛咒的後果視為一般罪案來量刑。由史湯頓太太的案例可見，在只有財產損失與身體受傷而無謀殺行為的情況下，判刑就比其他人輕。當時許多出言詛咒的人，也都經過這一番權衡輕重的思辨過程。詛咒內容越嚴重，自然越有可能引起當局注意，也越有機會被詳細收錄在文件中。地方法庭記錄還有多如牛毛的各種訴狀，除了指控當事人「詛咒與叫囂」之外，都沒有更進一步的細節，很可能正是大多數案件僅止於財產損失的緣故。

　　我們一路探索耍嘴皮子使壞的門道，至此已經發現有各式各樣

的規矩，等著我們去打破。詛咒能鬧得人心惶惶，咒罵能刺傷宗教情懷，侮辱能氣得人家牙癢癢。「錯誤」的口音叫人迷惑不解，也讓人淪為笑柄。在倫敦的貧民區巷弄與酒肆，總潛伏著許多流連忘返的人。他們說起話來不體面，不符合紳士談吐的高標準，卻又不肯使用樸實謙卑的說話習俗。他們故作高貴，說話夾雜滔滔不絕的拉丁文警語和少許歐陸語言，只為顯得有別於一般倫敦市民。他們說起話來冗長又謟媚，看起來像是要嘲諷平民缺乏格調，但附庸風雅的拙劣盜版，又像是在敗壞真正的菁英風範，結果同時惹毛了貴族與平民。相對地，也有人在對方期望聽到「您」與「君」時，偏偏說「你」和「汝」，藉著隨便的態度達成冒犯的目的。此外，舉國上下不分男女，沒日沒夜分分秒秒，都有人操著五花八門的侮辱字眼罵街。說的人嘴裡舌頭扭一扭，聽的人臉上青筋就抽一抽。

第 **2** 章　無禮、粗魯、威脅的肢體語言

　　鬥鬥嘴對你的幫助僅此而已，另一種互相傷害的世界，靠的是肢體語言。當環境嘈雜擁擠到聽不見隻字片語，或者距離遠到發音糊掉，毀了你精心挑選的論述觀點，這時就要靠「肢體語言」來一決勝負，而在必須保持肅靜的場合，或開口說話可能惹禍上身的時候，肢體語言也可以派上用場。此外，不論當面或背地裡評判他人的言論，都可以擺出肢體語言來嘲弄，順便娛樂一下旁觀者。另一方面，要是處在相應的場合，卻沒表現出合乎體統或表示支持的肢體語言，就會令人覺得焦躁不安或劍拔弩張，但要是表現得太過火，又會叫人尷尬至極。

　　正如同我們要先了解如何挑選最冒犯人的詞彙，才能好好地運用它們一樣，我們也要先掌握好所有的肢體語言，才能夠小露身手，就讓人痛心疾首。

卑躬屈膝

　　托馬斯‧戴克興致勃勃地誤導讀者，故意在書中建議：「進入屋內後，只管跟好朋友打招呼：像個給貴族帶位的紳士，旁若無人地走來走去，滿不在乎地經過其他人身邊。」把傳統上表示敬意的肢體語言給搞砸了，這絕對可以惹毛社會各階層人士。都鐸與斯圖亞特時期的英格蘭人非常嚴肅看待「榮譽」，所以這種失禮之舉有可能會釀成暴力衝突，實際上也有不少這樣的案例。每個人在任何社交接觸的開始，都會先審慎採取社會認可的儀態與行動，再把握時機開口，而隨後的口語表達若非增強，就是削弱非口語溝通的意義。肢體語言能夠創造情境、建立場景，所以即使說的話禮貌到家，仍然可以令人難堪或洩氣，或表達輕慢、侮辱、貶低、譏諷、不屑和恥笑的弦外之音，至於用善意玩笑甚至喜愛之情來緩和髒話的語氣，當然也可以。肢體語言複雜又微妙，賦予我們無限的機會表達自我、操縱社會，以及抒發己見。

　　一五四九年，德國作家弗利迪希‧戴德金（Friedrich

Dedekind）發表拉丁文諷刺詩〈邋遢老粗〉（Grobianus），後來戴克從中汲取靈感，於一六〇九年出版《傻蛋入門手冊》（*Guls Hornbook*），概要描述暴發戶、偽上流和浪蕩子的諸多惡習。這一類人盤踞在自命不凡又一貧如洗的顛危世界裡，而戴克很清楚在大城市裡該怎樣使壞，才不會被責怪。他在書中對蠢笨的鄉巴佬（也就是「傻蛋」）發話，貌似在分享風度翩翩的訣竅，實則要害對方變得更加可笑。「別把任何人放在眼裡。不到兩天前，你基於義務跟那位紳士同桌用晚餐，但這會兒吃午餐碰見他，可別對他脫帽致意。」戴克如此建議，還表示若好不容易看到有點身分地位的人，就要「趕緊打招呼，但千萬別稱呼對方某某先生或諸如此類，叫他『阿尼』（Ned，也有沒用的人、蠢蛋的意思）或『阿傑』（Jack，也可指普通人、地位低微的人或無賴）就行了」。

戴克的忠實讀者自然是當時的倫敦客，他們能分辨蛛絲馬跡，看得出周遭人的粗野行為，尤其是從鄉下來的有錢人，更是逃不過他們的眼睛。把手冊買回家的倫敦在地人，最懂得欣賞戴克的幽默，畢竟正是手裡有大把鈔票的天真年輕人，才會飛揚跋扈、不懂禮數，也才會成為罪犯或騙徒眼中的肥羊。所謂愚人，就是「可以愚弄的人」，最容易上當受騙。他們越是四處大搖大擺、恣意口出狂言，明眼人就越是心花怒放、蠢蠢欲動。

用正確的稱謂來肯定雙方的身分地位，就能建立起恰如其分的互敬關係。這聽起來很簡單，甚至像是表面文章，但事實並非如

此。你起初接觸某個人，一定要在幾乎一瞬間就對雙方的關係作出一連串的判斷，最起碼，你要搞清楚彼此的相對地位：他們的社會地位比你高？還是比你低？差距又有多大？如果你本來就認識他們，大概就簡單得多，但要是素昧平生，就只能憑對方的衣著、交友，或會面的地點來匆匆判斷，接著還得辨明彼此的年齡與性別，進一步修正先前的判斷。男性的地位顯然高於女性，年長者要求比年輕人更多的尊重。不過，也有人選擇對女性——尤其是上層階級女性——展現超乎必要的尊重，好向大家張揚他們見多識廣，採用最新潮的義大利禮儀。

接下來，就該進行比較主觀的判斷，觀察其他人在這個特定情境中，有多麼發自內心地敬重那個人。比方說，一個商人相對於其他商人的身價，可能取決於他的財力，但當他身處在一群狂熱的宗教人士之間，財力雄厚這一點反而招人恥笑，顯得太過拜金。如果是純粹在正式場合上應酬的泛泛之交，靠同一套相互比較的判斷指標（身分、性別、年齡、社會地位）就能走遍天下，但在沒那麼正式的場合，或是親密程度不等的私交關係，判斷指標又各有不同，更叫人傷腦筋。可想而知，家人之間的相處一定迥異於跟陌生人打交道，但跟朋友或客人來往又是另一回事。公開場合得奉行一套規矩，私下互動又得遵守另一套，還得排列指標的優先順序，簡直是毫無止盡。

不論你在那一瞬間想出什麼對策，接著都必須化為實際行動，

因此，事先一定要對所有應對方式了然於胸，還要勤加練習，才能完美呈現。再者，菁英群體總是追求與眾不同，年輕世代總要反抗年長世代的作風與習慣，所以社會的風尚與習俗也不斷更動，沒有什麼恆常不變的辦法。二十多歲時，你認為某種舉止堪稱彬彬有禮，到了三十多歲卻覺得那很笨拙、沒特色，甚至丟人現眼；三十多歲時，你練就一套優雅的肢體語言，但再過十年就開始顯得老氣，甚至有點可笑。在這方面出錯的機會實在太多了，所以那些蓄意無禮的人也能變出一堆把戲。

首先，最明顯的不敬態度就是徹底把對方當空氣，一如戴克給「愚人」的建議般視若無睹，愛理不理。不過相較於二十一世紀，在十六、十七世紀擺出這種姿態，就算沒被騙子或扒手盯上，後果還是嚴重得多。之所以有這種差異，有一部分純粹是當時沒什麼人口壓力的緣故。不少現代人都住在都市，在這偌大的居住空間裡，本來就很難親自認識每一個鄰居，所以對大部分路人視若無睹，就成了我們的因應之道，不然會導致社交過載。但換作都鐸與斯圖亞特時期，就只有倫敦的居民才多到能真的匿名生活，布里斯托（Bristol）和諾威治（Norwich）大概也行，在那裡，走在街上看到其他人，很可能只覺得模模糊糊、似曾相識，然而在其他地方，絕大多數人根本不必擔心社交過載。根據統計，在那個人口稀疏的時代裡，今天你跟某人擦身而過，改天八成就會跟他進行某種交易，所以如果你徹底無視某人，不只對方會覺得你超級不友善，旁人也會對你特別反感。

這下問題就來了，把別人當空氣，在該行禮的時候不行禮，反倒讓別人有機會指責你。這一招危險的是，當你缺乏平常應有的禮貌，反而會傷害到自己的社會地位，且更甚於對對方造成的。紳士行為是紳士階級的一個主要標誌，言行舉止越像個紳士，大家就越覺得你是一個紳士。一旦失去禮貌風度，就等於自甘下流，顯得比別人更卑微、野蠻、無恥。當你拒絕用肢體語言來表示敬意，你冷落冤家的程度，遠遠不及你的地位在周遭人眼中下滑的程度。這一點很弔詭，但也正因如此，反其道而行的效果奇佳。只要刻意把合宜的肢體語言做好做滿，就能把對方殺個措手不及，讓他看上去像是粗魯的蠢材，同時保住道德優勢而沾沾自喜。

　　那麼，肢體語言到底是怎麼一回事？又要怎麼發揮作用？靠肢體語言成功冒犯他人能有多精準？一五三二年，伊拉斯謨出版了寫給孩子（呃，準確來說，是上層階級的男孩）的指南書，後來從拉丁文譯為英文，即《兒童禮儀》（*The Civility of Childehood*），裡頭談論肢體語言的內容面面俱到，成為這方面最早問世的書面指引。他的建議大多搭配手繪或複印圖像加強說明，呈現出某一瞬間理想的特定姿勢。伊拉斯謨首先指出，歐洲各地的慣行儀式各異，後來他遊歷過許多地方，親眼見到「有人雙膝跪地，有人維持膝蓋打直，也有人膝蓋微彎」。按照他的描述，當時英格蘭風行的鞠躬禮，是保持軀幹徹底挺直，接著先屈曲右膝，再屈曲左膝。這種解釋光靠文字不夠清楚，所幸在其他文獻中還有一些圖像，顯示雙腿

是一前一後，而非平行張開，同時雙腳腳尖朝前，雙膝半蹲。這時候，將重心移向後腳就會明顯感覺到，承受身體重量的後腳膝蓋已經彎曲，但前腳膝蓋還沒有。從圖像中也可以看到，通常是左腳在前，右腳在後，一如伊拉斯謨的描述，而且當時尚未出現身體前傾的動作，整體上更接近脊椎垂直地面的半跪姿。此外，根據自己要屈膝多深來調整前後腳距離，就能更優雅地執行這個精巧的動作。

脊椎挺直，雙膝屈曲，一隻腳平放在另一隻腳正前方，即亨利八世統治時期英國鞠躬法的特色。不同於膝蓋觸地的單膝下跪，這只是平常的屈膝致意，表示雙方是朋友，或社會地位相近。

先平行張開雙腳約數英吋，腳尖朝前，再提起左腳直直向前一踏，這時左腳跟位於右腳趾斜前方約兩英吋，能保持雙腳腳跟平貼地面，最適合平日微微欠身鞠躬。深屈膝（deep bow）時右腳跟會離開地面，因此，左腳跟與右腳趾的距離要增加到十二英吋左右；單膝下跪（full bow）時右膝必須觸及地面，距離就要更進一步拉長到將近十八英吋。

　　就鞠躬禮而言，這套方式勝在靈活，膝蓋彎曲的角度和速度，都很容易根據當下情況做彈性調整。而且，一個男人在一五三二年，不論什麼裝束，就算穿著全套盔甲好了，執行這套動作照樣能輕鬆自如。

　　事先把動作練到滾瓜爛熟，當下又迅速作出社交判斷後，就是時候趁著行禮過程任意耍花樣了。比方說，律師會館設有不少律師辦公間，而會館的庭園就是公開的正式場合，假如你在那裡偶遇某個地位相當的討厭鬼，大可慢條斯理地行個禮，趁機挖苦一番。為了好好表現，首先要突然靜止不動，頓個一秒鐘，一面加強效果一面吸引對方注意你的動作，接著以不自然的慢動作沉下身子，形成類似深屈膝的姿勢：右腳跟離開地面，但右膝不要著地，保持在離地約六英吋的半空中，就這樣頓個天長地久的一秒鐘，再站直身子。整個行禮過程慢吞吞，雖然也可以看作是敬意過剩的表現，但行禮前、屈膝時都刻意停頓一秒，恰恰突顯出你的嘲弄意圖，彷彿在說：「喲，看看現在是誰沒禮貌又沒教養！」那一秒鐘的停頓就

足以說明，你是多麼鄙視這個討厭鬼。

然而，要是你趕時間又肯冒險失一失禮數，而且在擁擠的空間馬馬虎虎地屈膝致意，要說是故意怠慢可以，要怪罪人潮推擠也行，既然如此，就不妨邊走邊行禮吧。這一招簡單，向前踏步時將已經彎曲的膝蓋微微一沉，就能大步流星地繼續前進，幾乎不必停下腳步。

再者，單膝下跪時左膝落地，只有在最正式的場合上才必須這麼做。如果你要懇求上位者幫忙（這就是為什麼求婚要單膝下跪）、藉故避開麻煩事，或參加教會服務，或許也會覺得有必要這麼做，但如果你下跪時有意表現得倨傲一點，那麼只要身體前傾，將左手肘或左前臂靠在左膝上就行。聖經裡嘲笑耶穌的士兵就是擺成這副姿勢，然後說：「猶太人的王，我向你致敬。」宗教改革以前，教堂壁畫及其他宗教圖畫都常描繪這一刻，因此，傳統上人人都很熟悉這副嘲弄姿態，一看就能意會。

不過，到目前為止談的還不是全貌，你還要知道屈膝時手臂、頭部和帽子該怎麼擺才行。一五三〇年代的帽子通常扁扁的，只要是男人，大部分時候都戴著一頂，而脫下帽子表示位居下位，也是一種表示敬意的肢體語言。頭上光溜溜顯得卑微又缺乏保護，因此戴帽子在當時是一種理所當然的行為，也沒有哪本服儀指南會特地叫男人（或男孩）戴帽子。或許有人會提醒他們帶條手帕，但戴頂

帽子是天經地義，誰也不會忘記。男人一早梳好頭就戴上帽子，直到夜裡就寢前才脫下來——但十之八九，還是要換上一頂睡帽。因此，「脫帽」這個行為意義重大，而且時機與方式都一樣重要。

如果說脫帽表示尊敬，那麼不脫帽就意味著位居上位，社會地位高的人向下屬致意就不必脫帽，成年人見到孩子也沒義務這麼做。不過，就像拒絕行鞠躬禮反而有損自己的形象，不願脫帽致意也是弊大於利。要想保住自己的名聲，通常還是謹慎行事為妙。

邊走邊行禮，看起來大概就像這個舞步，但帽子要先脫掉。

話雖如此，還是可以小心利用脫帽的時間點來扭轉劣勢。靠近對方時故意遲疑一下，假裝不確定對方值不值得你注意，直到最後關頭才招搖地脫下帽子，三兩下就表明你確信自己更優越，還施予對方超過本分的禮遇，顯得寬宏大量。像這樣大張旗鼓地脫帽後，對方就算不高興你目中無人，也莫可奈何。

或者，讓帽子輕飄飄地降落到手上，並將帽底朝外露出來，也能不經意羞辱對方。就連現代人這樣天天洗澡洗頭，平常戴的帽子內側也還是會變得油膩膩、有汗臭味，有時還黏著頭皮屑，所以都

鐸時期的帽子想必也差不多，甚至可能更髒。在當時，脫帽後把帽底朝內擺，不讓別人瞧見，是一種基本禮貌。伊拉斯謨建議男孩用左手拿帽靠向身體，或用雙手將帽子輕巧地靠向肚臍，同時拇指插進腰帶裡。兩種姿勢都能防止帽子動來動去，又能維持帽底朝內。反過來說，當你不想表現得謙遜有禮，這一記含意模稜兩可的險招就很好用。亮出帽底可以說是不考慮對方觀感，但也可以解釋成是無心之過。

要是不那麼在乎自己有沒有紳士風範，冒險用帽子更加囂張地使壞也行：兩隻手互相拋傳帽子、舉起帽子揮來揮去、漫不經心地把帽子擲到桌上，或把帽子夾在腋下（根據我們的朋友伊拉斯謨的說法，這樣「很沒禮貌」）。像這樣吊兒啷噹玩帽子，擺明就是在嘲弄對方，你是已經照慣例脫帽了沒錯，但實際上卻違背了這個舉動的精神，僅僅在表面上遵守禮儀。

此外，如果你知道對方是個既敏感又有教養的人，還可以在拖下或拿著帽子時故意弄錯手。注意到了嗎？伊拉斯謨要男孩們用「雙手」或「左手」拿帽子，特別空出右手來，就是為了能邊說話邊比手勢。當時的醫學理論堅信身體左右兩側截然不同，新鮮而純淨的血液從心臟出發後，會先流到身體右側，所以右手象徵著力量、活力與誠實。雖然只是細節，但要是有人脫帽致敬後改用右手拿帽，接著邊講話邊用左手比劃，還是會令許多人覺得很不自在。

另外，女性在這方面就比較沒有操作空間，既沒有帽子可脫，又有長長的裙襬遮住雙腿，不過屈膝的時機與深度，倒是一如男性有不少眉眉角角，可以耍點花樣。女性不必煩惱怎麼舉手脫帽，所以手臂理應靜靜垂放，紋絲不動，至於突然提起裙子的動作，是迪士尼動畫杜撰的現代產物，在當時絕不允許。因此，女性作怪的重點就轉移到了「眼睛」。在理想的情況下，女性屈膝蹲下時，頭和身體都要維持直立，但視線要集中在前方的地面上。如果行屈膝禮時，從頭到尾都盯著對方看，就表示心存敵意、桀敖不馴。如果在行完禮起身時，眼神飛快地向上一瞥，就顯得放肆、挑逗、頑皮，一些作家也特別提到，這種行為實在很不端莊。

　　或許你覺得這一切都是上流社會的把戲，這麼想當然沒錯，不過許多禮儀往往上行下效，影響甚至深及社會最底層。農夫或擠奶場的女工行禮時，誰也不會要求他們表現得多優雅精練，或是在戶外的泥濘地上屈膝跪地，但禮儀的基本動作與核心意義，依然不分階級，如出一轍。比方說，農場學徒向雇用他的農場主人說話時，也必須拉下帽子屈膝致意，否則就等著當頭挨揍，而擠奶場的女工向女主人問早時，一樣得要低垂視線行屈膝禮。

　　社會階級越低的人，行禮方式往往越草率粗糙，其中一個原因是他們必須常常行禮。試想如果人人的地位都比你高，你的帽簷恐怕會被磨到擋不住雨水，而且大半輩子都要低眉斂目，半蹲著仰人鼻息。因此，一定要給位居底層的人留點餘地，不然很多事都做不

成了。

再說，尋常工人要是舉止風雅，一板一眼地屈膝行禮，或煞有介事地脫帽致意，看在都鐸時期的人眼裡倒成了造反，是顛覆自然秩序的行為。明明穿著破舊的褐色粗布毛衫還充高雅，實在太莫名其妙，又叫人覺得不爽。翻譯《青年德行》的霍金士宣告：「工匠，以及其他經濟拮据者，都不該費事多禮。」注意，他不是說「不必」費事，而是說「不該」。東施效顰仿效得太好，反而有損上位者的威嚴，毀了階級藩籬——上流人士可一點都不樂見這種事情發生。要是哪個下等人私欲薰心，動了狂妄無禮的念頭，都應該好好記著：就是因為屈膝禮行得曼妙無比，才會把唯我獨尊的主子給惹毛了。

想惹惱別人還有一個辦法，就是擺出一副比周遭人更懂時尚、更有見識的模樣。宗教改革展開後，原本被伊拉斯謨封為英式鞠躬禮特色的半跪姿，漸漸由法式鞠躬禮取而代之。伊拉斯謨說：「法國男人行禮時只彎曲右膝，衣衫隨身體移動而旋轉。」不過我們或許該向道地的法國人請教，才能弄明白。法國朗格爾教區神職人員吉昂・達布霍（Jehan Tabourot）當上天主教法政牧師後，深得朗格爾大主教（Bishop of Langres）器重，一五四〇年代求學期間曾赴普瓦捷（Poitiers）學社交舞。到了一五八九年，達布霍年近遲暮，才化名托諾・阿爾波（Thoinot Arbeau）出版社交舞指南。雖然他對法式鞠躬禮的描述不夠詳盡，卻別出機杼，不但在書中加入

樂譜，也放上有助理解的插圖。達布霍在書中教大家：「……保持左腳穩穩貼地，右腳趾尖先點向左腳後方，再彎曲右膝。接著脫下帽子，朝身邊的姑娘和大夥兒行禮，一如圖示。」有這幅插圖，真是謝天謝地！如圖所示，男士站立時重心放在後方的右腳，右膝屈曲，前方的左腳安放地面，左膝打直，而雙腳趾尖都略微指向外側，並非筆直向前。同時，他左手拿帽靠在大腿上，藏住帽底不讓人看見，軀幹以

RÉVÉRENCE

達布霍畫的法國鞠躬禮，這種行禮方式有時被稱為「秀腿」（to make a leg）。

髖關節為軸心稍微前傾，並略略扭轉上半身，朝向他右側的「姑娘」。達布霍最後寫道：「敬完禮後先挺起身體，戴上帽子，右腳再向前收回來，跟左腳併攏。」多年前，伊拉斯謨顯然也是這樣描述的，只不過跟早年的英式鞠躬法相比，法式鞠躬法更優雅，也更不容易做好。

試想看看，假如你是住在考文垂市（Coventry）的布商，某天上街巧遇同住在城裡的高級市政官，就向他行個最新潮的高難度法式鞠躬禮，那該讓他覺得自己多老土、多落伍啊！而且這套新方法

失誤的狀況千般萬種，要是練得不到家，反倒會像個滑稽小丑，所以你大有可能長時間佔盡優勢。許多人都要先花上好一段時日，才會在公眾場合用新方法行禮，所以多年來，廷臣屈膝行禮的景象也涇渭分明地拆成兩派：年輕人及閱歷豐富者已經在「秀腿」，老一輩及食古不化者卻仍在「屈膝」。

大家第一次嘗試法式鞠躬禮，最常遇到的問題，就是忘記要把重心放在後腳。以往的半跪姿，雙腿幾乎是平均承受體重，馬馬虎虎地邊走邊行禮時尤其如此，但當這套花招照搬到法式鞠躬禮上時，看起來往往像雞在啄地板。此外，腳尖朝外也是關鍵細節，如果行法式鞠躬禮還硬要將腳尖朝向前方，會很難保持平衡。要是上半身過度彎曲或扭轉，看上去就像在模仿駝背國王理查三世，而且模仿得很糟。

想必你已經從插圖看出來，如前所述，女性在這方面沒什麼操作空間，兩腳都要穩穩貼地併攏，行屈膝禮時仍然要保持背部挺直，同時彎曲雙膝，而且沒有「衣衫隨身體移動而旋轉」這回事。唯一的新花樣是雙腳趾尖微微朝外，不再直指前方。

然而，就在阿爾波的書出版當下，英國人表示敬意的肢體語言，也同時受到義大利禮儀的薰陶。如同英國作風，義大利鞠躬法也要屈曲雙膝，差別是還要將雙腳趾尖朝外，上半身向前傾。法布里奇奧・卡羅索（Fabritio Caroso）於一六○○年出版著作，帶我

們一覽義大利舞會場上最常見的鞠躬禮。這種鞠躬禮要配合音樂的四個節拍進行：「第一拍，輕輕舉起左腳。第二拍，將左腳伸向後方。第三拍，微曲雙膝，保持優雅。第四拍，先將左腳趾尖收到右腳足弓側邊，再從容不迫挺起身軀。」

就義大利傳統鞠躬禮而言，女性的操作空間稍微多一點，但也更有可能鬧出洋相。這時候，女士一樣要將左腳踏向後方，不過前後腳的距離很近。接著保持左腳平貼地面，先將上半身微微向前傾，再屈曲雙膝，最後落落大方地回復直立站姿。「小心別像某些人養成壞習慣。他們一邊深屈膝，一邊將上半身向後仰，接著又猛然向前。這種動作實在不雅觀，要是我說明白那像什麼樣子，大家都要笑死了。還有一些人直挺挺地屈膝，再直挺挺地站起來，簡直跟準備下蛋的母雞沒兩樣。」要想給一位淑女難堪，只要招準時機學母雞咯咯叫幾聲就行了。

就這樣，社會頂層階級的招呼禮節，開始以舞蹈專家的學說為依歸。在伊拉斯謨的年代，打招呼的方式相當簡單而廣為人知，出錯、被奚落或顯得無禮，往往是誤判社交情境的緣故，而非實際動作有問題。然而，過了一世紀，細部行禮動作更講求精確，不同社會階級也有了更鮮明的差異。一五八六年，羅波・瓊斯（Robert Jones）已經開始在著作《英國廷臣與鄉紳》中主張，即使貴為菁英階級，如果不多到宮裡走動，就不可能掌握最新禮儀。舉例來說，按照傳統教育方法，青年菁英必須到大家庭裡擔任高級僕役，

周遭其他僕人都在鄉間宅院待得更久，「從小服侍到大」，還「懂得對各色人等擺出不同的禮節或表情」。因此，如果這位鄉紳為自己的禮數辯護，反而要遭到圍剿。大家會說他技藝粗糙，就像只會做普通大衣的小工匠，比不上能造出精緻華服的裁縫師。

透過馮索瓦・德婁茲（François de Lauze）於一六二三年留下的文字，我們對當時宮廷禮儀動作的複雜細節，才有了更正確而豐富的認識。當時，喬治・維利爾斯（George Villiers）是英國國王的寵臣，即將獲封為白金漢公爵，在宮中權傾一時。他曾在法國受教育，後來成為整個歐洲公認的頂尖舞者兼禮儀楷模，而法國人德婁茲是名傑出舞者，本來在巴黎工作，後來搬到倫敦居住，一心希望能贏得維利爾斯賞識。德婁茲想獲得維利爾斯贊助，大概也想在他手下謀份工作，跟他同為專業舞者的巴鐵雷米・迪蒙達古（Barthélémy de Montagut）就是這麼做，日子看起來過得很滋潤。偏偏人算不如天算，德婁茲把早期草擬的書稿拿給迪蒙達古看，沒想到迪蒙達古馬上拷貝一份拿去印刷，還以自己的名義出版。可憐的德婁茲後來還是繼續修訂原稿，增枝加葉，並順利在三年後付梓出版，也在書序中痛批迪蒙達古剽竊。儘管如此，最後仍然是迪蒙達古享盡榮華，先後擔任亨利埃塔・瑪麗亞王后（Queen Henrietta Maria）、國王查理一世（Charles I）的舞蹈教師，德婁茲則黯然回到巴黎，在法國宮廷擔任不起眼的官職，就這樣度過餘生數年。

不論是以自己的名義出版的著作，或是遭迪蒙達古剽竊發行的

版本，德婁茲的舞步指引都超級難懂，但針對禮節的注釋倒是寫得好極了。我們現在看來，有點像揉合法式與義式禮儀的混和體，包括六種用於不同場合的鞠躬禮、女性專門指引、最新帽子保養法、一般美姿美儀建議，以及藉由舉手投足表現時尚風格的實用技巧。直到英國內戰（English Civil War）爆發前那十餘年裡，大家很快就明白，要練就一身完美的宮廷禮節，得下過一番苦功才行。德婁茲在書裡一開頭就建議，成年後更難習得這些技巧，最好從小就開始培養。當然，這套禮節究其所以，妙就妙在能夠公開彰顯階級差異。含著金湯匙出生的人，才有錢有閒接受訓練，一般平民白手起家，連在成長階段也要工作賺錢；一個商人賺的錢再多，還是很難在成年期脫胎換骨成道地的紳士。說穿了，搞繁文縟節全是為了這個，能把複雜至極的動作表現得毫不費力、渾然天成，說明你長期受到這種動作模式陶冶。況且，要養成這種動作模式，還必須重新學習行走方式：「不論是眼睛的動向、雙腿的姿態，或是踏步的力道，他再怎麼天生文質彬彬，也無法單靠自己達成必要的精準姿勢，讓雙腿呈一直線，同時保持趾尖朝外，膝蓋打直。」

我提議你現在就把書本放下，挑戰不彎膝蓋走路，目前還不用煩惱眼睛看哪裡、腳趾怎麼擺，試試雙腿打直走路就好。如何？如果你學過一點芭蕾，或至少在古典芭蕾舞碼中，看過男舞者在臺上移動穿梭的樣子，大概能做得更好。畢竟，芭蕾舞的濫觴就是十七世紀中葉的法國宮廷舞，所以芭蕾舞的基本舞步明顯留有宮廷舞的

痕跡。

　　再者，研究一下古典雕塑也會有幫助。當時新發現的希臘與羅馬古典雕塑引起討論，再加上談美與儀態的拉丁文文本譯入英文，都直接影響了新式禮儀，而箇中要素就是義大利藝評家所謂的旋動姿態（contrapposto）。人體雕塑的軀幹略微扭轉，就會形成其中一側髖部與對側肩膀向前突出的旋動姿態（想想米開朗基羅〔Michelangelo〕的《大衛像》〔David〕吧）。因為重心放在後腳，所以前腳膝蓋能優雅地微微彎曲，再加上一點慵懶的耷拉姿勢，讓負重一側髖部頂向一邊，另一側髖部順勢陷落，看起來更是婀娜多姿。整體上，旋動姿態有一種節制的不對稱感，軀體飽含主動的張力，隨著自然的動作運轉自如。我們從小到大見過各種古典雕塑，也看過數不清的現代翻版，從時裝伸展臺模特兒的窈窕身段，到好萊塢明星的魅力架勢，我們對這種S形姿勢早已司空見慣，但在十六世紀，旋動姿態依然具有「前衛的震撼力」，或者更精確一點說，是「復古的震撼力」。當時只有特定少數人知悉這種復古的「發現」，因此，從古典雕塑形態汲取靈感的「正確」姿勢，儼然成為顯而易見的徽章，象徵著菁英階級獨享的文化資本。要接觸到文藝復興時期的最新學說，以及相關的古典藝術作品或複製品，才能獲得第一手知識。其他人就只能指望老師是真的懂，能夠教會他們一邊打直雙腿走路，一邊接連擺出充滿古典氣息的姿勢。

此外，如果你穿著高約一英吋的跟鞋，也會有幫助。首先要想像自己長得很高，將整個身軀直挺挺向上拉，保持重心向前落在腳趾頭上，除非要站著不動，否則千萬別讓重心向後掉回腳跟上，接著雙腿輪流劃出弧形向前移動。第一次打直雙腿走路，劃弧的動作大概會很明顯，感覺非常奇怪又緩慢。練習久了以後，劃弧的幅度就會漸漸縮小，走起路來也會更快、更流暢。但是小心了，想要駕輕就熟，走得毫不費力，必定得先花上好一段時間，忙碌的商人就想都別想了。

　　等你熟悉這種行走方式後，就可以進入室內社交場合應酬，接下來要注意的是帽子。先前提過，身體右側象徵高尚品質，所以務必要用右手脫帽，但帽子換到左手後只要「漫不經心」地拿著就好，「不像以前習慣靠在大腿上，而要靠在馬甲的撐骨前面」。「馬甲的撐骨」指的是肚臍眼正下方，所以就這個動作而言，我們確實又回歸一五三〇年代的英式禮節。安然脫下帽子後，就要抬起眼睛望向你要致意的對象。

　　跟之前一樣，我們又有機會混入一點不敬的態度。如果只對一個人行禮，就直視對方的眼睛。如果同時對幾個人行禮，就依次望向每一個人，而德婁茲告訴我們，最好「面帶微笑」地迎向每一個人的目光。不過，在對一群人行禮時，故意漏掉一個人可說是易如反掌，而且你只冷落對方，屋裡誰也不會發現，多麼令人心曠神怡的小動作！

再來就必須選用正確的鞠躬禮：平輩之間可以大致行個簡單的禮，對上位者就要採取更正式的禮儀，邊走路邊行禮是一套方法，在舞會上還有多種對應不同舞蹈的行禮方式。因為同一個場合上接觸的對象，往往分屬不同的社會階級或相對地位，所以你當然可能得在短短數分鐘內，接連用好幾種不同的方式行禮。

當中最簡單、最不正式的行禮方式，就是將一隻腳輕輕由後往前滑經負重的另一隻腳，然後在雙腿靠攏時屈曲雙膝，同時要「確保趾尖朝外」，接著就可以站起身子繼續走。其實這種方式很像以前用半跪姿邊走邊行禮，只不過腳尖要朝外，還特別強調動作輕柔流暢，有點像是英式與法式鞠躬禮的混搭。

再者，比較正式的鞠躬禮就如德婁茲所述，甩不掉義大利禮儀的討厭影子：

伸得筆直的右腿一定要滑到左腿前方，於此同時屈曲雙膝，膝蓋分別朝左右兩側彎曲，而非朝向前方，此外也要彎腰。再來只要放低身段，別低頭，一邊保持右臂伸直，一邊平均放低整個身軀，至於要放到多低，就取決於你想要致意的對象應當受到多大的禮遇。注意別在這個動作停留，起身時，必須先親吻對方的右手，再把它送回原位，同時將左腳踏向左側，再將右腳滑向後方。滑動時只要稍微彎曲右膝，就能輕柔鬆脫右腳。接著旋即停止動作，開始跟對方交談。

從鞠躬姿勢起身，就和鞠躬禮本身一樣細膩而重要。行禮的人先將右腿「鬆脫」，就能採取正確的優美姿勢進行交談，或像古典雕塑般準備做出後續動作。這時候，你全身重量都放在左腿上，所以「鬆脫」的右腿才能自由舉起，同時右膝微彎，右腳趾尖安放地面，漫不經心收到負重的左腳後方。這種看似天生瀟灑的姿態一樣需要大量練習，才能做到技壓全場。

　　現在我們要回來談談帽子。如果談話對象地位比較高，你就一定要維持在脫帽狀態（起碼剛開始一定要），但到了某個時候，你又非得重新戴上帽子不可。在英文裡，「cover」意指戴上帽子，「re-cover」意指戴回帽子，後來凡是要表示「回復正常狀態」的情況，像是從疾病中「康復」（recover from illness）或從事故中「恢復」（recover from mishap），都可以用「recover」這個字，不再僅用於「復帽」。可見這種肢體語言源遠流長，無所不在。兩個社會地位相當的人見面，彼此行過禮後，理應同時自動戴回帽子，因此，如果你故意要惹人不爽，可以延遲或搶先行動，進一步挑動對方的敏感神經。不論拖慢或搶快，只要做得恰到好處，就能成功暗示對方你不喜歡他。如果鞠躬禮行得浮誇，那延遲戴帽的效果就特別好，同時也是以反諷法顯示自己的教養舉止更優越。如果想讓鞠躬禮顯得沒心沒肺，彷彿只是虛有其表的細微禮節，卻沒半點真實敬意，就以搶先一步戴帽為佳。

　　當雙方社會地位不相當，上位者照理都應該允許下位者戴回

帽子，《青年德行》裡有這麼一段：「先生，對一個比你顯貴的人說『復帽』或『戴上帽子』，並不得體。」同理，上位者可以讓下位者弓著身子乾等，遲遲不准對方戴回帽子。根據歷史記載，伊麗莎白一世女王在那令人難忘的場合上，就是使出這一招，叫法國使者整整十五分鐘維持深屈膝姿勢——類似酷刑中常見的某種壓力姿勢，想必痛苦萬分。看樣子，即使貴為一國之君，偶爾也會忍不住使壞。

雖然通常是口頭允許對方起身復帽，但藉由手勢示意也行。因為對方正處於陷落的屈膝姿勢，低著頭，垂著眼，所以為了讓對方看見，手一定要放得夠低，還要朝上微微一揮，示意起身。這時表現出一副謙遜有禮的模樣，拒絕戴回帽子（彷彿正朝著對方大呼「我不敢當」），就能變出許多花招。一般而言，稍做停頓再戴回帽子，被公認是溫文爾雅的極致典範，但要是停頓得太久，肯定會惹得某些人不痛快，而教養書作家也積極提倡限制拒絕復帽的次數。譬如《青年德行》一書的作者就說：「因此，對方第一回示意後就應該戴上帽子，不然頂多到第二回就應該戴上。」人家第一次請你起身復帽，要先推辭才有禮貌，但要是接二連三地拒絕，反倒搞得大家都下不了臺，一場交際於是變得尷尬扭捏，甚至引起圍觀……豈不妙哉！

走到哪兒都要親

　　你或許也已經注意到，吻手在當時是種畢恭畢敬的肢體語言。義大利人和英國人都認為，吻手禮是受到西班牙人影響的附加禮節，但在信仰天主教的泛歐地區，其實已有先例。一方面，在十六世紀上半葉，西班牙公主亞拉岡的凱瑟琳（Katherine of Aragon）及女婿西班牙的費利佩二世（Philip of Spain）先後來到英國，帶來大批西班牙侍臣，促使英國人開始熟悉這種肢體語言。另一方面，時值西班牙人統治那不勒斯王國（Kingdom of Naples，位於義大利半島），因此，西班牙習俗反過來深深影響義大利禮儀，而義大利禮儀則進一步影響法國舞蹈專家，也就成為伊麗莎白時代英國人所見的另一套吻手禮，可說是第三手資訊。

　　神學家傑姆斯・布沃（James Bulwer）出版的《手勢》（Chirologia）一書，希望能幫牧師在佈道時，用手勢來促進溝通。根據他的說法，吻手禮這種肢體語言到了一六四四年，已經變成「最常使用的文明溝通禮節」，而且有幾種不同形式。親吻別人

的手背象徵忠誠、尊敬與謙恭，當社會地位低的一方，遇上世俗地位與名望顯赫的一方，尤其要這麼做。這時要脫下帽子，以優美的屈膝禮走上前去，然後扶起對方的手，躬身湊向手背，將你的嘴脣不偏不倚地吻在手背的中心。不過如果對方特別顯赫，或者是一位女性，你很可能得放棄這份吻手的榮幸，只能將嘴脣靠向手背上方逗留一下，暗示你覺得自己不配吻上對方的手。更傷腦筋的是，在一六四〇年代的英格蘭，伸手等人親吻開始被視為是傲慢之舉，成了狂妄自大的標誌。這下可好了，後果可能有兩種，不是地位高的一方手伸到一半乾懸空中，就是有事拜託的一方眼看人家沒伸手，硬是抓過來，弄得醜態畢露。因此，歐陸各地的宮廷禮制，都會針對誰該伸手、該在什麼場合行吻手禮祭出嚴格的規定，希望能透過

親吻淑女的手。注意要讓女方的手輕柔垂落，優雅有致，漫不經心。

明文規範來減少尷尬的情況。

接著是手套該不該脫的問題。貴族為了跟前來請託的人保持身體距離，一般不會脫下手套，先脫手套再伸手也因而別具分量與意義，象徵一種特殊的禮遇。

另一種情況，則是地位高的人沒伸手（不一定戴著手套），反倒由地位低的人先親吻自己的手背，再舉起手背朝對方比劃致意，也是當時英格蘭最盛行的作法。至於看起來像文雅的紳士，還是笨拙的小丑，差別就在於手的形狀，以及動作有多流暢。吻手禮要行得漂亮，關鍵一樣是把自己想像成芭蕾舞者。輕輕將你的手弓成半開的圓弧，並將中指比食指朝內多彎曲一點點，同時不要有半點凹折、僵硬或扭曲的形狀。接著，千萬別猛然抽手，要以慢得不可

吻過的手背正朝向受禮的一方比劃手勢。

思議的速度將手移向嘴脣。剛舉起手時，手掌會朝向自己的身體，但隨著手靠近嘴脣，就要輕輕挪動手肘，這樣當嘴脣確實吻上手背時，手掌才會面朝下方。注意別親吻手背正中央，而是要用嘴脣輕柔掠過食指根的關節。完成吻手動作後，再度將手掌轉過來面向自己，同時手背吻過的位置也正朝向你致意的對象，最後手臂大幅而緩慢地劃出弧形手勢，而你的手掌依然面向自己。

行吻手禮時，有很多情況都會讓你自己或受禮的一方難堪。猛然把手抽走的尷尬相，會讓你看上去活像個鄉下蠢漢，但跟錯過各種行動時機比起來，根本不算什麼。如果你是受禮方，從要不要伸手、脫不脫手套，到對方還沒示意要親你卻伸出手，或對方已經表明要親你還不伸手，都有可能出槌。如果你是施禮方，可能失誤的情況則是太早去拉手、太晚才鬆手，或鞠躬動作與吻手動作不協調。此外，流著口水的溼吻容易冒犯對方，叫人作嘔，但太過精巧的隔空吻又顯得瞧不起對方。即使吻在自己手上，仍然可能抓不準時機、表現不得體，或完全一副笨手笨腳的樣子。

吻手禮並不僅限於宮廷或權貴社交場合，全國各地街道上，都可以看到社會各階層人士在光天化日下，藉著吻手來向愛侶獻殷勤，或跟好友打交道。布沃談及比較普通的戶外吻手禮時，寫道：「先將手舉到自己的脣邊親吻，再從自己這邊朝對方那一揮，就能向站在遠處的任何人表示效忠、愛與敬意。我常看到許多人在大庭廣眾下，朝距離遙遠的朋友比出這種手勢。」

然而，吻手禮值得談的不光是手而已。伊拉斯謨的教養書只談公開場合的正式行為規範，未曾提及吻手禮，不過在一四九九年，在一封寫給朋友的信上，他倒是興高采烈地記下了英國人行吻禮的方式：

　　有一種禮節大家怎麼也做不膩。你走到哪兒都會有人獻吻給你，你要離開，對方會邊吻邊送行，哪天你回去，又要跟對方互相行吻禮。客人來訪時，主人劈頭獻吻以示友好，等到客人要走，同樣的戲碼又要上演一遍。不論何時辦聚會，都要親個不停。實際上不管你上哪去，總免不了要行吻禮。

　　話雖如此，這並不是溫文有禮的行為，如果擅自朝老爺或主子獻吻，還會惹禍上身。這種過分親近的舉動當然能搞亂，但前提是你要準備好承擔苦果。

　　不過，在比較私密的個人平等互動裡，吻禮不但可行，而且非行不可。一五八五年，來自德意志斯瓦比亞區（Swabia）烏爾姆市（Ulm）的商人桑繆・基歇爾（Samuel Kiechel）造訪英國，在日誌裡有感而發：「外國人或當地居民去某個市民家裡作客，一進門主人就會來迎接，可能是家裡的夫人或小姐。客人受到她們接待後（英國人就是這麼說的），甚至有權利挽起她們的手臂並親吻她們。這是英國的習俗，如果有人不這麼做，旁人就會認為他沒教養，責備他無知。」你讀到這裡，又想到比較現代的行禮方式，大

概以為基歇爾（以及先於他的伊拉斯謨）談的是吻手禮，或也許是隔空吻。然而，約翰・馬斯頓（John Marston）於一六〇五年推出的劇作《荷蘭高級妓女》（The Dutch Courtesan）中，有個女性人物發起牢騷，把這種親吻方式的本質說得一清二楚：「我的老天啊！這是一種讓淑女感到極度不快的有害風俗，不管是誰，只要臉上長著鼻子，脖子圍著立領，罩袍下擺也有塔夫綢內襯，行禮時就一定要親在我們的嘴唇上。」她接著繼續抱怨男人的鬍鬚或鬍渣讓她不舒服。有哪齣時代劇會把這種事演出來？沒有嘛！

雖然外國觀察者對異性間的吻禮格外訝異，但在當時，同性間的吻禮大概一樣重要且盛行，尤其英國內戰爆發後，男性間行吻禮的習慣又變得更常見、更公開一點。

一六四二年八月，查理一世在諾丁漢升起王旗，意欲出兵鎮壓他眼中的議會叛亂，長年來的政治緊張局勢終於演變成公開交戰。隨後幾年內戰腥風血雨，查理一世遭到處決，宮廷禮法在這世代頓時失去對個人行為的影響力，至少對某些人來說是如此。你心裡八成在想，這還用說嗎？奧立佛・克倫威爾（Oliver Cromwell）跟那幫清教徒不喜歡親吻，也從不打直雙腿走路。

雖然過程造成廣大老百姓喪命，但英國內戰就像古往今來許多其他內戰，本質上是兩小撮菁英集團間的權力鬥爭，硬要說的話，大致分為擁護王室與朝臣的一方，以及認同鄉紳傳統的一方。

抱歉用這種惹人厭的誇張說法，過分簡化了這場複雜、重要又艱辛的奮鬥過程，但對於了解言行舉止優劣判定標準的變化，大致上頗有幫助。沒多久，議會派就將保王派冠上「騎士黨」（Cavaliers）稱號，但並非針對他們支持國王的政治態度，而是要公開痛斥他們的文化偏好。「Cavalier」這個字原是法文，意思是「紳士」。當時，宮廷人士都要向法國舞蹈專家學習法式禮儀，信奉天主教的皇后又來自法國，因此，「騎士黨」一詞概括著許多人對王公大臣的敵意。

舉例來說，國王軍在邊山（Edgehill）一役落敗後，題為《威爾士男兒彬彬有禮》（*The Welch-man's Complements*）的政治宣傳冊，於一六四三年開始在倫敦（當時議會派的大本營）印行。內戰期間，威爾士人大抵跟國王站在同一陣線，顯然具備袒護保王派的形象本質，而且打從開戰以前，大家對威爾士的刻板印象就不脫韭蔥、烤起司與貧窮，起碼倫敦客是這麼想的。因此，這份耀武揚威的政治刊物，看似講逃離戰場的威爾士先生返鄉去找心上人，實則大量諧仿威爾士口音，也頻頻提到烤起司。不過映入我們眼簾的並非貧窮，而是一位衣冠楚楚的紳士，事實上，正如德婁茲筆下那種紳士，向淑女行鞠躬禮後，會先將「鬆脫」的右腳收到左腳後方，再開始談話。這位威爾士紳士甚至會吻自己的手！在這本宣傳冊裡，禮儀舉止說來幾乎等同於政治偏好。一六二〇至三〇年代高蹈時髦的宮廷禮儀，到了這段時期卻被視為偏袒保王派，在這個近來

The Welch-Mans
COMPLEMENTS:
OR,
The true manner how *Shinkin* woed
his Sweet-heart *Maudlin* after his return
from K E N T O N Battaile.
Also fair *Maudlins* Reply and answer
to all *Shinkins* Welch Complements,
full of merry wit and pleasant mirth.

1642 · Printed at London, 1643. *March. 4*

畢恭畢敬的吻手禮。

意見分歧的國家裡，許多人日益認為，宮廷鞠躬禮象徵著對外國人、天主教與王室暴政的同情。

同時，保王派也將敵對的議會派蔑稱為「圓顱黨」（Roundheads），譏諷他們惹眼的老土髮型。我們此前已經看到，早在至少一五八〇年代，受過宮廷禮儀訓練的人就會嘲笑不諳此道的人，而鄉紳和地方財主不懂更精緻的禮節，導致臨場出糗，羞得無地自容。雖然在兵荒馬亂的時代看來都是芝麻小事，但身為人類

的我們，就是會對這種小事斤斤計較。長年來遭到輕視、奚落和排斥，的確會導致我們的判斷帶有偏見，即使是面對當時最重要的議題亦然。要徹底冷靜地評估一項重大政治決策的優缺點，幾乎誰也辦不到，我們都會基於私人的關係與情感，透過有色眼鏡去看待事實、數據與邏輯，而「騎士黨」傷「圓顱黨」的心，已經有好一段時日了。我要再次強調，我並非說內戰的起因單純是一時的集體氣憤，而是要突顯文化分歧。我認為在當時的社會裡，文化分歧與無所不在的政治及宗教裂痕相吻合，甚至起了推波助瀾的作用。

如果你在這場爭鬥中挺議會派，該怎麼問候其他地位相當的軍官呢？法式宮廷鞠躬禮感覺上最不得體，但這並不是說，你會願意拋開一切表達敬意的禮節，畢竟從小耳濡目染，生活中已經少不了這種肢體語言。再說有了高雅禮節，你在周遭人眼裡才有了紳士地位，當然不會願意捨棄，更何況，說到維持紳士軍官與普羅百姓間的社會距離，議會派大概比保王派更加在意。議會派紳士忙著推翻由來已久的社會秩序，同時的確可能憂心忡忡，不願意一下子公開太多內情，以防哪天一覺醒來，才發現自己冷不防地掉到社會最底層。內戰邁入尾聲後，士兵和平等派（Levellers）在普尼（Putney）商討未來議會的狀態，當時，對社會特權可能傾覆的恐懼看起來完全切合時勢。我很懷疑，有多少紳士會樂見二十一歲以上的男性個個都有投票權？實話聽起來刺耳，社會距離與社會秩序是必要之惡，表面形式不容忽視。問題是，哪一種表面形式呢？

又或者，你可能是倫敦的學徒，加入了對抗國王與廷臣的行列。你年約二十歲出頭，聽過平等派領袖約翰·李爾本（John Lilburne）演講後，覺得一切充滿可能。那麼，你在上級軍官面前該卑躬屈膝到什麼程度呢？就像戰前一樣嗎？說到底，他又是哪一號人物？某個你壓根兒沒聽過的紳士？上帝眼前真的人人平等嗎？這一切都很棘手，也沒有簡單好用的解決辦法，沒有任何公定規範、教養書籍或舞蹈專家能幫上忙。大家絞盡腦汁地尋找值得推崇的禮節，力求具有傳統的英國精神，不能沾染半點虛矯的外國氣息。

因此，他們所能採用的其中一種形式，就是嘴對嘴接吻。我們已經從基歇爾的敘述看到，傳統上，地位相當的人在非正式或半正式場合可以藉由接吻表示問候，是不會引起爭議的肢體語言。再者，正式由教會居中斡旋的和解儀式有「和平之吻」（kiss of peace），因此，這種禮節也會令人回想起古老的宗教肢體語言。宗教上有許多歷史更悠久的肢體語言，難以從天主教順利傳入新教，例如用手劃十字，但不知什麼緣故，「和平之吻」倒是沒遭遇多少阻礙。舉個實例來說明吧，在赫特福德郡（Hertfordshire）南敏斯村（South Mimms）附近的騎士地農莊（Knightsland Farm House），有一幅描繪浪子回頭的絕美壁畫，約莫於一六〇〇年竣工。這幅傳統的新教圖畫，就是以擁抱與接吻來刻劃父子和解的情景，所以當時許多人都覺得，透過擁抱與接吻來問候地位相當的

人，是以誠摯無欺的方式表示尊重，不會受到陰謀詭計與虛情假意玷汙。

「和平之吻」強調在上帝治下情同手足，齊心協力，特別吸引對清教主義懷有強烈宗教情感的人，而且這段期間戰事頻仍，和平正是民心趨向。這種表示敬意的肢體語言具備上述所有含意，在軍官的圈子裡新興起來，其實也是意料中的事。舉例來說，當時至少有一本政治宣傳冊附有這樣的插圖：兩名軍事領袖身穿盔甲，但沒戴頭盔，站在各自率領的軍隊前面互相擁抱並親吻。整本宣傳冊都在談一個新成立的軍事同盟，我們並不曉得，那兩位領袖在那個

浪子回頭：父親與兒子仿效「和平之吻」，透過嘴對嘴接吻傳達和解、歡迎與善意。

場面上是否真的相擁接吻，不過那幅圖像就是因為象徵意義一目了然，才會雀屏中選。當時大家期盼看到的，正是兩位虔誠又高尚的領袖採取和平行動。

另一方面，在最激進的社會邊緣，一些小型宗教團體顯然也會滿懷熱忱地採行接吻禮，而其中一個宗教團體就是後來的貴格會，喬治‧福克斯（George Fox）則是後世普遍公認的貴格會創始人。一六五七年，福克斯寫道：「世人日復一日採行的習俗、禮儀與形式都毫無意義。他們遇見彼此時會說：『先生，您好嗎？』然後脫下帽子，秀出一條腿行屈膝禮。接著繼續說：『很高興看到您健康無恙，我是您的僕人，您的僕人啊，老爺！（或說先生或夫人）』可是這人說完話走過去，又用同樣一條舌頭詛咒他們、說他們壞話、希望他們倒大楣。」於是，拒斥虛偽不實的形式成為貴格會的中心信條，當然容不下空洞的繁文縟節。但結果證明，這並非易事。

問題接連浮現，一六五三年，清教主義佈道家弗朗西斯‧希金森（Francis Higginson）點出其中一些困境。希金森抱怨，不論男女，貴格會教徒出門在路上遇到別人，只會自顧自地走掉，「彷彿他們不是人，是野獸，既不主動打招呼，別人向他們致意後也不回禮」，把大家都惹得神經緊張。他接著繼續說，少了以往表示敬意的口頭與肢體語言，貴格會教徒「離開某個地方或走到一旁放鬆時，大家幾乎無法分辨」。這或許是有點奇怪的說法，卻也彰顯出

禮節儀式是多麼深植於日常生活規律。大家初次遇到不鞠躬、不脫帽的貴格會教徒，常會以為他們患有精神疾病或喪失行為能力。一六五二年，福克斯努力要跟一位法官說話，對方卻一臉茫然地望向身邊的人，問福克斯「是瘋了還是傻了」，福克斯才終於發覺，自己成了大家盯著看卻又不屑一顧的對象。

當大家把不脫帽、不屈膝的模樣解讀成針對個人的重大侮辱，真正的憤怒往往取代茫然的表情，甚至演變成動粗的情況。一六六三年，班傑明・弗利（Benjamin Furly）針對貴格會這項良知決策所引起的一些問題，向眾教友提出解決之道，公開表示「伸手、低頭、擁抱與接吻」都「展現出真正的品德」，可以行使，並不會違背貴格會的道德準則。

殷切與真誠的取捨

畢恭畢敬的舉止常讓人覺得沒有誠意，許多宗教與政治派系也都曾對此表示憂慮，但貴格會卻一反眾人之道，完全捨棄鞠躬、脫帽與屈膝禮，就連其他極端的清教徒團體也看得嘖嘖稱奇，同時又

覺得不屑，不是因為覺得親吻噁心（畢竟當時和親朋好友互吻是相當正常的禮節），而是因為貴格會成員既不鞠躬、脫帽，還使用不敬的「你」（thee）與「汝」（thou）等稱呼，挑釁意味非常強。有些讀者可能覺得因禮儀失當而冒犯他人是枝微末節的小事，但各位如果這麼想，那誤會可就大了，貴格會的教徒當初可是因為不願鞠躬而慘遭毒打、監禁，承受了不少暴力。

其實對人行禮時如果不想太扭捏作態，也不一定得像貴格會那麼極端，舉例來說，荷蘭人就提供了相當實用的作法。他們在國際間以行為直接了當著稱，有時還會引以為豪地誇耀他們不受王公貴族約束的性格。安東尼‧庫登（Antoine de Courtin）記載法國宮廷最新禮節的著作曾譯為荷蘭文，並於一六七二年出版，但法文原著中描述正式鞠躬禮細節的許多華麗詞藻都遭到省略。在荷蘭人眼中，成功富裕的商人或市鎮的長老往往比廷臣更值得敬重；另一方面，荷蘭人不但是英國在政治與宗教上的盟友，也經常造訪英國沿岸，將歐陸的貿易知識傳授給當地軍人，所以紳士的次子與商人家庭對荷蘭式的舉止都不陌生，雖然仍遵循廣為流通於歐洲的禮數，會脫帽，也願意鞠躬，但形式上也自然變得比較低調、簡單，後來許多英國人因為時局動盪，也都崇尚起這樣的改變。

在文藝復興時期的圖像記錄中，有一種鞠躬形式經常出現：雙腿完全不彎，重心放在前腳，看起來就只是將左腿跨出一步，身體前傾，右腿則留在原地；之所以能看出是在鞠躬，是因為正在行禮

的人通常會把帽子拿在手中。這種有別於一般鞠躬禮的姿勢源於伊麗莎白時代晚期，在英國的木刻版畫及荷蘭的畫作中都曾出現，雖然要到十七世紀末才納入禮儀之書與舞蹈手冊，但在那之前顯然早已有人採用。雙腿打直的鞠躬法一開始可能僅見於商人與市鎮居民階級，後來才因眾人想解決馬靴的問題而廣為流行，不過這樣的推論主要只是猜測而已。

在十六世紀末以後，馬靴尺寸多半做得很大，以實用的厚重材質包覆腳掌、腳踝與小腿，膝蓋處則通常會外擴成時下流行的樣式，並結合大片的打摺或反摺設計，天候不佳及實際騎馬時，可以上拉以保護大腿，但一旦下馬後，就會發現靴子既寬又大的頂部因下摺而硬梆梆地卡在膝蓋處或往上一點的高度，這時，如果要雙膝屈曲地行宮廷式鞠躬禮，那可不容易；相較之下，單腳前跨並傾身致意的直腿鞠躬法就容易得多。在戰爭時期，帶領軍隊的紳士必須長時間騎馬，所以對這種簡易的鞠躬禮大概十分熟悉。

如果不想太過造作，握手也是可行的替代方案。在一六○七年，一名住在牛津的蘇格蘭人出版了一本禮儀之書，讚頌「蘇格蘭人見面時脫帽握右手的美好傳統」，並表示這種招呼方式勝過法國鞠躬禮，而且有誠意得多。在不那麼正式的場合，或是平輩見面時，英國與蘇格蘭地區的人確實會握手致意。曾在先前章節教過我們公開吻手禮的布沃就表示：「握手的動作象徵友誼、和平之愛與善意，在問候、娛樂、和解和告別的場合，以及表達歡迎、恭喜、

感謝或祝人安好時，也相當常見。」此外，各位應該有注意到，弗利在一六六三年寫給貴格會伙伴的建議中，也曾提過握手禮；同樣在那年，德拉卡撒《社交禮儀指南》（Il Galateo）這本書的英文譯者更是在譯本中多加了一兩行字，說明英國當時盛行的禮儀，並指出「相互擁抱以示聯盟與友好，以及握手宣示結盟與締約」都相當常見。

握手禮在蘇格蘭較為流行，但英國人多半也將握手視為雙方合意的象徵，認為這個動作在調解業務與紛爭的場合都很適用；後來，某些拘泥於形式的宗教分子也以握手取代鞠躬，不過持續時間並不長。

　　由於選擇太多，必須權衡的政治與宗教意涵又太過繁雜，因此，在英國內戰期間以及隨之而來的克倫威爾空位期（English Interregnum），無論怎麼做，大概都必定會惹到、汙辱到某個地方的某個誰，或是讓對方感到侷促和尷尬，甚至大受冒犯；又因為當時的社會既不安定又充滿暴力，所以光是行個禮，都可能會引發極為激烈的反應，原本應該是用於表達敬意的動作，最後卻成了危險的地雷。

　　換言之，長久以來皆用於傳達敬意、促進社會和諧的招呼禮儀，反而成了輕蔑他人的工具，再再凸顯政治與宗教上的分歧——

有時是雙方意見不合，或所屬派系不同，也有時就只是看對方不順眼而已。假設紳士精準而謹慎地行禮，你卻只是輕率、隨便地鞠個躬，那麼對方可能會覺得自己的政治地位或新教傳統受到侮辱；同理，禮節如果太過正式、繁瑣，也會惹怒或冒犯他人。

故意採取惹人厭的行為不僅可以惹惱敵對之人，也能用來對付自家陣營不值得信賴或尊敬的同伴。舉例來說，眾人如果認定誰對於團體目標不夠積極努力，就可能會透過這種方式加以排擠。事實上，在日常生活中利用禮節來惡作劇的時機也不少，其中機會最多的自然是最願意嘗試各種行禮方式的議會派黨員。禮數的程序各不相同，而且隨處可見，把這拿來開玩笑，對他們而言，可說是再有趣不過了。與人互動時，只要刻意拖延片刻，就能看出對方要行哪一種禮，並以熱烈又誇張的動作上演惹人嫌的禮數，而且越能激怒對方越好，例如一看到對方向前跨一步並伸出手，就刻意一把抱住並直接往嘴唇猛親，或是在看出擁抱手勢後，馬上脫帽比劃出繁瑣而正式的動作，用帽子上的羽毛裝飾戳得對方滿鼻子都是。

查理二世於一六六〇年復辟後，社交禮儀風向大變，什麼都要帶點法國味，惡搞的態度也被法式禮數和法國腔所取代。皇室成員以及與他們關係最近的親信，在巴黎流亡多年後，深受法國的宮廷禮節與舉止影響，在英國的名流貴族也知道，如果想在新的政局中和握有權勢的人靠攏，就必須有所改變。因此，荷蘭人與清教徒直接而乾脆的舉止不再受到歡迎，反倒是帽子的尺寸和上頭的羽毛變

得比以往都大，鞠躬禮出現的頻率提高，動作也越發華麗誇張，握手與親吻禮則暫時消聲匿跡。

　　禮儀、權力與侮辱間，存在著錯綜複雜的關係；而鞠躬、屈膝、握手和親吻，則都是社會權力關係的實踐。每個人日復一日地進行社交互動時，都經常性地揭示自己在各個社會群體中的地位以及與他人的關係；此外，行禮方式更能用來作為區分自己人與外人的界線，例如貴格會的成員透過專屬於他們的禮數營造身分認同，就好像年輕的廷臣會因為關注流行風尚而凝聚在一起一樣。至於有心人士為什麼老愛惡整社交禮儀呢？答案很明顯，因為拿越多人在乎的事來惡作劇，效果就越好，而且他們雖然經常只是找小地方開刀，卻往往能切中要害。

手勢的學問

　　社交禮數可能過於矯揉造作，也可能慘遭瞎整或刻意忽略，但起碼是以表達敬意為目的；出了禮尚往來的天地後，另一頭則是任何舉止皆以汙辱人為前提的世界，裡頭有些動作一直流傳至今，某

些則已完全消失，還有一些則因時代改變而發展出不同意義。

首先，文藝復興時期的人並不會用雙指比「V」，這個手勢並沒有出現得那麼早。根據一個廣為流通的傳說，V字手勢之所以會出現，是因為在阿金庫爾戰役（Battle of Agincourt）前後，威爾斯與英國弓箭手刻意對法國人舉出拉弓的雙指，以示挑釁，但可惜這終究只是傳說而已。目前幾乎沒有任何證據，能證明這個手勢存在於一九〇〇年以前，而且一直到一九三〇年代，似乎也只有英國北部的工人階級在使用，到了一九七〇年代，才廣為流行至英國全境，但仍未越過大西洋，在美國成為和平象徵。不過各位也別失望，當時同樣粗魯無禮的手勢還很多，且源於英國本土或海外傳入的皆有。

說來也奇怪，就十六世紀的羞辱性手勢而言，比起英國的傳統，一般大眾對於歐陸習俗的認識可能還多一些。歸根究柢，這其實都得怪莎士比亞，因為他似乎很知道該如何惹怒外國貴族：在以義大利為故事背景的《羅密歐與茱麗葉》（*Romeo and Juliet*）中，有個角色揚言要「對你咬拇指」，而《亨利五世》（*Henry V*）中的角色畢斯托爾（Pistol）則曾提到一個名為「西班牙無花果」的動作。由於看戲的多半是英國觀眾，所以咬手指的橋段首次出現時，必然需要一些解釋，正因如此，桑普森（Sampson）才會有這段台詞：「你錯了，是要看他們敢不敢有所行動才對。我待會兒會咬拇指，他們若不吭聲，就是讓自己蒙羞」，藉機向不了解這個動

作的觀眾提供周詳的解釋：基本上，咬拇指就是汙辱人的手段，對方要是不敢反擊，就等於承認自己是膽小鬼、孬種，而在劇中，桑普森也的確以這個策略成功挑起街頭鬥毆。這樣的細節不僅凸顯出莎士比亞對於不同民族文化的豐厚知識，也讓他能巧妙地規避審查制度與負面觀感，畢竟在英國戲劇中採用粗魯到能挑起鬥毆的義大利手勢，頂多只會冒犯到少數的異國外交官與商人，但搬到舞台上演給大眾觀賞，並不會造成什麼問題。

在現代西西里，這個動作仍舊存在，只不過形式稍有變化，變成拇指直豎，指腹朝外地勾在上門牙後方，然後朝敵對之人的方向一彈，即可表示輕侮。我在威尼斯外圍某處曾親眼見過另一個版本：上下排的牙齒咬住指腹朝內且橫放的拇指，指頭接著外彈，並在彈出的過程中轉向，使指腹朝外。不過對方是不是威尼斯本地人，我就不確定了。

至於「西班牙無花果」，倫敦一般大眾則熟悉得多，所以在劇中並不是非解釋不可。沒聽過咬手指這個動作的觀眾會期待角色示範，但「西班牙無花果」不同，演員只要提及這個詞，就可以達到推進劇情的效果，而不須冒著引發負面觀感的風險，在台上實際做出手勢。

「西班牙無花果」知名於全歐各國，但在西班牙和義大利又特別常見，從古羅馬時期就已相當流行，在當時還帶有生殖器的意

象。在文藝復興時期的西義兩種語言中，「無花果」和「外陰」的說法都十分相近，以義大利文來說，這兩個字分別是「fico」和「fica」，為了委婉、禮貌起見，手勢名稱才會變成「mano fico」，字面上就是「無花果手」的意思，不過英文譯為「fig of Spain」（西班牙無花果）。具體而言，

足以讓義大利人憤而決鬥的「西班牙無花果」。

「無花果手」指的是單手握拳，並將拇指從食指和中指之間伸出來。這個手勢現在仍可見於西班牙與義大利，歷史上也曾傳入英國，不過遍及範圍可能僅限於受西義水手影響的港口城市，且只有社會地位較低的百姓會使用。

　　所以，如果在英國內陸地區咬手指，大概一點效果都不會有，畢竟如果想確實地傷害、汙辱到他人，對方也得對特定手勢了解得十分深刻透徹才行，而且雙方對於手勢的詮釋也必須一致，這樣象徵性的攻擊才會有效。舉例來說，二〇〇八年對美國總統小布希（George W. Bush）丟鞋的伊拉克記者之所以會那樣做，是為了傳達強烈的輕侮之意，因為在伊拉克，丟鞋是表達厭惡與鄙夷的方式，但各位如果看過事件影片，就會發現小布希只覺得天外飛來一

隻鞋很危險，卻因為不曉得此舉的意涵，而完全沒有意會到對方汙辱他的本意。無禮的舉止深植於文化脈絡之中，所以看在不了解文化寓意的人眼中，就會顯得空洞且容易遭到忽略；同理，莎士比亞劇中的異國手勢對觀眾而言，也不過是溫吞懦弱之舉罷了。

不過根據相關記錄，在英國歷史上，「彈指」（在當時稱為「filip」）這個手勢同樣也能引爆對決。據布沃所言，培根（Francis Bacon）在詹姆斯一世手下擔任大法官時，為此吃足了苦頭，因為有一群紳士堅持不懈地向他請願，希望他能立法禁用這個手勢。他們認為既然以書面（文字誹謗）或口頭（話語中傷）形式受辱或遭到抹黑都能獲得補償，那麼社會地位遭人以手勢攻擊的受害者為何會求助無門？再說，彈指動作不僅製造爭端、損人名譽，還經常引發暴力衝突，在上流階級又特別嚴重；在他們看來，決鬥是不合法沒錯，但如果人民受到屈辱時沒有門路可以伸張正義，只能拔劍的話，那麼決鬥的惡習勢必不可能消失。

彈指動作是用來表示輕蔑，目的在於攻擊對方無用、無能，只會吹牛膨風，沒有實力和榮譽感。出招時，要彎起手肘，把手舉到與肩膀同高

彈指可以激怒一個英國男人，讓他向你發出決鬥。

處，手掌朝外，然後彎曲中指，將指甲平貼於拇指指腹，停留片刻後把中指彈直。布沃在一六四四年的《手勢》一書中描述時，明確指出這個動作可以是「微不足道的懲罰」，但也能「造成嚴重詆毀」，端看一個人要把這事看得多重，不過，做手勢者動作中的細節或許也會有所影響。

　　既然如此，生活在現代的我們，真能透過動作來推測意圖嗎？舉例來說，英國現今常用的V字手勢，以及英美兩地都有人在比的中指（美國受義大利影響較深，所以這種手勢也較為常見）都會因實際動作上的差異，而傳遞出不同的情緒與意義。如果指頭是緩緩升起並前後擺動，臉上還附贈一個笑容，那他可能是在耍痞，甚至是發現自己被惡搞後的反應；但如果是迅速豎起手指，猛地停住後就不再移動，表情也變得嚴肅僵硬的話，就代表挑釁意味濃厚，而雙方距離肢體衝突大概也只有一步之遙了。話題再回到彈指，這個動作有沒有類似的詮釋空間呢？手勢的差異是否也會劃分出不同的意義層次？或許把節奏放慢，手部移動時和緩、慵懶一點，而且在方向上不要直接衝著對方，感覺會比較像是嘲弄？相反地，如果迅速又強硬地在對方眼前彈指，或許就會引發恫嚇與輕侮的感受，進而造成鬥毆？會不會除了文化脈絡以外，每個人與生俱來的身體語言其實也再再影響著彈指的效果呢？不過這只是我的猜測，不像文化歷史有書面記錄可以佐證；真要想找出答案，大概非得搭時光機才行。如果《超時空奇俠》（*Doctor Who*）中的博士願意

開TARDIS飛行器載我回到過去,我實在很想求證;要是剛好有遇到,我一定會向各位回報。

如果覺得上述的彈指手勢太過強烈,可以改用拇指和中指彈出聲音。這個動作通常不是針對人,而是用於表達對事物的不屑一顧,不過在奚落或嘲弄他人等氣氛比較沒那麼嚴肅的場合,仍可派上用場。

要是不想直接了當地侮辱他人,只想傳達內心的憤怒或激烈的情緒,則可以猛打自己的大腿。在現今的英國,除了默劇角色之外,大概沒有誰會做出打大腿這麼荒唐的舉動,而且在劇中會沉迷於此動作的,也通常都是女扮男裝的美女角色,所以看起來又更加荒誕。話雖如此,默劇這種戲劇形式在十九世紀末成形時,打大腿仍是年輕力壯且愛冒險的男子在傳統上的肢體特徵;在十七世紀,則是「常見的習慣暨溝通方式……深植於男性的行為之中,男人一旦感到憤怒、悲痛,必然會激烈地猛打大腿,要他們停手,根本不可能」。這樣的肢體動作具有強調的效果,可加強話語的分量,讓說話的人顯得更具侵略性,也更強勢;叫別人「滾遠一點」時,加個V型手勢也是一樣的道理。

晃拳的手勢也有類似的效果,女性(尤其是非上流階級的女性)生氣時也能使用,而且未必會因而遭到非難,不像打大腿是男性的專利。不過女性如果想以肢體動作增強話語中的敵意,通常

會採取截然不同且少有男性使用的動作：雙手握拳，穩穩地叉到腰上，掌心朝後，且手肘向左右兩側。由於結尾姿勢不像起始動作那麼強而有力，所以時間點非常重要，必須在罵人罵到最激烈時，再舉起雙拳放到腰際，動作要大又堅決，而且拳頭一碰到身體就要狠狠地壓在定點，不能游移不決。另一個版本則是只將一

食指左右晃動是只有女性在非難他人時才會搭配的動作，男性不會使用。

手握拳，另一手則可指著對方晃指助陣，不過其實在多數情況下，最有效的方法是先將雙拳叉腰，然後再挪出其中一隻手（通常是右手），舉到對方面前，左右搖晃食指。比起男性的打大腿，現代人對這個動作熟悉得多；雖然兩者現在皆已不太會出現於日常生活中，但女版手勢續用的時間比男版長，目前在受非洲與英屬加勒比海文化影響的地區，這手勢仍流通於較傳統的族群之中。

上述的手勢男女有別，但有個動作則是兩性都會使用：右手握拳，反覆往左手掌心猛打，像在拍手似地敲出震耳聲響，以示欺辱，而且態度越嘲諷越好。敲掌時，小指那一側要朝向掌心，只要拳頭不握得太緊，就能製造出相當大的音量。已多次出場的布沃表示，這個動作很有比林斯蓋特海鮮市場（Billingsgate Fish Market）

的味道，原因很簡單，因為女性粗啞的叫賣聲會讓他聯想到市場。當時的賣魚婦會在碼頭購入大批漁獲，然後到倫敦的大街小巷叫賣；而她們最惡名昭彰的，正是聲音大、愛鬥嘴，又愛講些下流的黃色笑話。

象徵戴綠帽的動作，可以直接比給受害者看，也可以躲在人家背後偷打手勢，讓旁觀者一起嘲笑。

如果要罵人愚蠢，則可用手模仿驢耳晃動的模樣，作法和一九七○和八○年代流行用來嘲弄人的「兔耳朵」很類似，可以把手放在自己的頭邊，或把手伸到攻擊對象的頭部兩側代表驢耳。事實上，二十世紀的兔耳可能就是源自這個手勢，只不過手指擺放的位置不同。我兒時在學兔子時，是將掌心朝外（和V型手勢相反），伸出食指與中指，雙指重複下勾、豎直，後面的兩指則用拇指按住；反觀十六和十七世紀的人模仿驢耳時，是用食指與小指（當時稱為「ear finger」，字面上就是「耳指」之意），中間的兩指收於掌心，拇指則緊貼於頭部兩側的太陽穴。這個動作只要稍有改變，意義就會大不相同，而且傷人程度遠勝過罵人愚笨：若把食指與小指牢牢豎直，毫不彎曲，那可就成了「戴綠帽」的意思了。

肢體動作是話語的良伴，在擁擠嘈雜處辱罵他人時，能帶來畫龍點睛之效，達到引人注意的效果，所以一六二五年時，羅伯・塔伯特（Robert Talbott）和湯瑪斯・塔伯特（Thomas Talbott）才會在多塞特郡厄普韋（Upwey）的酒館一邊「拍打臀部」，一邊對當地的治安官叫囂：「來親老子的屁股啊！」不過，躲在他人背後偷偷摸摸地比劃動作，效果也很不錯，有時可以娛樂旁觀的群眾，拿受害者開刀，逗得眾人偷偷暗笑或哄堂大笑，有時也可以作為要逃跑前的最後一擊。我們先前也曾提到，肢體動作的另一個優點在於不會造成法律後果：笑人被戴綠帽可能會招致言語中傷罪，但跟在人家背後，做出戴綠帽的手勢給大家看，可是完全合法的行為，而且要是對方因此出手打人，那也不必擔心，因為還有襲擊罪可以當護身符呢！

第3章 笑死人不償命

在這世界上，一切的高尚、恰當、純正與合宜，都很容易淪為被嘲笑諷刺的對象，說得具體一點，人或思想的地位越高、越受推崇，可以嘲弄的空間就越大，取笑起來也就越有趣。不過當然，諷刺位高權重者和文化支配人士有一定的危險性，所以必須非常敏銳地拿捏輕重才行。

低能走路部

低能走路部的成員有哪些特徵呢？想知道的話，請去找一把

木製大湯匙塞在束腹左側，左手放在湯匙上，手肘指向側邊，角度越尖銳越好；身體的重心盡量往後擺，右手臂則要誇張地狂甩，走路時，兩腳之間也記得維持六英吋的距離。只要滿足前述的所有條件，就能把士兵學得維妙維肖，讓友人莞爾，同時讓模仿對象尷尬臉紅；由女性來學的話，效果更是特別好，而且因為是女生，所以就算被嘲弄得再厲害，也不好對她們太過嚴厲。士兵會透過肢體語言來闡明自己的身分與使命，因此動作和舉止都與一般男性不同，但看在有心人眼裡，這些細節都是惡搞的絕佳素材；又因為軍人素以愛惹麻煩出名，有時甚至被批為社會公害，許多人為了報復，都會大加嘲弄。

所以軍人究竟為什麼要採取低能走路法呢？他們身上的服飾與裝備的確是因素之一，但影響不大，主要動機純粹還是文化上的既定觀念，具體而言，是因為軍人認為自己有必要虛張聲勢，擺出氣勢磅礡的模樣。軍事手冊經常會要求士兵培養帶有侵略性與傲氣的舉止，態度要有自信並不失驕狂，才能散發出「剽悍」（bravery，多年來，這個字在英文中的意涵已有所改變，現在多帶「英勇」之意）的氣息。剽悍的士兵得隨時待命，一聲令下就要能衝鋒陷陣，由於當代的戰爭仍屬近身殺敵的型態，所以必須具備這樣的心態，打起仗來才會有利；至於剽悍的精神該如何維繫、加強呢？當時的人認為，適切的肢體動作就是不二法門。

無論是站在原地或正在行進，士兵的雙腳都站得很開，這樣

的姿勢在英文中稱為「legs akimbo」，和重裝駕馬的騎士有幾分相似——鎖鏈製和板製的盔甲將他們的身體壓出固定形狀，騎馬時用來防摩擦的厚重護腿裝備，也造成了類似的影響。不過戰爭型態改變後，護甲的重量減輕，覆蓋範圍縮減，徒步作戰的情況也越來越常見，如果要說騎兵是因為軍事裝束與盔甲的緣故，腿才張得那麼開，倒還合理，但這樣的解釋用在不需穿戴護甲的火槍手和其他兵種身上，可就說不通了。

　　亨利八世有一張非常有名的畫像，畫中的他身穿宮廷服飾，場景也完全不含軍事元素，但他的雙腿仍站得很開，腳掌微微外八、與肩同寬，甚至比肩膀還外擴一些，這基本上就是在透過姿勢強調他三軍統帥的地位。亨利八世當然擁有多套盔甲，會參加長槍比武（極為仿古的嗜好，幾乎像在演歷史劇），精通多項武藝，騎馬技術傲人，也經常打獵。即便如此，他仍刻意透過這樣的站姿，宣示自己不是紙上談兵之輩，而且具有古代騎士的精神，是歐洲戰爭舞台上不可忽視的要角，簡而言之，就是藉此虛張聲勢。姿勢是這幅畫的重點，而亨利八世也站得十分到位，雙腿既牢且穩，帶有霸道意味，重心的位置也放得剛好，下巴內收，胸膛則開闊堅挺。這之中要是有哪個細節出錯，威儀感馬上就會減弱：腰桿或臀部只要一個沒打直，效果便會大幅減損；胸膛就算只是內縮一丁點兒，都會使他精心營造的幻象破滅；另外，下巴更是一定要記得內縮，否則整個人看起來就會像個狂妄的菜鳥，明明緊張得要命，卻還為了掩

飾不安全感,故意驕傲地用鼻孔看人。由於國王已將這種軍事站法培養成習慣,眾人當然會爭相模仿,當中還有許多人其實並不是士兵。

　　伊拉斯謨認為這種站姿對當時的男童而言極不恰當,因此曾給

亨利八世採取男子氣概強烈的軍事站姿。身為國王的他透過這樣的姿勢與步態營造出威武的形象後,男性紛紛爭相模仿,而且不分年紀,從男孩到男人都想學他。

予建議，不過從下段文字看來，他大概也知道沒有誰會聽勸：「雙腿和膝蓋須併攏，站立時腳掌間的距離也不應過寬。」由於無法說服男孩採取庶民應有的站姿，所以伊拉斯謨允許他們以和緩一點的方式模仿國王的開腿步態，只要不學得太誇張，那麼他願意屈就接受男子氣概掛帥的軍人式肢體語言，不過我想，男孩子那麼調皮，一定會故意大學特學、尋他開心吧。

　　若想在行進間維持重心與雙腿間的距離，同時保持肩膀與下巴的位置，必定要特別練習，不可能不學就做得好。理想上而言，走路時要有種昂首闊步的傲慢模樣，步伐要長，而且不能走得太快，雙腿也要張得夠開，讓身體自然地左右搖擺。如果速度、步幅和重心都拿捏得宜，就能營造出自信的神氣，但要是步伐太小，則會顯得蹣跚，看起來愚蠢難耐。要想撐起帶有男子氣概與軍人傲氣的表象，踏步時讓腳內旋是個很不錯的訣竅，方法是在腳掌剛離地，仍位於臀部下方時，讓掌面自然地偏向身體中軸，然後在腿前跨時，刻意稍微外八，不過動作別太過頭，否則可會淪為笑柄。對此，伊拉斯謨在著作中批評得相當嚴厲，甚至還流露出明顯的仇外情結：「雙腳不要左右搖晃，這種動作請留給瑞士兵即可。」由於軍人所攜的武器也是造成開腿走法的因素，所以走路時把拇指插入腰帶，或雙手叉腰都有幫助。不過對於這點，伊拉斯謨也有話要說，在他看來，把手叉在腰上「只是模仿戰士的小伎倆」。

　　雙手叉腰、手肘外撐的姿勢可擴大個人空間，讓自己看起來更

加自信、不馴，也更具侵略性。以現代場景而言，可以想像年輕男子滿帶挑釁意味地坐在大眾交通工具上的長椅上，雙腿張得很開，佔掉左右兩側的空位，而且明知自己理虧，卻還一副「有種就來跟我吵」的模樣。說到這裡，各位應該已經猜到伊拉斯謨也曾對這種行為表示反對了吧，不過當然，他非難的並不是巴士和火車這類情境。

瑞士傭兵以馳騁沙場的英勇、誇張的裝束與大搖大擺的儀態聞名全歐。

軍人式走法佔據的空間很大，即使身上沒有武器，都不免會碰撞到身邊的人，要是再帶上劍（sword）和圓盾（buckle），原本就已大搖大擺的士兵大概會覺得自己就像古代浪漫冒險傳奇中的英雄（swashbuckle），走得更加昂首闊步。這兩種武器都配戴於臀部左側，其中劍會插在懸掛於腰帶的套子中，呈方便抽取的四十五度角，而握柄則位於大腿頂部的髖關節處，以

利拔劍，讓人就算在行進間，也可以把劍握得很穩；至於圓盾，則可置於劍的後方，牢牢地綁或掛在腰帶上，這麼一來就不怕鬆脫了。不過許多年輕男子都不喜歡固定得太緊，這樣他們在街上神氣活現時，劍與盾才會鏘然發出鏗鐺聲響，招來眾人的注目。

所以基本上，當時的景況大概會是這樣：滿身軍人傲氣的年輕男子抬頭挺胸地邁步前行，趾高氣昂、步態大搖大擺，路人紛紛回頭多看兩眼，但卻有個腰插木製湯匙的女子，和一群屁股搖來晃去的小男孩隔著一段距離跟在他身後，所有人的手肘都使勁地向外猛撐，身子也都因為後傾得太厲害而快要跌倒，逗得大街小巷笑聲迴盪。

如果擔心人身安危，但不怕靈魂墮落的話，模仿神職人員走路也不失樂趣。宗教人士的走法也十分獨特，不過風格和軍人大相迥異，步伐很小，肘部緊貼身體，手上則多半拿著東西，最典型的大概就是宗教典籍。這樣的步態普遍稱為「躊躇」（halting），目的在於帶給旁人謙遜的印象，與軍人喜歡營造的男子氣概恰好相反；不過當然，這種模樣很容易散發出一種「本僧比汝神聖」的高高在上感，也因此成為嘲弄的大好題材，許多不滿佈道內容的教區居民，或是因不專心而遭到訓誡的唱詩班成員，都會透過模仿來紓發心中的不快。神職人員的走路方式同樣也是長久以來培養的習慣，於天主教時代寫作的伊拉斯謨就表示，曾看過主教以這樣的「行走姿態」來「榮耀神」，神蹟劇中也常出現躊躇的僧侶和其他神

職人員；進入新教時代後，湯瑪斯‧納西（Thomas Nashe）亦在一五九五年描述過「胸前總抱著聖經」且「老是仰頭望天」的虛偽清教徒。這樣的常態性肢體語言十分容易辨識，能凸顯教徒身分，讓旁人知道他們是與戰爭、衝突和世俗傲氣完全扯不上邊，且特性截然不同的群體。

　　一如軍裝在某種程度上左右了士兵的步態，宗教人士的衣著也是影響因素之一。教會在各時期規定的禮拜服飾細節或許有所不同，但神職人員平時穿的仍多半是長及腳踝的黑袍。這樣的嚴謹裝扮是知識、權威與莊重的象徵，且不僅限於擔任聖職之人，只要位

無論職業，只要是富有知識的男性，都喜歡穿及踝長袍。

高權重且形象肅穆，都適合穿著。當時的市長與參議員通常都穿全長式的袍子，色彩為深淺不一的紅，至於年紀較大、較富裕的商人、學者與律師則穿黑色或深色長袍。由於平民也會如此打扮，所以即使是偏好樸實裝束、不喜華麗禮袍的宗教派系也可以接受：就算是喀爾文色彩濃厚的牧師，也能像羅德高派教會的聖公會牧師一樣，安心地穿上全長式黑袍。

當然啦，穿黑袍並不代表走路一定要猶豫躊躇，但步伐的確會變得比較小，畢竟腳步如果跨得太大，腿會不斷撞到厚重的布料，十分吃力，而且穿著這種衣服走太大步也實在不太優雅。長袍是一體成型地從肩部下垂，完全不會顯露出腰與臀部的形狀，不方便叉腰將手肘外擴，也沒有腰帶可以勾住拇指；也由於雙臂垂放時，容易與寬鬆的布料摩擦，所以把手放在胸前會比較舒服，至於手上之所以總會拿個什麼，則是因為這樣比較不會覺得尷尬。

不過我們討論軍人走路法時也曾提過，實質因素並非造就特殊步態的主要原因。就文化脈絡而言，神職人員會想透過行走方式凸顯自我身分的特別，其實並不奇怪，畢竟他們心中富有使命感，認為自己有責任引導如同迷途之羊的眾生，所以勢必得要有與眾不同之處；另一方面，經常自稱「和平使者」的牧師，會想避免軍人手肘侵略外擴與大步搖擺的動作，當然也很正常；不過他們躊躇的走路方式，卻仍經常被當代的敵對人士批評為虛假又裝模作樣，為什麼呢？我們不妨舉理查‧韋斯特（Richard Weste）一六一九年的著

作《品行之書》（*The Book of Demeanor*）來說明。這段文字是他為了教導上流階級的年輕男性而寫的：

> 行走時保持良好步態，
> 勿作殘瘸或羸弱假態，
> 否則易顯放縱荒唐，
> 亦顯愚昧魯莽。

當時，教會陷入重大危機，神職人員產生了不如人的低下心態，因而以躊躇的步態走路。這似乎合情合理，但這樣的步法後來卻變得形式化又刻意，還擴展成群體習慣，表面上營造謙卑的假象，但其實根本不然。

大約在一六〇〇年以後，這種原本僅流通於聖職圈的走法向外流傳，結果成了清教徒的招牌步態。這群自信無比的教徒自認是「上帝選定之人」（Godly People），但由於是新興教派，所以當中不乏女性的教友團體希望能強調自身信仰的正當性與真誠度，而走路姿勢可說是再理想不過的宣傳手法。躊躇式走法很快就獲得認可，成為靈性高超的象徵，也極受敬重。清教徒的信仰相對較新，所以如果透過改變衣著來宣示敬虔，很容易被說成是虛榮、膚淺，但他們選擇培養新的走路方式，避掉了可能的責難，也毫不減損視覺上的宣傳效果。因為清教徒的緣故，躊躇走法大為流行，成了眾人眼中的神界時尚。

但沒過多久，風向迅即大變，許多人開始批評這種步態虛假又刻意，還說這樣走路的，都是表面上宣揚高尚道德標準，但私底下惡行重重的偽君子，所以模仿躊躇走法的搞笑行為，也成了表達政治與宗教立場的途徑。無論是在街上或舞台上學教徒走路，還是畫在筆下，基本上都是因為不滿清教徒在社會上勢力漸強，而藉此表達不滿，而各種形式的揶揄也都笑果非凡。在最誇張的一個例子中，模仿者為了搏眾人一笑，賣力地用躊躇步態走路並不斷仰頭往天，看起來簡直就像精神錯亂的雞在發癲。

　　其實在倫敦，還有其他族群的走路方式也常引人訕笑並招來調

上圖或許把躊躇式走法畫得有點誇張，但在當時，許多人都喜歡透過這種步態來傳達他們身為市民的榮耀。

皮惡搞，例如鄉巴佬形象的莊稼漢，就經常遭到書面與真人（在街上和舞台上模仿的都有）形式的戲謔。要辨認這種土包子，除了可以觀察腔調與衣著外，他們走路的方式也自成一格。犁田的人經常得費力走在崎嶇不平的泥地上，各位想想看，每道犁溝都得靠他們走上走下、前前後後地挖，而且剛翻過的土還會卡在鞋子上，導致他們步伐沉重、舉步維艱，經年累月地辛苦勞動後，步態自然會因而定型，而鄉下的男孩子因為在成長過程中看慣了耕農的動作，也會無意識地學他們走路。這些莊稼漢行走時顯得緩慢吃力，且步伐沉重，許多禮儀相關書籍的作家都認為他們雙臂垂掛晃動的模樣非常難看，不過也很容易模仿。

若學膩了鄉巴佬，那也沒關係，還有外國人可以模仿呢！其中西班牙人舉止僵硬，看在英國人眼裡十分不自然，因此最容易成為標靶，而且社會階級與教育程度越高，動作也就越生硬，水手可能只會稍稍引人注目，但如果換作是大使與高層官員，可就非常顯眼了。西班牙人之所以僵硬，是因為他們會刻意縮減動作幅度，並避免轉動身體部位。當時，全歐專寫禮儀、教育和舞蹈的作家都提倡自我約束，並褒揚自制與動作的精準度，不過隨著時代改變，各地區的作者在研究人對身體的控制時，關注的元素也不盡相同，所以各著作強調的重點同樣有所差異，舉例來說，我們先前就曾提過禮界焦點從餐桌禮儀轉移至談話方式，而打招呼的儀式也越趨繁複。西班牙人無所不用其極地避免伴隨著說話的身體動作，反觀義大利

人嘴上雖不贊同手勢，但就歐洲各國的記錄看來，他們仍是積習難改地愛揮手。西班牙人幾乎不會透過動作傳達任何訊息，這點各國人都覺得十分詭異，而且他們就連轉動腰臀和脖子都很不情願，需要轉向時，甚至寧可透過雙腳帶動整個身體，不過這樣的行為確實也可歸因於衣著。在十六世紀中葉的西班牙，男女的馬甲式緊身上衣都流行採用極高領的設計，而且正面的剪裁很長，又使用硬挺材質；到了十七世紀，即使各國都已捨棄此風格，西班牙人卻仍堅守了好一段時間。在英國，這樣的裝束之所以會流行，也是因為兩國政治關係密切時，全國上下刻意模仿，確切而言，就是瑪麗一世（Mary I）統治期間及伊麗莎白一世在位早期，但當英國在政治上改與法國及荷蘭同盟後，西班牙式時尚也就逐漸退位了。衣著與儀態的因果關係其實很難釐清，人們究竟是穿了衣服後，才被迫以特定姿態走路，還是眾人的行走方式帶來了炫耀時尚走法的動機，進而催生出前述的服飾呢？兩者間很可能存在相互影響的循環關係。

不過眾人最愛學的，仍非時尚走路法莫屬，而且大家似乎都想和這種走法沾上一點邊，從受歡迎的民謠作家，到備受敬重的喀爾文教派牧師，再到劇作家、詩人和小冊子的寫手，都有意見可以發表。時尚的信徒男女都有，所以學起來又更加有趣，而且時尚界瞬息萬變的特性，也讓模仿遊戲始終充滿新鮮感與趣味性。先前曾提過的亨利八世軍事步態，其實就是時尚走法的一種，事實上，在一五五〇至一六六〇年間，軍人走法中許多高視闊步、趾高氣昂的

動作都持續左右著男性的走路姿勢，無論在戰時或太平盛世都一樣，而我們同樣介紹過的法式廷臣鞠躬禮，也產生了一定的影響；在後續的段落之中，我們也會再討論其他幾個曾流行過一陣子的元素。相較之下，除了「狐狸精」這個貶義說詞外，女人的走路方式到現在都沒能獲得什麼篇幅，實在很可惜。不過各位女性讀者也別覺得氣餒，和男人相比，開女性玩笑的風險遠低得多，遇到有權有勢的男子時更是如此，所以我們可是大家的開心果呢。

在十六世紀早期，以時尚女子為主題的作品幾乎都遵循著一個約定俗成的原則：描繪對象無論是坐、是站、或跪、或走，多半都呈同一個姿勢，在織錦、泥金裝飾手抄本和簡單的木刻版畫中，皆不難看到。有些人可能會主張這是藝術風格所致，但如果與當代對於女性優雅舉止和理想儀態的少量描述比對，就不難發現這個姿勢與文字記錄十分相符──基本上，就是臀部前推，並將後頸盡量伸長。一開始先站在定位以熟悉身體的感覺，兩腿站直，雙腳併攏或分開幾英吋都行，但腳趾要朝前，然後將臀部前推，肩膀則留在原位，腳後跟到連接脖子的脊椎頂部應該要呈微彎的曲線，達到這樣的形狀後，還得再拉長後頸，讓雙眼直視前方，才不會顯現出睥睨他人的模樣。看人時目光朝下是公認的傲慢行為，長久以來，眾人多半覺得只有社會地位明明不高，卻還要打腫臉充胖子的人才會有此表現，換句話說，就是想模仿時尚儀態，卻弄巧成拙，畫虎不成反類犬，暴露自己只是愛學人的冒牌貨，而不真的是從小就開始接

受美姿美儀訓練。不過換作是貴族，可就真的得從小受訓了。舉例來說，珍‧葛雷女王（Lady Jane Grey）就曾向家教羅傑‧阿斯卡姆（Roger Ascham）抱怨，說父母為了糾正姿勢，「會捏、會掐，還會推頭」，好塑造出符合時尚規範的體態。一如時尚界的所有要素，角度精準毫無誤差也是十分重要的要求，例如在某些場合與時刻，臀部就必須前推得非常明顯，從十六世紀初的木板畫中，我們可以看出跪地禱告時，就必須遵守這項規定，在荷蘭尤其如此；相

畫中的這位女士臀部前推、後頸拉長且下巴內收，正是十六世紀早期女性時尚優雅的姿態寫照。

較之下，圖像記錄中的英國女性採坐姿或跪姿時，臀部的角度通常較為收斂，不過只要換成站姿或在走路時，就會相當明顯。

　　臀部前推的規定造就了兩種基本步態：流暢與鐘形走法。要想走得流暢，步伐不能太大，速度要慢，且踏步時腳跟必須最先落下，再將整個掌面貼地。一旁的紳士也得放慢步調，免得看起來像急匆匆的僕人，但也不能走得太慢，否則會「像烏龜似的」，一副「冠冕堂皇的虛假模樣……活像上流仕女或要出嫁的新娘」──義大利作家德拉卡撒就是這麼描述的。由於臀部前置、雙肩後擴，胸腔下半部也會隨之前推並稍微上提，從前面看上去，衣服從胸部以下就會顯得筆挺而毫無皺摺，恰好能將禮服正面剪裁流暢的優點展示得一覽無遺；至於雙手最舒服的姿勢，則是放在胸前輕輕交握，肘部彎曲的角度微微超過九十度，並置於胸腔最下方的三、四根肋骨旁，營造出高貴、自制、端莊又有點虛華的形象。宮廷淑女擺出這種姿態，旁人看了必然喜歡，但如果商人的太太上菜市場時也這樣走路，可就會遭人側目了。

　　我們先前提過的模仿行為多半是以貶低他人、傷害自尊和減損權威為目的，或是為了凸顯受害者的異奇之處，好集結眾人一起嘲笑，但學時尚仕女走路則屬趨炎附勢，與前述的惡行都不相同。可是話說回來，趨炎附勢真的算是使壞嗎？在階級觀念深厚的十六及十七世紀，答案是肯定的；事實上，幾乎所有人對這樣的行為都極為反感。由於神已替每個人在世上選定了位置，所以僭越階級不僅

會破壞社會現況，也等於是直接違抗神的安排。不過當然，這種事的對錯，端看從哪個觀點切入，要是眼見他人明明地位低下卻想假裝上流，勢必會覺得對方大錯特錯、令人憎惡，但如果換成自己或家人，想必任誰都會將攀龍附鳳的行為合理化，並辯稱只是充分運用上天賜予的優勢吧！

肢體語言很難忽略，而且會從意識與潛意識層以諸多方式影響我們的反應，所以對於身分地位的彰顯特別有效，如果使用得宜，那麼毋須花費，即可獲得身為上流人士的許多好處，並贏得敬重。身穿羊毛長袍的女子走路姿勢若像商人之妻，大家就只會當作是市井販子的妻子看待；但如果身著相同服飾，舉手投足卻是淑女儀態的話，旁人則會認為她是上層階級的仕女，只是遭逢蕭條或決定謙卑奉獻，無論如何，後者不管做什麼，都比較會受到體貼與敬重，所以難怪會有那麼多人想學淑女走路，而這種人之所以會四處惹人嫌，原因也不難理解；不過若要學得像且令人信服，可就不容易了。舉個例子來說，牛仔長時間騎馬後，走路時腿會彎成詭異的弓形，這時若要模仿淑女的步態，想必不容易吧？如果只是撐個十分鐘左右倒還好，但時間一長，注意力就會分散，肌肉也會因為僵在不熟悉的位置而感到疲勞。在十六、十七世紀，無論本身屬於哪個階級，模仿較高社會階層的舉止與儀態都能帶來許多利益，話雖如此，學的時候卻也有許多細節可能出錯，例如一時鬆懈露出馬腳，或做對一半，另一部分卻錯得慘不忍睹，所以雙眼銳利、特別會挑

錯的人經常有機會大展身手：故意模仿那些想裝高尚、但通常又學不到位的虛假女子，偽時尚、假優雅地走在街上，心裡再補上一句「她以為她是誰啊？！」想必再令人滿足不過了。

　　至於先前討論臀部前推時曾提過的鐘形走法，則比流暢版本性感得多。所謂的鐘，指的是裙子的形狀；仕女在走路時，必須用臀部讓硬挺如倒反圓錐的裙子前後擺動。一開始下盤必須前挺，提腳準備跨步時則稍微後推，並在步伐實際踏出時再次將臀部向前推進。這一連串的動作要是太過頭，看起來會像狐狸精，顯得粗野、尷尬又帶性暗示，但如果能抓到訣竅，則可逐漸走出節奏，就像在敲鐘一樣，讓裙子緩慢搖擺，又不乏挑逗之意，所以特種行業的女子在上工時，經常會身著華麗服飾，在倫敦街頭模仿宮廷仕女的時尚步伐，不過她們下盤前推的姿態大概也經常遭到模仿，並淪為笑柄就是了。

　　到了一五六〇年代，倫敦的許多女性則已發展出不同於貴族淑女的時尚走法。這些城市女郎想營造輕盈迷人的形象，因此捨棄了上流階級緩慢而冠冕堂皇的儀態，改採較短的步伐，加快步速，並注入了彈跳元素。許多人也會在行進間不時停下腳步躊躇，稍加模仿神職人員的步態，強調她們是值得尊敬的信徒。在一五六九年的民謠〈勿忘人終將一死〉（Remember Death）中，死神曾如此嘲諷這樣的自負行為：

這位身體重心前傾的城市女郎已昂首準備輕快
上街。

　　見其姿態、神情與步伐

　　我總要發笑

　　輕快的步子也能走得如此躊躇啊

　　在一五九二年的民謠〈牆上的烏鴉〉（The Crowe Sits upon the
Wall）中，理查・塔利頓（Richard Tarleton）則透過「她是輕快踏
步還是奚弄挑逗」這句話，來描述時尚、體面，但性挑逗意味又相
當明顯的昂揚姿態。

無論是原始的輕盈踏步法或稍加誇大的版本，都能呈現城市少女和人妻自視甚高且過度喜歡表達意見的形象，在舞台上的效果顯然很好。這樣的描繪一而再、再而三地以帶有輕微厭女意味的形式，出現在所謂的「市民劇」（citizen play）中。這種戲的主要角色都是倫敦當時的市井小民，而不是國王、皇后或歷史、奇幻人物，當中有些男演員會模仿女性的步態與行走方式，甚至著女裝演出。牧師亞當・希爾（Adam Hill）在譴責劇場表演者時，就表示這樣的行為曾遭控訴抱怨；不過這些戲劇表演對於在街上嘲諷女性走路方式的人而言，可是能激發靈感的優良示範呢。

　　當時，也有人用「碎步快走」（mincing）來形容時尚意識強烈的城市女郎走路的模樣。這個詞在戲劇與佈道中出現的時間點，與高跟鞋問世的年代差不多。當時的鞋跟其實連兩英吋都不到，以二十一世紀的標準來看，一點也稱不上高，不過由於使用了「沿條」（welt）這種革命性的鞋體結構設計元素，所以新穎度絕對滿分。

　　中世紀的鞋子是從內部縫製，然後再翻過來穿，為的是避免縫線鬆脫、保持外型美觀，並提升防水性能，所以製鞋用的皮革自然必須夠軟夠薄，才能翻面，不過在一五○○年前後，新式的鞋體結構出現，鞋子的堅實度也大為提升。所謂的「沿條」，是額外的一條皮革，形狀細窄但材質堅固，配置於鞋面與鞋底之間。製鞋時，要先將鞋面與沿條縫合，然後按照先前的作法將內側外翻，接著，

再把最厚、最牢固也最耐穿的皮革和沿條平縫在一塊兒作為鞋底，而不必翻面，基本上，現今的傳統皮鞋仍是以這樣的方式製作。從瑪麗玫瑰號（Mary Rose）的船骸中尋獲的鞋子看來，一五四〇年代時，即使是一般的水手，也已在穿這種新式的鞋；到了十六世紀末，鞋匠更將以皮革包覆的雕刻木塊製成的弧形鞋跟黏到鞋底，並以木釘固定，為時尚族群進一步美化鞋款設計。這種跟鞋會讓身體重心前移，女性若遇到鵝卵石或不平的地，便會很自然地把原本就已不大的步伐縮得更短，以避免跌倒，所以才會形成「碎步快走」。

男性其實也穿跟鞋，不過穿的多半都是廷臣。宮廷男女行走之處多半光滑平坦，所以步態不太會受到影響，可以穿梭自如；在城市中，也有許多女性因這種高貴不貴的新穎設計自豪不已，並急於炫耀象徵現代化與奢華工法的新鞋，偏偏街道凹凸不平，所以只要輕快地踏起步來，就會不由自主地碎步快走。

如果是穿拖鞋（英文為「pantoble」，在義大利文和法文中，則分別為「chopine」和「pantoffle」）的話，走路姿勢則會改變得更加明顯。這種拖鞋是高跟套鞋的一種，材質從簡單的木頭配皮革，到天鵝絨包覆的軟木都有，所以價格落點也各不相同；做成厚底鞋時，不但能避免雙腳踩入泥地，還可讓人增高，向四面八方的人炫示身分地位，所以最受喜愛。清教徒作家菲立普‧斯圖伯斯（Philip Stubbes）覺得這種鞋發出的噪音刺耳，因此很不喜歡。他

認為大家「為了避免拖鞋掉落，只要看到石牆或柱子就會又踩又踏……偏偏鞋子又在泥地裡翻彈，激起量多到誇張的淤泥，並沾附一大堆土與重物，對穿鞋的人會造成難以拖行的負擔」。拖鞋在走路時容易滑掉，所以大家總會迷信似地就著路緣、階梯等處，用力地把腳向前擠，好像這樣鞋就再也不會掉落似的。我自己也有一雙類似的鞋，高約四英吋，鞋底是以厚實的軟木製成，所以不太會積泥，但許多便宜的鞋款是用木頭，高度只有半英吋，而且僅由中空的金屬鞋跟撐離地面。如果是這種拖鞋，就確實會卡入泥土、落葉與路上的垃圾了。

對此，義大利的舞蹈大師卡羅索非但沒有大肆抱怨，還提出了相當有幫助的實際建議，教人該如何優雅地穿拖鞋走路，同時也列出數項警告，提醒讀者應避免某些習慣。

有些夫人與淑女走路時，會把拖鞋滑來滑去，發出的噪音簡直讓人抓狂！而且她們踏步時經常都好用力、好大聲，和方濟會的僧侶沒兩樣。切記，如果想走得漂亮，並把拖鞋穿好，避免鞋體扭曲歪斜（要是不留意穿法，鞋子可能會被踩裂，或經常滑落，這樣的情形曾出現在派對和禮拜儀式上，現在也仍會看到），那麼抬腳準備跨步時，最好翹起腳趾，這麼一來，膝蓋就會自然打直，而腿延伸後，身體也會跟著挺立，不僅拖鞋不會滑落，體態也會充滿魅力；此外，腳趾一旦上翹，淑女就不會再拖著鞋走，更不會發出刺耳的噪音。一隻腳完成練習放下後，另一腳也應重複相同動作。

卡羅索描述的動作極不自然，還會讓小腿肚底部的肌肉很快就又緊又痛，但的確有效，只要練習一下，就可以安靜又流暢地小步走路，甚至還能兼顧優雅。話雖如此，曲膝拖步的走法還是容易得多，而且速度較快，更是荒唐得讓人不笑也難，對於扮演女性丑角的演員來說，簡直是上天掉下來的禮物。想像一下《羅密歐與茱麗葉》中的奶媽拖著步伐快速走過木製舞台，踩出陣陣聲響，經過柱子時還停下來將拖鞋踢回腳上，整個人姿勢歪斜，雙膝彎曲且臀部前凸地說：「我對天發誓，我憤怒到全身都在發抖。」那場面光用想的都讓人覺得好笑。

　　伊麗莎白女王的全盛時期過去後，時尚紳士淑女的姿勢都歪斜了起來，不但腳趾朝外，腳掌呈芭蕾第四位置，身體也會轉成斜角，不正面對人，且重心全放在半邊臀部，使得支撐身體重量的那一側屁股外凸。在這個時期，如果還沿用亨利八世正經八百的站姿，只會被譏笑笨拙、失禮，在社交場合基本上就等於自殺，而早期臀部前推的女性走法也同樣過時，倒是側面的體態成了關注重點，突然間，肩膀的位置變得和雙腳一樣重要，而轉身的動作也變得優雅起來。由於男性的服飾遮蓋的身體部位較少，所以這樣的改變在他們身上明顯得多，不過女性的形象其實也產生了較為低調而細微的變化。

　　舞蹈大師德婁茲在討論女性走路的姿態時，建議頭部打直、雙眼平視，而且要透過重複練習來培養正確技巧：「接著，請她雙

腿併攏，腳趾朝外，然後握住她的雙手，請她穩穩地沿直線走上幾步，讓她學會這種步態。」這番建議並不是特別有用，除了強調頭要打直、腳趾必須指向外側，他幾乎完全沒有提到實際行走時該注意的細節；另一方面，他又告訴男性，走路時雙腿要完全打直，所以我們可以推測女性應該也得遵守類似的規定；除此之外的唯一線索，就是他不斷勸戒女人動作要柔和流暢。不過就相關畫作看來，他的建議到了一六二〇年代顯然已經過時了。

在一五九〇年前後，女性的裙長短了一到兩英吋，讓鞋子與雙腳的位置得以露出。這樣的情形持續了大約二十五年，在這段時期的畫作中，並不難看到人物腳趾朝外。大體而言，畫中的女性都採站姿，兩腳腳跟之間距離三到四英吋，腳趾卻相隔長達一英呎；多數人會將其中一腳（幾乎都是右腳）放得比另一腳前面一些，看起來就像沒那麼到位的芭蕾第四位置。雖然雙腿靠得很近，但大致上還是可以看出身體重量放在後腳，至於肩膀的位置則密切地隨腳趾的方向變化。這樣的站態符合時尚男性姿勢的許多規則，只不過臀部側凸的幅度較不明顯，前挺的習慣則已完全消失。在義大利，女性的臀部動作很豐富，會輪流朝左右兩側擺動，就像迷人的舞蹈，在義文中稱為「continenza」。據卡羅索所言，女性之所以這樣走路，也是為了控制裙襬，就以下的這段話看來，他顯然認為以臀部操縱裙子比用手好上許多，而且既優雅又搖曳生姿：「女性絕對不能用手去提裙襬或裙尾，這麼做非常不體面……她們應擺出有點傲

人的姿態，像蛇一般地稍微晃動裙體及底下的裙襯（圓拱狀的裙撐），以達到相同的效果。」這樣的動作實際做起來相當有趣，我自己在參加婚禮時，也經常很想衝上前去，對人生第一次穿上全長禮服的新娘子這麼說：「不不不，美女，別用手，要像這樣擺動臀部才行。」裙子只要內裡裝有裙襯或任何型態的支架，那麼無論裙尾是否拖地，都可以透過適當擺動下盤與調整雙腳的位置來全然控制，即使得爬樓梯也不用擔心，除非梯度太陡，否則都一定有辦法可以把裙襬駕馭得很完美，而且完全不必動手。

　　各位如果跟我一樣，已經習慣現代的樓梯，那麼參觀伊麗莎白和詹姆斯統治時期的歷史建築時，大概會覺得正式場所的梯級都很矮，階高甚至還不及台階寬度。就我個人的經驗而言，身穿及地長洋裝爬這種樓梯時，只要在抬腳時將腿彎成弓形並稍微內傾，然後再向外劃弧，讓腳著地於起步時的位置，就可以走得很漂亮。採取這種新月形劃腿法的好處，在於腳會碰觸到裙襬的中心點，並將布料朝前方與側邊微微撐開，如此一來，就不必擔心裙子正面產生皺褶。必須注意的是，身體得隨時挺得筆直，因為隨便一個前傾，正面的裙襬就會長過裙尾；此外，腳快要踩上下一級階梯時，臀部也得上抬，這個小細節能撐高布料，避免鞋子踩到。切記，踏每一階時，都必須遵守前述流程，要是步伐太急太猛，或因為懶得把身體挺直而試圖加大抬臀幅度，希望達到相同效果的話，整個人會顯得十分詭異；但如果能將動作執行得流暢又穩重，脊椎也直挺不屈

的話，那麼上階梯時，身體就會輕柔地搖擺，一旁若有位紳士能攙扶，走起來則會更加不費功夫。

可惜的是，我依據上述兩位義大利舞蹈大師對臀部搖擺走路法的描繪，在純英國背景的記錄中尋找線索，卻都找不到相符的敘述；話雖如此，義大利舞蹈本身就相當受歡迎，影響力也很大，從相關記錄來看，許多活躍於英國的法國舞蹈專家也深受義式時尚步法的薰陶。事實上，跳舞場合所教的重要禮節，就是宮廷生活的縮影，卡羅索不但把舞步描述得很詳細，也宣稱當中的細節正是優雅舉止與日常禮儀的基礎。就實際舞姿而言，腳的工作並不多，只須先朝側邊踏出左腳，然後右腳跟著踩向左側即可，重頭戲是由臀部、肩膀，以及優美的手臂與頭部動作的負責，第一個步驟是扭動左臀：「頭務必打直，左肩不能下垂……帶點傲氣地朝著要行進的方向微微移動。效果要好，通常必須稍微踮腳，然後跟著音樂的節拍馬上將腳跟放回地面。」據說如果不搖屁股，只移動雙腿的話，身體會動得又猛又急，看起來就像想上廁所一樣。

在許多人眼中，模仿外國人的動作（臀部搖擺法可能也包含在內）是十分令人惱怒而不屑的行為。在一五八八年，作家威廉・藍京斯（William Rankins）曾抱怨：「英國男人被義大利潮流蒙蔽了雙眼，又因愛學法式時尚而自我敗壞，先天的舉止儀態在本地明明很自然，卻非得去模仿那些惱人可憎，又如雀羽般華而不實的舶來品！」大約六十年後，歷史學家暨作家詹姆斯・豪厄（James

Howell）也提到，一個人若曾旅行海外，很容易便能看得出來，因為這種人「步態趾高氣昂，臀部和肩膀都會傾斜搖晃」，一比之下，就會發現頗符合卡羅索的描述。

在查理一世對國會忍無可忍，並於一六二〇年代末期，以「君權神授」為核心理念開始獨裁統治後，要想以誇大的方式模仿時尚走法，就得把直腿搖臀的步態練熟，而且每每停下腳步或要起步時，都必須大動作將身體轉成四十五度角，換言之，說話時多半要以肩膀（通常是右肩）對人，而且全身的重心都要放在後側的左臀，擺出無精打采的歪斜姿態，並刻意以慵懶的眼神凝視對方。

對於時尚走路法，《傻蛋入門手冊》的作者戴克也有負評要補充，他在書中建議男性購買頂部最寬的靴子，因為「除此之外，雙腿間如果塞了一大堆皮革，走路時兩腳勢必會打得筆直，而且相隔很遠，就像在繞圈似的，呈現詭異的模樣；如此一來，旁人就會認為這樣的姿勢是紳士穿靴子的習慣使然，而不會覺得各位得了怪病。」簡單來說，男性若採一六二〇年代的時尚走法，看起來會像罹患性病似的，而且已達末期，諸如梅毒等會讓生殖器腐爛的病都有可能，所以走路時才會怪模怪樣。

走路方式及肢體動作就像說話腔調一樣，通常都可視為職業或階級的象徵，不過也會隨著地域及時代改變，同時更是公開的社會界線。腔調要在說話時才會顯露，而且只有周遭的一小群人能聽

見，但肢體動作全街上的人都看得見，包括數百碼外的躊躇牧師、在河的另一岸碎步快走的城市女郎和臀部前推的貴族仕女；刻意模仿的人當然也少不了，從極欲散發軍人威武氣息的年輕男孩、想打造虔誠形象卻演太過頭的清教徒，到企圖融入當地氛圍的僵硬西班牙人都不例外。這些行徑都是在酒館搞笑的絕佳素材，某些作家會寫民謠來批評辱罵，也有某些族群僅選擇在一旁指點嘲笑。有些人看到新上任的市長企圖學習時尚步法時，會以惡搞的方式模仿，藉此博取街上眾人一笑，抒發平時搞笑總不成功的挫折，不過也有些人是基於政治目的，才故意嘲諷騎士黨的宮廷貴族走路時膝蓋筆直、雙腿大開的模樣，或是反過來將矛頭指向自稱神之選民的圓顱黨清教徒，譏笑他們的躊躇步態。

說了這麼多，有些人或許就是不喜歡藉由肢體動作來達到嘲諷目的，那也沒關係，因為只要選對衣服，也能大肆譏笑他人一番。

處處惹人嫌的男女大變裝

這個嘛，對啦，根據舊約中的《申命記》（*Deuteronomy*），神的確將男扮女或女扮男視作可憎的行為，從一五七〇前後到一六三〇年間，也幾乎一直都有清教徒牧師在講道時大肆攻擊變裝活動，並印出佈道內容以廣為宣揚。這些擅長神學的辯論士認為變裝問題在當代非常嚴重，僭越性別的衣著在路上每天都看得到，對上帝的安排和自然法則十分不敬；此外，某些其實不是神職人員，但自認信仰虔誠的作家也加入了這場撻伐，就連詹姆斯一世與六世也都開始要求教會「在佈道時使勁地激烈抨擊」穿著異性服裝的行為。不過具體而言，究竟要怎麼穿，才能惹怒上述這些衛道人士？而實際變裝後，又會惹出多少麻煩呢？

在那個年代，變裝是道德上的瑕疵，而不屬於民事或刑事責任，所以女扮男或男扮女後，可是會遭到宗教法庭起訴的。其中最有名的案例，大概是在一六一一年聖誕節當天，因「衣著不雅」的罪名而被逮捕的瑪麗・弗李（Marry Frith），她的事件不僅轟動當代，也流傳後世。雖然當時也有人傳聞弗李道德敗壞，但真正導致她慘遭懲處的，仍是所謂的「不雅服裝」。她身上裹著白色亞麻床單，在聖保羅大教堂的十字架前接受公眾侮辱，這樣的懲罰在當時的羞辱儀式中相當常見。親眼見證弗李受罰的作家約翰・張伯倫（John Chamberlain）曾寫道：「她哭得十分淒慘，看起來充滿懊

悔之意」，後來卻發現她跑去喝得爛醉，還醉到淚眼汪汪，因此便不太相信她是真心懺悔。

那次的變裝事件並不是弗李首度犯罪，其實她先前就曾多次因偷竊而惹禍上身，也曾女扮男裝，根據眾人的說法，她公然變裝的習性行之有年，而且惡名昭彰到有兩齣戲都以她的故事為劇情藍本，在她受罰的前一年上演。其中一齣由約翰·戴（John Day）執筆，劇名為《瑪麗·莫爾在泰晤士河畔的瘋狂胡鬧》（*Madde Prankes of Mery Mall of the Bankside*），可惜文本已不復存在；至於托馬斯·米德爾頓（Thomas Middleton）和戴克合寫的《咆哮女郎》（*The Roaring Girl*），則不僅流傳至今，還經常上演。劇中關於弗李的情節帶有爭議，基本上可以想成以真實故事為基礎，但改編幅度很大的好萊塢式傳記片，不過若對相關歷史有所了解，應該還是能看出戲中的真實部分。話雖如此，弗李一六一一年被捕前，曾在時運劇院（Fortune Theater）的某場演出中著男裝粉墨登場，親自飾演自己，所以戲中現實與虛構的界線也越發模糊。在那法律禁止女性登台演出的年代，這樣的舉動可說是絕佳的自我宣傳，不僅能操作自己的公眾形象，也看得出是鐵了心要故意反叛傳統。我們幾乎可以確定她後來曾從事贓物買賣，並持續創造出許多情節浮誇的冒險故事（由她自己或其他人創作的都有），造就了許多極受歡迎的著作。

一六二一年的一則訴訟案件，可以幫助我們了解弗李的贓物

買賣生意，以及她在倫敦遠播的惡名。這樁官司由星室法庭審理，主人翁亨利・喬立古勒（Henry Killigrew）表示他的錢包被妓女搶走，且「聽說……許多人錢包被搶或東西被偷後，都能失而復得，而發現或揪出竊賊的……」都是弗李。弗李專營贓物買賣，對當地竊賊以及他們各式各樣的犯罪手法都相當熟悉，所以當年瑪格麗特・戴爾（Margaret Dell）因此案被捕，並由喬立古勒指認為搶錢包（以現今的觀點來看，可能等同於索取保護費）的犯人後，弗利特街（Fleet Street）聖布里奇教堂（St. Bride's）的治安官便將她押

文藝復興時代最有名的變裝女子弗李，許多人也稱她為「扒手莫爾」（Moll Cutpurse）。

至弗李的住所，不過戴爾被捕前，或許已把搶來的東西交給她轉賣也說不定。喬立古勒一案之所以能解決，是因為弗李答應當地治安官幫忙抓人，以賺取酬勞；這樣的撈錢法，她可能也曾用在戴爾以外的其他「顧客」身上。不過話說回來，罪犯如果機巧到治安官必須聯合弗李才抓得到，那麼當局有過經驗後，大概也就不會再那麼急公好義地逮人，並要求他們歸還贓物了。

關於弗李的傳聞很多，內容也各不相同，舉例而言，據說弗李自己就曾寫過一篇故事，收錄在一本名為《瑪麗・弗李女士的生與死：眾人口中的扒手莫爾》（The Life and Death of Mrs Mary Frith: Commonly called Moll Cutpurse）的小冊子中，並於一六六二年（也就是她死後三年）出版，至於故事情節，則是隨著一樁賭注與形象同樣鮮明的馴馬師威廉・班克斯（William Banks）展開。班克斯有一隻名叫摩洛哥（Morocco）的馬，能表演各式各樣的伎倆，就算要爬一大堆樓梯，登上聖保羅大教堂的屋頂也不成問題。據弗李的說法，班克斯以二十磅賭她不敢身著男裝，騎摩洛哥穿越倫敦市區，但她一路暢行無阻，直到抵達主教門（Bishopsgate）時才出問題：

穿越主教門時，一個討人厭的妓女認出我來，我一通過，她就馬上大喊：「騎馬的是扒手莫爾！」結果路人和附近的店家都開始大呼小叫，好像發瘋似的，還用低沉的聲音喊道：「恥辱之女，立刻下馬，否則我們就來硬的。」我不知道該怎麼辦，但突然想到有

個朋友在不遠處開餐館，於是便快馬加鞭地揚長而去。身後的那群烏合之眾還是不斷地對我咒罵，不過當中也有腦袋比較清醒的幾個人開心地笑談我的冒險。

這段敘述十分精采，可惜時間兜不起來。班克斯在一六〇一年就已帶摩洛哥離開英國，而弗李則生於一五八四或一五八九年，且各方對於確切年代的說法不一。她雖然在一六〇〇年就已首次觸法，但要到許多年後才成為知名人物；不過她對於群眾反應的描述相當有說服力，所以或許這是她成名後的經歷也說不定。

在英國當時的社會，知名度最高的變裝人物非弗李莫屬。成為戲劇角色之後，她也陸續出現在許多世代的民謠、詩歌與道德譴責作品之中，如果要說明社會對變裝行為有多麼不認同，舉弗李為例準沒錯。經由法律程序審理後，她被眾人公開羞辱了一次，晚年則因「精神失常」住進伯利恆醫院（Bethlehem hospital，也就是俗稱的「Bedlam」伯利恆瘋人院），但原因是否與她女扮男裝的行徑有關，我們無從得知。我在研讀關於她的記錄時，可以感受她人格之中的好鬥與反叛，可能是長期遭受霸凌的結果，不過這只是我個人的直覺罷了。

曾面臨司法訴訟的變裝人士不只弗李一個，不過人數不多、分佈零散，而且真正會像通姦犯或其他道德犯遭判公開受辱的例子，更是少之又少。一般而言，當局都只是判處罰金並告誡不要再犯；

事實上，多數人也都不是因為刻意選擇的生活型態而變裝，只是在派對狂歡或進行喧鬧的傳統遊戲或慶祝時，偶而為之而已。

　　歷史學家大衛·克雷希（David Cressy）曾描寫過一則特別罕見的男扮女裝事件。這個有趣的案例於一六三三年發生在牛津郡（Oxfordshire）德馬格納村（Tew Magna），根據目擊者的說法，當事人湯馬斯·賽門（Thomas Salmon）之所以會穿女裝，是為了混入女性在親友順利生產後，於產房內所舉辦的聚會。按照慣例，這個社交場合是不容許男性在場的，賽門的行為可說是違反了重大社會禁忌，足以讓許多人大驚小怪，畢竟當時除了變裝行為遭教會妖魔化以外，生產的流程與相關習俗也嚴格僅限女性參與，任何男性都不得加入，連父親本人也不例外。這項規定完全沒有通融餘地，即使新生兒可能無法存活，男性牧師也不得進入產房行浸禮，但當時的人又相信嬰兒如果不受洗，會導致無法上天堂的嚴重後果，所以教會決定特別授權讓助產婦代替牧師進行簡單的浸禮。在當時那個眾人都深信只有男性可擔任聖職的文化脈絡之中，這樣的安排更加凸顯了男性進產房是多麼大的禁忌。

　　在德馬格納村一案中，助產婦家的幫傭賽門在旁人慫恿後穿上女裝，跟隨產婆的媳婦伊莉莎白·弗萊契（Elizabeth Fletcher）進了產房。就相關記錄看來，賽門是個「年輕人」，確切歲數我們無從得知，不過當時多數的傭人都介於十四到二十六歲之間，所以他大概只是個小伙子而已。就手法而言，他似乎偽裝得不錯，沒有

馬上穿幫，助產婦當庭陳述時，也表示她是在發現賽門穿著她媳婦的衣飾後，才定睛細看。文藝復興時代的人相信新生兒和剛生完的母親視力會減弱，需要溫暖漆黑的環境才能從辛苦的生產過程中恢復，所以傳統產房多半昏暗無光，話雖如此，賽門勢必從頭到腳都變裝得很徹底，絕不只是隨便穿件女性服飾而已。他雖把那身裝束穿了兩小時，但實際待在產房的時間很短；根據弗萊契的證詞，他們「只是覺得好玩」，賽門本人也宣稱他只是想湊個熱鬧而已。法官似乎願意把這事當成笑話看，不過為了讓賽門知道玩笑開得不得體，仍判他公開懺悔。

同樣鬧上法庭的胡鬧變裝事件不只這一樁，或許情節沒有那麼詭異，但當事人也都是因為玩笑開得太過頭，而侵犯到了神聖的場合與時機，或是較為敏感的族群。從歷史記錄來看，某些妓女會故意身著男裝，宣稱她們能提供不一樣的新奇體驗，藉此吸引顧客；另外，變裝手法也出現於各種形式的表演，從劇場中的《李爾王》（*King Lear*）到男性經常著女裝跳的莫里斯舞（Morris dance）都不例外。對於這些現象，道德主義者全都恨得牙癢癢，更趕忙出版了不少著作加以抨擊，例如學者既教士約翰・雷諾茲（John Rainolds）就曾表示：「男人穿上女性服飾後，氣質和動作都會強烈改變，讓人腦海中浮現女人的模樣」；托馬斯・比爾德（Thomas Beard）認為男性會因改穿女裝而變得「淫蕩陰柔」；至於諷刺作家史蒂芬・葛森（Stephen Gossen）則如此表達他的不認

同:「將象徵異性的服飾硬套在身上,可說是偽裝、假造、摻混的行為,違反上帝明確的旨意。」簡而言之,眾家反對變裝的原因或許有所關聯,但不盡相同,理由包括變裝是當局明令禁止的犯行、是不誠實的欺騙行為、會煽動情慾、會引發社會所不容許的性慾、會剝奪男性的男子氣概、精力與生氣,或是會破壞社會的自然規律等等。話雖如此,變裝仍是英國傳統的惡作劇之一,也經常出現於眾人狂歡嬉笑的喧鬧場合,以及五朔節的慶祝活動(May games)之中。

男性化的女子與女性化的男人:前者把頭髮剪得很短,身穿馬靴與長裙,腳掛馬刺,腰帶匕首,頂上戴著男性化的帽子;後者則手拿兒童玩具(羽毛球和球拍),透過天真愚蠢的模樣展現陰柔氣質。

根據相關著作與圖像的明確記錄，「咆哮女郎」弗李穿的是男性的緊身短上衣和馬褲，不過仔細讀過當代正義魔人的譴責後就會發現，即使不是全身變裝，也很容易惹怒這些自認高尚的道德守護者，有時甚至只是換頂帽子都會遭人非難。事實上，詹姆斯國王最在乎的就是帽子了，他在呼籲教會透過佈道勸阻變裝行為時，曾表示他相當擔心女性穿戴「寬邊帽和帶有尖角式墊肩的男用短上衣、頭髮剪得太短，有些人甚至會攜帶短劍與匕首，以及時下流行的類似飾品」。由於女人變裝時，會將前述的衣飾與全長式裙裝混搭，所以國王之所以會看不順眼，其實並不是因為她們著男裝，而是因為她們在女性裝束中注入了男子氣概。

評論家最早於一五七〇年代發表相關著述，哀悼神的法則遭到蔑視時，最看不順眼的，是「鈕扣」的使用。在那之前，女性的服飾主要都是以蕾絲綁繫，孔眼扣偶爾會出現，別針則大量用於固定多層式服裝與分離式配件；另一方面，鈕扣僅用於男性裝束，後來還衍生出時尚意味，基本上可說是男性的珠寶。有些鈕扣會包覆精工製作的絲縷、結合墜飾，有些顏色明亮又充滿對比，形狀和大小各異，甚至還有金製、銀製和鑲有許多貴重珠寶的扣子。只要是有錢又在乎時尚的男子，無不喜歡在上衣正面和袖口使用鈕扣，而且越多越好，所以女人會想模仿這種炫富行為，一點都不令人訝異，事實上，就連伊麗莎白女王都想學！鈕扣原先主要是用於男用緊身短上衣，但不久後，類似的女版上衣便因應而生。

女款的版型較為貼身，頸部採高領設計，所以正面有十足的空間可安插鈕扣；袖子的款式具有多種樣式，一五七〇年代的初始版本很貼手臂，到了一五八〇年代，則發展成手肘以上膨大，下臂部分則朝手腕漸縮的設計，腕部也經常飾有鈕扣，但不是每件都有。當時的女版上衣和男款有許多雷同之處，兩者都是量身訂製，結構堅實完善，也都帶有高領與腰線設計，另外當然少不了鈕扣；不過相異處同樣也有，例如身形的剪裁、衣袖以及表面的裝飾風格等。兩性的版本雖有重疊，但大體而言並不難清楚辨識。

　　在一五九〇年代，男性化的帽飾開始受到城市女子的歡迎，不過誠如上段所述，她們的帽子與男性並不完全相同，只是以男帽為靈感而已，而且同樣也會搭配較為柔美的亞麻製貼頭帽或軟帽來戴。這股潮流剛開始時，女性會將風格陽剛的毛氈製小帽斜蓋在貼頭帽上，瞬間就能營造出活潑俏麗的形象，看起來甚至有點調皮；後來，這種女帽的尺寸隨男款的發展加大，女性也開始將帽子戴正，所以底下的貼頭帽通常會被蓋住，至少從正面是看不見的。

　　詹姆斯國王列舉他看不順眼的現象時，曾提到許多女性的頭髮太短，但事實上並非如此。在一六一五到一六二〇年間的許多圖像中，許多女性的捲髮的確落在肩膀上方，但只要再看得仔細一點，就會發現短的部分其實只有正面，較長的頭髮則都在背後綁成球狀。

我讀到威廉・哈里森（William Harrison）哀怨地說他「再也無能辨識男女」時，立刻想到我年輕時（一九六〇、七〇年代），同樣動不動就有人抱怨男女難辨。當時我就覺得很困惑，畢竟性別間的差異其實仍相當清楚，真的會有誰分不出來嗎？舉例來說，緊身長褲與牛仔褲套上後，腿型只會越發明顯，穿在男性身上時更是如此；男人就算留長髮，髮型也多半和女性不同；上衣和針織衫的剪裁即使相似，男女款的顏色與花紋通常也都會有所差異，所以在我看來，抱怨的那些人根本只是在發牢騷而已，況且分辨性別真的有那麼重要嗎？話雖如此，卻仍不斷有人憤怒地出言攻擊，十六世紀末到十七世紀初的情況顯然也十分類似：年輕前衛的族群不斷挑戰性別界線，重新定義所謂的「適當服裝」，導致社會分成兩派，一派看得咬牙切齒，另一派則變裝變得樂不可支，彷彿故意要激怒敵方陣營似的。

當時的年輕女性只要在穿洋裝時搭上一些配件，不必支出太多，即可輕易惹惱長輩，例如帽子就是相當平價的飾品，隨便加根羽毛或其他男性風格的裝飾，就會變得極具煽動性；戴法方面，可以刻意歪斜成神氣活現的角度，或是把帽子和底下的貼頭帽分別往前、後推，只露出頭髮，打造大膽又自信堅決的形象，同時也能保留象徵謙遜的女用貼頭帽；如果買不起新式的女款緊身上衣，可以自行在緊束衣正面加上鈕扣，雖不具實際作用，但可以蓋住傳統束帶。顏色這方面同樣有花樣可搞，以現代和都鐸及斯圖亞特王朝

的角度來看，粉紅色在不同時期都極具性別色彩，只不過古人和二十一世紀的我們對這個顏色的解讀恰好相反。根據體液學說，紅色象徵男性的血液，而主宰女性生理現象的稀薄黏液則是藍色，所以只比紅色淡一點的粉紅特別適合年輕男孩。許多男性會選擇淡粉紅的環狀褶領，讓皮膚色調顯得比較溫暖，並藉此散發男子氣概，至於女性則多半偏好藍冷色調，希望使膚色顯白。最讓詹姆斯國王震驚的十七世紀超前衛女性，除了頭髮削短、頭戴男帽並身穿尖角式墊肩的男款上衣外，也通常會在裝束中加入紅與粉紅的強烈元素，大玩性別互換。

　　廣泛而言，只要是鮮豔的色彩，都具有一定程度的煽動性，穿在男女身上都一樣。當時的人若要對服裝表示認同，無論對象是男是女，通常都會以「莊重」（sober）一詞來形容，基本上就是剪裁傳統且顏色低調的意思。不過說來也矛盾，真正的純黑布料其實很貴，不僅製程較長，也需耗用極大量的染料，所以比起顏色較淺的服飾，一般人認為「莊重」且象徵樸素自制的黑布其實更帶賣弄意味；以暗沉的深黑色衣物為例，如果上頭再以同樣黑沉的穗帶、細線、鈕扣或刺繡為裝飾，我們現在大概會覺得很低調，但在當時可是炫富手段。如果是經濟窮困或選擇樸實過活的人，多半會買便宜的未染色羊毛製成的灰色或棕色布料，至於一般人印象中那些一身黑的清教徒，則大概都是愛炫耀的富裕商人。

　　人類自古以來都十分在乎自我儀容，所以當時自然有不少人

竭盡所能地想入手這種顏色染得極黑的布料。如果看看當代人的遺囑與財產清單，就會發現裡頭若有提到衣物的話，經常都是黑色，頻率大約是其他顏色加起來的三倍，畢竟會出現在這種記錄中的服飾，通常都是衣櫃裡最好、最有價值，也最值得注意的那幾件。有鑑於黑色服飾廣受歡迎，而且許多人都會在星期天穿著上教堂的現象，我們可以看出這種炫耀社會地位的手段，並不像穿戴價格稍低，但色調同樣濃烈的別色衣物那麼遭到反對。

如果想吸引目光，也不怕被好管閒事的本地人指指點點，不妨在身上加入一些亮綠色的元素。要製出色調飽和好看的綠色布料，必須先染上一層極為濃重的黃色，再以深藍色複染。不過想把綠色染得鮮活明豔，並不是那麼簡單，只要水量或技巧出錯，或是染料放得不夠，那麼原本應是清亮綠色的成品，就很容易變得又髒又濁。此外，由於黃色對光敏感，藍色易於剝落，所以綠色布料褪色很快。若希望色彩持久，又必須用上其中一種底色，不免會遭遇這個問題；面對黃藍兩色都得使用的綠色時，處理起來更是難度加倍。換句話說，亮綠色衣物價格貴也維持不久，所以很少人穿，正因如此，這個顏色又更顯稀有。顏色蘊含的意義豐富多樣，鮮綠雖可代表病痛、忌妒與慾望，但一般多視為生命、春天與活力的象徵，所以某些捍衛「莊重」色調的人士在批判顏色「花俏」的服裝時，就會特別把亮綠色挑出來攻擊。

針對變裝行為與花俏顏色的批評聲浪是非常劇烈沒錯，但關於

頸飾不當穿戴的大量書面內容更是有過之而無不及。我們先前提過的幾名觀察家除了高度驚嚇於風格陽剛的帽子、尖角式墊肩上衣，以及男性因著女性服飾而性慾大增的現象外，對於頸飾也是語帶厭惡地撰文痛批，不過不少作家即使並未自我標榜為虔誠信徒，仍一同加入了攻擊行列。環狀褶領、領圈和頸環這類裝飾在宗教上並不具特殊的隱含意義，所以通常不會遭受地獄之火般的天譴式炮轟，但若搭配不當，也很容易引發社會大眾的反對與不滿，主要是因為某些人會企圖利用價格低廉的頸飾拉抬自己的社會地位。頸環、褶領和領圈基本上都算小型飾物，材料不是昂貴的天鵝絨、花緞或織錦，而是平價的亞麻布；製程雖然需要耐心和優異的直縫技巧，但多數女性都辦得到；此外，讓這些頸飾搖身一變成為地位與時尚象徵的神奇原料「漿粉」本身，其實也很便宜，使用技巧學起來更是快又容易。

環狀褶領這種配件起初只有廷臣使用，後來之所以會在一五六四年廣泛流行，據說是因為法蘭德斯的一名洗衣女工搬到倫敦後，開始教導眾人如何製作漿粉，並用來把原先繞手指製成的簡單褶邊衣領，改造成象徵伊麗莎白時代風格的大型寬挺環狀褶領。這種新穎的外來時尚一開始的確招來了某些人的不屑，但反對聲浪是在褶領傳出宮廷，觸及商人、神職人員，甚至女僕後，才達到高峰。對於此現象，約翰・泰勒（John Taylor）在他一六三〇年的假史詩〈讚頌純淨的亞麻布〉（In Praise of Clean Linen）中，曾嘲諷地這麼寫道：

環狀褶領一開始會搶手，

是因為製法精良優秀；

但現在素的、縫的、繫帶綁的和粗質地的布，

也全給下層階級套在頸上，實在價值不復。

此外，他也呼應我們先前提過的斯圖伯斯、葛森和雷諾茲等人對時尚的譴責，繼續這麼寫道：

可比擬作風琴管，

對清教徒很是冒犯，

他們強烈認定這種飾物代表迷信，

更是巴比倫禽獸的刻印。

「巴比倫禽獸的刻印」，聽起來多麼有力啊。我完全可以想像牧師在佈道時，慷慨激昂地說出這個詞，但也很想馬上去找圈褶領來套在頸上，體驗一下身上帶有「刻印」的感覺。

在一五九〇年代，外形如寬大輪胎的環狀褶領傳出了宮廷，席捲各個社會群體，就這種頸飾的穿戴而言，倫敦的女僕擁有必然的優勢。一般來說，宮廷時尚都是先擴及鄉間紳士和城市中最有錢的一批商人，然後再逐漸傳入較低的社會階層，使草根族群遭受僭越階級的罵名，但環狀褶領卻在按照慣例由上流社會慢慢向下滲透的同時，也直接打入了女僕的圈子。之所以會如此，是因為女僕負責褶領的保養與準備工作，知道如何製作、上漿，更通曉塑形與打理

的訣竅，在製領僅需半碼普通亞麻布，且布料也不貴的情況下，比較大膽的女僕自然會替自己也做一兩圈來戴。太恐怖了！低下的僕人竟然比社會頂層的上流人士還快跟上潮流，這種違反常態的現象簡直太嚇人了——想當然耳，攻擊她們的措辭十分嚴厲，若要告誡他人不許模仿豪門貴族，通常也都會以此為例。話雖如此，這股潮流似乎怎麼都擋不住，就連許多清教徒都不顧「巴比倫禽獸刻印」式的佈道，紛紛戴起了從舊款改製而成的新式大褶領，希望打造時尚形象並獲得敬重。

「你這褶領戴得如此到位，簡直是丟清教徒的臉。」在一齣相當受歡迎的劇中，某個角色曾這麼說。確切而言，其實也不是什麼正經的劇作，只是充滿歌舞與打鬧橋段的搞笑音樂短劇（在英文中稱為「jig」）而已。這齣名為《褶領、頸環與領圈》（*Ruff, Cuff and Band*）的戲是由匿名劇作家所寫，以頸飾為主題，利用文字遊戲和社會刻板印象，來達到純粹的娛樂效果，寫作時間顯然與泰勒一六三〇年的〈讚頌純淨的亞麻布〉相差不遠。當時流行的褶領形狀各式各樣，柔滑有型的亞麻製領圈也廣受歡迎，而這部喜劇便是在不越界的前提下，嘲諷士兵、風流男子、神職人員、法官和清教徒的頸飾，並具體呈現出各界對於褶領差異甚大的解讀。舉例來說，戲中有一句台詞是這樣的：「汝之褶領整齊有緻，如女人一般陰柔」。「整齊有緻」在原文中為「well set」，不僅是在描述旋狀的經典圈形褶領，也暗指女性勻稱而性感的體態。不過愛用褶領

的，並不只有放肆地想刻意釋放性暗示的狂妄男女，自認莊重的清教徒也會以「精準」乾淨的方式配戴；這股熱潮不僅燒到年輕又無所事事，連「褶領捲法都像他們本人一樣亂七八糟」的娘娘腔（取自〈讚頌純淨的亞麻布〉），也席捲了市長階層以及有權且形象威嚴的族群。如果想讓人留下印象，選擇這個意涵豐富的頸飾準沒錯，畢竟這麼便宜、解讀方式又如此多樣的飾品，要上哪兒找呢？只不過留下的印象是好是壞，可就不一定了。

與二十一世紀的當代社會相比，都鐸與斯圖亞特王朝十分注重日常的裝束與行為，並將之視為鞏固社會秩序與促進社會融洽的手段。現代人的衣櫥經常塞爆，很多衣物都穿沒幾次就丟了，相較之下，那個年代的人即使富裕，擁有的衣服也很少，幾乎都只有兩三套在輪替，最好的一套則會留在星期日穿。正因如此，形象與衣著之間的關係比現在密切得多，大家不僅能看衣服認人，如果有誰穿了新衣服，朋友與鄰居也必然會立刻發現並加以議論、分析。

此外，法律規定和經濟上的限制也讓衣著的界線更加分明。舉例來說，禁奢法規只允許上層階級使用特定種類的奢華布料，所以從服飾就能清楚看出社會位階：伯爵的裝束必須和公爵有所差異，學徒的袍子不得與師傅相同；女僕要是打扮得像女主人，必然會大禍臨頭；而當代全家福畫像中的孩童也都身著能充分顯示年紀與性別的服裝，絕不是現代廣為流傳的迷思中所描述的那種「小大人」。另一方面，當時的人若有勳章、制服或象徵官職的配件，通

常會引以為豪地以醒目的方式穿戴，對於因受社會文化影響而習慣低調掩飾自身成就、歸屬感與權力的我們，這樣的現象或許並不容易理解，不過在文藝復興時代，城鎮的資深商人與工匠多半會使盡各種手段，以取得參議員和市長等官職。由於候選人非常少，許多野心勃勃的男性居民都認為自己很有機會；只要最終獲選，就有權穿著顏色鮮豔的長袍，而且不限節慶場合，平時也都能穿；在某些城鎮，甚至連官員的妻子外出時，也可以穿著特殊的服裝。

換言之，一個人的身分、年齡、性別、職業、從哪裡來、成功與否都可以從衣著看出，而且細節明確到令人吃驚，可說是社會穩定與秩序的視覺表徵，正因如此，如果蔑視服裝規定並拿這來開玩笑，後果可能不堪設想。留存至今的相關著述中，存在大量而激烈的攻擊聲浪，由此我們不難看出，某些人對於時尚潮流的改變確實非常不滿，而打扮前衛的年輕人也經常招致各種非難，其中甚至有人因馬褲太大而遭到起訴，畢竟悖逆性別角色和僭越社會階級，可都是顛覆傳統權力結構的行為。

在一般人的印象中，黑衣與黑色高帽是清教徒的象徵，以「先祖」之姿移民到美國的族群尤其如此，不過誠如我們在本章所述，凸顯清教徒身分的，其實是他們在公眾場合的行為，也就是把聖經

抱在胸前並仰頭望天的躊躇走法，反觀衣著的影響則不那麼明顯。不過清教徒透過獨特的招牌動作成功宣示團體認同後，也成了極大的攻擊目標：若想找個社會團體來挫挫當中成員的銳氣，並貶抑他們的社會地位，許多人都會選擇拿清教徒開刀。

與我們先前討論過的惡行相比，這種嘲弄行為經常是以整個團體為攻擊標的，並非針對個人。女人若把木匙插在腰際，帶著一群吵鬧的男孩大搖大擺地走路，多半不是為了模仿哪個特定士兵，而是在揶揄整個軍人群體；反過來說，廷臣和隨從走在路上時，背後若跟著一群年輕學徒模仿他們的一舉一動，自然會覺得不自在或害怕，但他們想必也知道鬧事者有意侮辱的不是自己，而是宮廷的生活方式，只是其他廷臣比較好運沒被逮到而已。

衣著與肢體語言可說是個人形象的基礎，會影響世人的觀感與看法，畢竟我們看人時總會先看到服裝與動作，所以不免會以此建構第一印象，若能善用這兩個元素，就不難形塑自己的公眾形象，讓旁人感到不安、害怕。就文藝復興時期而言，年輕人特別會突然捨棄精美的衣著與優雅的舉止，轉而投向顏色莊重的毛料，刻意穿上標新立異的服裝，並採行象徵極端宗教觀的躊躇走法，藉此與長輩切割或嚇嚇父母。不過一旦選定想營造的公眾形象並決意改變，就必須能夠承受輿論考驗，畢竟有誰不愛議論是非，又有誰不喜歡藉著嘲弄他人來表達自身想法呢？

第4章 暴力毋須掩飾

　　在這一章，我們將進入凶殘的世界。情緒高漲時，幾乎沒有什麼途徑比暴力更能傳遞自身感受了，無論是要表達憤怒、挫折、決心或信念都不例外。暴力行為或許是激烈昂揚的突發狀況，也可能是殘酷無情的慣常舉動，但即使爆發時情緒沖天，也還是可以稍加控制，將惡劣表現化為自身優勢，達到恐嚇和欺凌的效果，甚至藉此建立自身威望或打擊他人權威。簡言之，暴力的功能族繁不及備載，可用於自我防衛、挑釁他人，也能當作報復手段。

女人之爭

　　首先，讓我們重回一五四四年的某個秋日下午。當年在溫徹斯特（Winchester）發生了一場激烈爭執，雙方惡言相向，福斯特夫人（Mistress Foster）甚至在主要市街攻擊安格涅斯·海克福特夫人（Mistress Agnes Haycroft），「用指甲抓得她流出血來」。這場衝突因何而起，至今仍是個謎團，但對於兩人後來持續了好一陣子的大呼小叫，倒是有幾位目擊證人可以描述當時的狀況。據說海克福特夫人被抓傷之後，作勢要離開事發現場，希望能博取女僕的支持，而福斯特夫人則和女兒福萊德斯瓦德碰上了面。福萊德斯瓦德見母親盛怒，自然擔憂地詢問發生了什麼事，並在聽聞事情經過後倒抽了一口氣：「海克福特家這厚顏無恥的婊子，一臉髒亂又滿身皮癬，大概非得鬧到像她媽一樣，伴隨臉盆聲被趕走才高興……母親，要是我也在場的話，絕對會用她那頂毛帽狠狠地打她的頭。」這時，海克福特已走到這對母女身後，福萊德斯瓦德的一番話也全都進了她耳中，於是她這麼插話：「妳這滿鼻子黑頭的臭主婦，大概只敢說不敢做吧？」而福萊德斯瓦德也不甘示弱地轉頭回吼：「安格涅斯·海克福特，妳才是滿鼻坑疤又好鬥的臭婊子，一臉蓬亂，頭上全都是癬，還把瘋瘋病帶到鎮上，就連我屁眼最髒的地方，都比妳的臉來得乾淨，妳說的話我沒有一句想聽。」

　　福萊德斯瓦德在雙方針鋒相對之際，說話還能如此機智有力，

實在了不起，但除了她以外，我們也得感謝福斯特及海克福特夫人為我們上了一堂大師級的女子鬥爭課。讀完上段敘述後，各位或許有發現，事件中的肢體暴力與言語威脅都是以頭部為目標，還特別提及了頭飾。事實上，福斯特夫人攻擊海克福特夫人時，瞄準的大概是頭髮，而非臉部。以當時的文化而言，女性的頭髮是帶有性意涵的私密部位，不能隨意讓人看見，年輕的未婚女子或許會露出一些頭髮，但一旦成年，尤其是婚後，就得緊緊地用亞麻製的貼頭帽將每一絡髮絲都緊緊包住，外出時還得在上頭多戴一頂帽子。在極少數的情況下（多半是婚禮場合），外露的頭髮代表貞潔，例如伊麗莎白一世就是以長髮披肩之姿接受加冕，象徵她以處女的身分嫁給國家，不過一般而言，只有妓女會披頭散髮而不戴帽遮住。因

女性爭執時，會攻擊對方的頭髮與頭飾。

此，如果想在大眾面前攻擊誰是婊子，直接把外層的帽子和貼頭帽扯掉是最快又最有效的，畢竟環境嘈雜時罵人可能聽不清楚，但以肢體動作羞辱，可就不怕旁人看不見了。

外出帽和貼頭帽被扯掉時，任誰都會自我保護，或是選擇反擊，出手回扯對方的頭飾。如果能把每一層都剝光，就能進攻頭髮，拖著頂上無帽的手下敗將遊街示眾，大加羞辱，光榮地展現勝者之姿。在描繪女性爭執的木刻版畫中，抓攫頭部的動作基本上都不會少，而歪斜的帽子、蓬亂的辮髮或披頭散髮的模樣更是常見元素。

還記得福萊德斯瓦德說要用海克福特的毛帽狠敲她頭嗎？這事聽起來不難，但實際上，她得先把海克福特的帽子扯掉，才能用來當作打頭武器，而且要在對方頑強抵抗的情況下扯下帽子可不簡單。首先，帽子上有許多分離式元素，全都又插又綁地固定在一起，為了避免鬆脫，還會依附在髮辮上，畢竟頭飾的設計是以穩固為目的，這樣女性搭車上市集、替乳牛擠奶或在花園割草時，才不會掉落。因此，女性打架時，出手必定要快、狠、準，才能在對方把自己的手擋住前將帽飾拉掉，另外，如果想把每層都扯得一乾二淨，也一定要鍥而不捨才有可能。在這樣的過程中，手經常會抓傷臉部，雙方也不時會失去重心，跌在泥地上打滾。

溫徹斯特的這場肢體衝突是歷史上少有記錄的女性互毆事件之

一，而且發生於公共場合這點更是稀奇，畢竟多數人都是在關起家門後，才會暴力相向。一般而言，較常在大庭廣眾之下相互羞辱、謾罵的似乎是女性沒錯，但會將暴力行徑帶出家門，與他人公開互抓、互捶、互踢、互擊、互捅的，則多半都是男性。從古至今，家庭暴力是許多人的夢魘，妻子被丈夫揍、女僕被夫人打，孩子又被父母教訓，基本上都在反映傳統的權力位階，然而在都鐸與斯圖亞特王朝時期，大眾一般認定家暴是合理的「糾正行為」，所以選擇視而不見。舉例來說，喬安・潔登（Joan Jurden）在一五六五年因為不滿豆子被踩爛，而與女僕瑪莉安・葛蕾（Marion Grey）發生爭執，最後還拿刀捅人，但上了驗屍法庭後，卻聲稱自己只是因為女僕態度傲慢而打人，結果葛蕾卻反過來推她，所以才會發生意外。兩人顯然是先因為失去重心而絆倒，接著潔登才將她手中那把剁香料的刀刺進葛蕾胸口，但陪審團並沒有仔細調查，便判定此案為意外致死，不過案情如果翻轉成女僕捅傷夫人的話，判決大概會大不相同。

就法律規定而言，這種罪行的罰則差異極大。順應權力階層的謀殺當然也算謀殺，譬如丈夫殺害妻子會遭判刑吊死，但如果是妻子殺害丈夫，則不算殺人，反而是判處輕微的叛國罪，然後綁在火刑椿上燒死。這樣的雙重標準同樣適用於主僕間的關係。

話雖如此，凶殺案並不常見，相較之下，暴力才是廣泛見於社會的控制手段，而且幾乎沒有誰會對此發言責難，一般人多半是在

朋友、家人或鄰居被打得太慘、太頻繁，或是暴力行為僭越了權力階級時，才會開始關注，不過就作家針對道德議題撰寫的無數建議看來，許多人對於應如何判定「糾正行為」與「不當虐待」之間的差異，顯然十分擔憂，而這個議題也激起了許多討論與思辯。

福萊德斯瓦德在溫徹斯特說過的一句話，可讓我們對家暴犯行者的下場略知一二。還記得她說海克福特夫人「大概非得鬧到像她媽一樣，伴隨臉盆聲被趕走才高興」嗎？這話指的是一種地方性的懲罰，在英文中稱為「skimmington ride」或「rough music」，基本上就是在眾人製造的喧囂聲響中遊街示眾；如果當局無法透過法律規範懲治，民眾就會以這種非官方的形式加以譴責，而程度太超過的家暴，正是特別容易招致這種懲罰的行為。根據文字敘述，海克福特夫人的母親似乎是在群眾的罵聲與廚具的敲打聲中，蒙羞地遭到驅逐，而且至少一時半刻無法回到鎮上。

不過以歷史記錄來看，出了家門後還會相互進行肢體攻擊的，則幾乎清一色都是男性。舉例來說，亨利・波爾（Henry Pole）家的僕人湯瑪斯・德皮爾（Thomas Drapier）和約翰・考克斯（John Cockes）就曾在一五七一年爆發衝突。兩人先是在儲藏室發生口角，而後便出手互毆，一名女僕見狀後趕忙去請尼可拉斯・哈維（Nocholas Harvye）來勸架，情況雖暫時緩解，但鬧劇並未就此結束。哈維當天稍晚必須外出辦事，所以無法監督兩人，於是德皮爾要考克斯到市集跟他碰面，考克斯一開始並不願意，但聽德皮爾

說自己沒帶武器而且只是想談談後，也就答應了。沒想到他一抵達，德皮爾就「馬上撲到他身上奮力扭打，還用雙腿用力勒住他的頭」。兩人卡在這個姿勢僵持不下，一路打到牆邊，最後德皮爾瞄準「耳部下方」朝考克斯的頭狠狠一擊，打斷了他的脖子。

在一六○九年，位於薩默塞特郡（Somerset）法菲特（Fyfett）的一家酒館也發生了鬥毆，不過事件的導火線是一個看似無傷大雅的笑話。當天傍晚，羅伯・帕克（Robert Parker）和威廉・布羅爾（William Burrell）相約於酒館時，無意間聽見隔壁的一群男子在聊天，而其中有個當地牧師正在抱怨家裡養的雞被偷。帕克聽到後想藉機開個玩笑，於是把身子探過去說道：「百姓有需

男性的暴力爭執更加頻繁，且花樣更多。

要時去牧師家偷幾隻雞，應該也不算太過分吧。」牧師聽完後想必也有反擊，只不過內容並不在記錄之中，但無論如何，帕克最後是因襲擊牧師而上了法庭。

這兩次鬥毆不僅都鬧上法院，構成不同類型的案件，甚至還有一案意外致死。雖然我們僅列舉兩起因口頭爭端而引發的獨立案例，但其實歷史上有大量證據顯示暴力行為十分常見，只不過關於一般打架和酒館爭執等輕微案件的內容並不多，而牧師在酒館與帕克發生口角後遭襲便是其中一例；大體上而言，這類事件會有所記錄，多半是因為內含某些特殊因素，而不只是純粹的鬥毆，所以才會引發當局關注。就牧師一案而言，兩名當事人的社會地位相差甚遠，而且遭到攻擊的還是神職人員，事態才會演變得如此嚴重。在某些案例中，向政府提出控訴的是財產蒙受損害的苦主；有些記錄則是道德肅清的產物，例如在十七世紀初期的多爾切斯特（Dorchester），就有一群自詡虔誠的清教徒在獲任當地官職後，曾發起道德取締的行動；此外，意外也是促成調查的因素之一，例如考克斯致死案就是這樣。要是兩人互鬥時情勢稍有不同，要是德皮爾沒把仇人的脖子打斷，那麼我們大概也不會讀到這起事件。相較之下，較嚴重的暴力事件則大多記錄在案，讓我們可以透過詳細的法庭資料，全面性地概略了解當代日常生活的人際衝突。

就犯罪率而言，多位歷史學家都曾針對英國各地區進行詳細的研究，也都發現與現代社會相比，從都鐸王朝開始後到內戰爆發

前的這段期間，凶殺率大約成長了十倍之高。無論是在市區或鄉間，男性暴力鬥爭所造成的死亡人數始終居高不下，不過一五九〇年代似乎又特別血腥，男人除了徒手把仇家打死外，也會用刀劍、弓箭、短棒、長棍、農作與工藝器具以及火槍來當作凶器；許多事件都是一對一單挑，不過也有不少場合涉及雙方各有三到四人的團體，更大規模的群毆同樣發生過，但比較罕見。

在一五八〇年一月二日下午五點前後發生於西塞薩克斯郡（West Sussex）斯特靈頓（Storrington）的這起事件聽起來或許嚇人，但在當時卻是十分常見且無足為奇。最初涉入的當事人湯瑪斯・哈特森（Thomas Hutson）和約翰・貝克（John Baker）分別是外科醫生和裁縫師，兩人的形象似乎都負責又體面，在職業上也都是稱職的專家。貝克是當地人，在斯特靈頓作生意，而哈特森則來自薩里郡（Surrey）；兩人為何發生爭執，我們無從得知，但總之，哈特森衝向貝克，開始用雙拳和「握著短劍的右手」朝他頭部猛毆後，肢體衝突就此爆發。貝克遭攻擊後受重傷，驗屍官在報告中提到他「頭破血流」，因此我們可以想見現場大概血跡斑斑。哈特森聲稱他怕貝克報復，所以才驚恐地轉頭就跑，但這時貝克的學徒亨利・埃默里（Henry Emery）見師傅倒在血泊之中，又見哈特森疑似要逃跑，便抓起木棍追了上去，沒想到第四名當事人威廉・諾維斯（William Novis）也隨之出現。諾維斯有沒有看見受傷的貝克，我們並不知情，但他目睹年輕的埃默里手握木棍追人後，決定

挺身搭救哈特森，用長棍揮擊埃默里的頭，打得他痛倒在地，而哈特森也在他胸前補了一刀。驗屍官的記錄僅止於此，未提供其他細節，甚至連爭執的原因都全盤省略，也沒有說明哈特森之所以會襲擊貝克，是否還有其他動機；至於諾維斯為何又要出手救人呢？這點我們也只能臆測，或許他看不慣身材精實且明顯握有武器的年輕小伙子企圖襲擊年長可敬的長輩，也或許他怕哈特森會轉身刺殺毫無防備的埃默里，但無論如何，傷了埃默里的兩人都以謀殺罪名遭到起訴，不過哈特森被判有罪，諾維斯則遭無罪獲釋。

在致死衝突的相關記錄中，當事人多半握有可用來傷人的武器，而且一點都不害怕使用；此外，殺人案的記述多採分段式的敘事手法，例如上面的例子就是從口頭爭執演變成暴力相向，屬於十分典型的結構。與現代社會相比，因入室行竊不成或為密謀遺產而產生的凶殺和過失殺人案並不特別多，多數的殺人案還是源於人際的恩怨與衝突。從如此高張的凶殺率中，我們可以看出當時的文化使人極度重視名譽，也經常易怒地在一言不合的情況下就大打出手。

我們先前在探討攻擊性言論時，曾多次提及當事人因自認人格受損而告上法庭後所留下的記錄，有鑑於此，我們不難看出那個年代的人是多麼重視名譽與旁人的尊敬；相較之下，現代人對於惡意中傷不像以往那麼在乎，所以大概很難想像光是對罵竟然就能鬧到庭上。另一方面，當時的社會若要順暢運作，也有賴適當的肢體禮

儀，這樣的現象同樣能讓我們了解古人對於榮譽、名望與社會地位的珍視；對他們而言，一個人的價值取決於他人的對待方式，為了捍衛尊嚴而不惜出手打人，也是很正常的事。在當今這個時代，我們很大一部分的自尊似乎是奠基於物品的擁有與累積，例如名車、豪宅以及各式各樣的名牌商品，反觀十六、十七世紀的人雖然也難免會受到象徵地位的昂貴衣飾與物品吸引，卻終究是把旁人與自身的互動看得重要許多。

或許我們可以探討一下英國各大城市的幫派文化，讓各位了解當時的人是多麼需要行為上的尊敬，以及不敬或漫不經心的態度會造成多麼嚴重的口頭與肢體衝突。無論實際發生的衝突是屬於哪一種形式，當事人只要認為自己遭到侮辱，勢必都會因社會壓力而迅速猛烈地回擊。在當時的社會氛圍之下，只要狠狠地立刻反攻，就能博得敵方與旁觀者的尊敬。以形式而言，女性多半是口頭回罵，男性則時不時會訴諸肢體暴力；若不願或無法動口或動手捍衛自身名譽，旁人是有可能稱讚謙遜或高尚溫和沒錯，但同樣也可能會笑你軟弱或自甘低賤，並導致實質上的後果。

為什麼呢？因為大眾對於人格的評價與金錢和買賣密不可分。當時的社會尚未發展出正式的銀行體系，所有交易皆為私人事務，在商業買賣的世界中，現代人視作理所當然的保障機制幾乎都還不存在，沒有所謂的股份有限公司，更別提什麼保險制度，所以要想訂購商品、延後付款、申請貸款或建立合作關係，就必須受人信

任；反過來說，如果想賣農作物、出租空房或允許女兒出嫁，也得確定涉入的當事人都誠實廉潔才行。除此之外，由於人格的正直與否會顯現於諸多層面，所以大家在乎的也不只是財務上的信用而已。一個人若對婚姻忠誠、服從，說話謹慎，且對待鄰居的態度符合社會期望，進行生意買賣時就能獲得支持與善意，但如果因為通姦而惡名昭彰，那眾人可就會爭相避開了。換言之，做人必須自制並遵守社會規範，與他人來往時才能獲得公平的對待，即使只是日常的買賣也很難不受影響。

各位還記得先前章節中那個被誣陷是女巫的女子嗎？她為什麼非得替自己洗刷罪名不可呢？因為鎮上許多烘焙師傅都不賣東西給她，眾人的誹謗竟讓她陷入了沒東西可吃的窘境。由此可知，良好的名譽是經濟富裕的先決條件，依這樣的邏輯來看，男性的暴力行為其實可以視為一種正向特質，而不只是遭人中傷時的防禦手段，畢竟營造出不畏動手的形象後，旁人便不敢欺瞞，以強硬的手段捍衛名聲，也可以讓來往對象知道自己不會一遇到困難就拔腿開逃，而且願意在社區裡投入努力以建立社會地位。因此，帶有正面效果的暴力行為與殘暴惡行間的界線，其實是很有彈性的。

武器拿好，準備出擊

在文藝復興時期，由於愛國情操與法律規定使然，多數男性年輕時，都必須學習操練武器與打仗技能。當時並沒有所謂的常備軍，所以捍衛領土就成了公民的共同責任。貴族與紳士不必進行勞務工作，可以專心磨練軍事技巧，因此常會感到優越（至少有些人是這樣），另一方面，入伍從軍的可能性也成了他們不投入生產性勞動的正當理由。如果情勢需要，基本上所有紳士（尤其是次子）都有機會成為職業士兵或軍官，上層階級的男孩子因而經常受到鞭策，畢竟眾人都認為他們的打仗功夫應該要優於出身寒微的貧民，就連在多半提倡自制與自我約束的教導式著作中，也不難發現作者對於攻擊行為的認可與支持。例如羅茲爵士就曾如此教誨：「必要時，拿出男子氣概；不公義的事，則毋須爭吵。」他不贊成主動挑釁，但認為被招惹時仍應挺身而出，發揮「男子氣概」。對於服侍領主的年輕男性，他則這麼建議：「保護自己，盡量莫殺人；唯迫不得已，才能出手。」二十一世紀的男性應該都同意自我防衛要精

實，但現代的禮儀之書中若出現「盡量不要殺人」這句話，眾人大概會看得啞口無言吧！

如果國家情勢告急，平民也可能會受到徵召。他們平日忙於勞動，少有閒暇時間進行軍事培訓與練習，所以技巧必然較差，不過理論上而言，只要紳士軍官領導有方，最生疏的士兵也能進步成捍衛君主的勇將。亨利八世統治時，法律規定六到七十歲的所有男性週日下午都必須練習射箭，還要求成年男性以及帶領年輕男孩的指揮，都要有特定裝備。之所以制訂這樣的規範，是希望常年的練習能幫助男性鍛鍊體格，使他們能透過弓箭在戰場上發揮強大的殺傷力，而多數社區也都會劃出特定區域供練習之用，所以現在英國才會留有「Butts Close」這類的街名（butt為射箭場的意思）。

一般而言，射箭場是長形圈地，最末端會堆出一道土堰，上頭則架有標靶，讓男性透過練習提升準度，並培養長距離射箭所需的力量與技巧。到了星期日，城鎮外圍的牧地經常會擠滿人，大家不分年齡地一同享受「遠射」的樂趣。這項活動在英文中稱為「roving」，是自由射箭的一種，由一小群朋友選定標靶、瞄準發射，悠哉地上前查看誰射得最準，然後再移至下一個靶，跟高爾夫很類似，只不過場地設置並不那麼正式。多數男性似乎都把箭術練習視作健康又受人敬重的運動，而不認為是件苦差事；不過到了伊麗莎白時代，弓箭在戰場上已落伍得可憐，因此即使早先的法律規定並未撤銷，箭術也很快就淪為純健身用的活動了。

在一五九六年的北方起義（Rising of the North）期間，伊麗莎白女王和朝臣親眼目睹封建時期的舊有軍力差點導致皇室傾覆，因此認定部隊組織必須改變，過時的武器也得淘汰。此後，士兵不再由貴族各自從佃戶中招募，而是改由皇家任命的郡尉（Lord Lieutenant），透過以郡為單位的新系統來徵召，至於武器則改用槍枝，軍事訓練也加重了一些。前代遺留的法律原本就規定富人必須提供兵器、盔甲與馬匹，並訓練男丁騎馬打仗，而自一五五八年起，針對收入落在「富人」定義中最低級別的族群（每年五到十英鎊，大約是小康的自耕農），法規則改為每人都得備有一套鎧甲、一把長斧、一張長弓，以及一頂頭盔；後來，槍枝雖然隨著時代演進而逐漸取代弓箭，但前述規定的原則仍留存了下來。

此外，每個社區也都得投資並維護軍事裝備，供較窮的民眾使用。小規模的正式軍事集訓（也就是所謂的「特殊召集」）舉行時，當地身體健全且介於十六和六十歲的所有男性都必須依法參加，但不久後即會分為兩組，一組平常就得定期受訓，另一組則只有在緊急情況下才會受召補足軍隊人數。由於男性參加訓練時，會有兩天的時間無法處理農務，因此這類集訓通常會選在農地不需太多照顧的時節舉行，讓眾人學習以軍事隊形整齊移動，以及辨識鼓聲在戰場上所傳達的信號，自一五七〇年代起，也得學用新式火繩槍。從西薩塞克斯郡的驗屍官記錄來看，在一五七〇到一五八〇的這十年間，死於槍枝不當使用的人很多，所以集訓是真有其事，但

品質如何，可就不好說了。舉例來說，在一五八八年五月，兩百名男性曾受召至東格林斯特德（East Grinstead）「接受火繩槍的使用訓練」，但「在訓練期間的一場衝突中」，亨利・庫柏（Henry Cooper）慘遭擊斃，也沒有人願意透露出手的是誰。

就其他案例來說，槍枝之所以會造成意外，通常是因為搬運、清理或存放時意外走火，例如其中某次是發生在一間打鐵舖。當時，鐵匠把槍放在砧板上修理，但不知道裡頭還有子彈，於是就拿鐵鎚用力地敲，結果竟把學徒活活射死。從這類事件中，我們不難看出當時不少人對於槍枝及安全檢查步驟都不甚熟悉，不過在伊麗莎白時代，確實也有比例相當的男性曾接受軍事訓練，因此能將武器操作得十分熟練。

不過槍枝也並非所有人都可以拿，由於鳥槍與火繩槍（皆為火槍種類）都相當昂貴，基於軍事與經濟方面的考量，許多男性受訓時，都只能學用長斧改製而成的傳統武器，基本上就是在結實的長棍頂端裝上種類不同的刃片而已。話雖如此，這種長刀卻因形狀類似日常的務農工具而具有相當的優勢，由於男性下田工作時，都必須整治籬笆並為家畜割除太粗糙的草料，所以多半能有力、流暢且精準地揮舞長柄，再說，砍人和砍掉發育不良的作物在技巧上也相差不遠，因此練習使用長刀或其他種類的長柄武器時，要學的其實不是動作，而是該如何自我防禦並使敵人感到威脅，畢竟農人平時面對的籬笆並不會刻意反擊。話又說回來，農夫對於長刀的熟練度

可是讓人又敬又怕，所以平時可千萬別沒事跑去找他們吵架。

除了槍以外，劍也是士兵的標準配備之一，雖然隨著時代演進，從主要武器變成輔助裝備，但重要性依舊不減。無論是發射式或長柄型武器（早期是弓箭搭上長刀，後來則演變成火繩槍配長矛），都必須在離敵人夠遠時使用，效果才會好，相比之下，若需近身戰鬥，手

槍枝在男性人口中快速流通，使用知識也傳播得很快。

上拿把劍會比較有用。對步兵與騎兵而言，劍是第二層的防衛機制，適合用於戰線與隊形多已潰散後的擁擠混亂時刻，若操作空間不夠或位置尷尬，拔出劍來準沒錯。劍雖然有點過時，但眾人使用的數量卻比其他種類的武器都來得多，而且因為要能放入尺寸不同的口袋，所以各種大小都有。一般而言，劍在大眾眼中屬於自衛工具，可抵禦敵方的劍或長斧，但較少用來主動攻擊他人，不過若有必要，也會被用來當作進攻武器。

由於某些人就是愛使壞，而且武器又容易取得，所以即使只

是脾氣暴躁，都可能會引爆嚴重後果。舉例來說，一五八五年八月的一場鬧劇，就打亂了路易斯鎮（Lewes）的平靜。這個事件的審判混亂地持續了半年之久，且當事人與目擊者眾多，各方說詞的差異性自然不小，就連發生日期這種如此單純的資訊也眾說紛紜，不過就相關記錄來看，大致而言，整起事件是起頭於八月六日。那天亞伯拉罕・愛德華茲（Abraham Edwards）帶著長弓與箭來到自家後院的田野，根據他太太的說詞，是想練習射箭，好盡到愛國公民的責任。到了早上約十一點，工作正好告一段落的理查・古德溫（Richard Goodwin）抬頭一看，發現亨利・楊（Henry Young）剛從約翰・巴徹（John Butcher）家離開，他之所以會注意到，是因為楊似乎在外套底下藏了劍和圓盾（可能是他的私人財產），然後才沿著市中心的海爾街（High Street）走出西城門（West Gate），朝聖安教堂（St. Anne's Church）前去（愛德華茲在提供證詞時，還特別補充說明當時的男人會把緊身短上衣和馬褲固定在一起）。楊住在巴徹的土地上，就相關文件看來，身分是佃農，而且曾捲入不確定是否致死的武裝鬧事，基本上就是個漂泊不定、在小鎮替人幫傭的男僕，他這一型的人物，我們本章稍後還會提到。總之，楊從西城門離開後不久，愛德華茲太太驚慌失措地來到鄰居李察・切尼（Richard Cheyney）家門前，手中緊握插在鞘裡的劍，聲稱丈夫遭到武裝男子攻擊，性命就要不保。切尼在鎮上有一定的地位，因此已習慣處理眾家大小事（法院記錄稱他為「鄉紳」，也提到他沉溺於打獵運動，家中請了至少三名男僕）。面對如此戲劇化

的場面，身上沒帶長劍的他趕緊抓了一把單刃劍；記錄中特別提到劍沒有鞘，所以原先可能掛在牆上。切尼的僕人托馬士·布奇（Thomas Botcher）接過愛德華茲太太的劍與鞘後，沒浪費時間去找合適的腰帶和鉤子來掛，便和主人一同拿著武器從後門離開，去看看究竟發生了什麼事。但從遠處望去，愛德華茲的獵友似乎已出手相救，於是兩人認定事情已經解決，便回到屋內。

不久後，愛德華茲太太卻再度現身求救，說先生回到家後，又有三名男子想殺他，於是切尼馬上衝出家門，布奇也握著兩把劍緊跟在後。這對主僕抵達時，愛德華茲的狀況已非常淒慘，頭部有三條大傷口，臉上也有一道，全都鮮血直流，雙手同樣受了傷，可能是在反抗時傷到的。襲擊他的三人已不見蹤影，但愛德華茲夫婦卻直接點名亨利·楊，說是他在田野間痛下毒手，而且還帶上威廉·格蘭（William Garland）和湯馬斯·布羅爾（Thomas Brewer）助陣。這場攻擊始於口頭爭執，據說是因愛德華茲不願退讓，所以才引爆肢體衝突；根據三名施暴者的說法，他們身上只有匕首和扛東西叫賣用的四呎長杖，雖然古德溫宣稱看到楊從住處偷帶劍與圓盾，但從愛德華茲的傷口研判，武器似乎確實只有單刃小刀一種。此外，三人也聲稱是因為看見切尼和布奇帶劍出現，所以才逃到附近的一棟屋裡躲藏，結果在那兒發現了三把劍，因此決定順手帶走。開庭審判時，完全沒有誰詢問三人是闖入誰的房子，以及屋裡為什麼會有三把劍，所以或許當時的人經常透過這樣的方式取得武

器，並不值得大驚小怪。

另一方面，切尼則前往當地治安官的住所，尋求當局幫忙逮捕三人，理由是他們襲擊了「我的好鄰居」愛德華茲，結果官方還沒採取任何行動，楊、格蘭和布羅爾就帶著圓盾、匕首與劍出現在海爾街，先與切尼及布奇口頭針鋒相對了一陣（由誰發言、說了什麼、當時又是幾點，目擊證人的說詞各不相同），接著刀劍便紛紛出鞘，也就是說，此時街上共有五人劍握在手。一名叫作約翰・霍特（John Holter）的目擊者跑回家裡拿了短棒，希望能幫忙勸阻，但回到事發現場時已經來不及了——布奇死了，而且不僅肩上被捅出深達七吋、寬半英吋的傷痕，就連鼻子也被割了下來。

這場暴力事件一共使用了五或六把劍、三把匕首、三個圓盾、一副弓劍、一根短棒和一根原用於挑貨叫賣，但充當打人工具的長棍，其中匕首是平日就會攜帶的配備，其他武器則是趕忙從住處隨便拿的。如果楊、格蘭和布羅爾真的是從藏匿處取得劍與圓盾，那我們或許可以判定這些置於住宅的武器並非私人收藏，而是供軍隊使用的。由於同時存放了三套之多的劍與盾牌，因此可以想見房子大概不小，而且主人約莫是紳士之流，家中有多位男性成員必須配劍，所以軍事裝備才會與他們的衣服和私人物品一起留在屋內；另一個可能性，則是這戶人家依法備有小型軍械庫，供定期受訓的兵團使用。

曼德斯海姆（Mendlesham）的聖安教堂是英國保存最好、最完整的教區軍械庫，幾世紀以來，器物都安然存放於北門廊（North Porch）上的一個小房間，雖然盔甲與武器的年代與品質摻雜不一，但我們不難看出，都鐸與斯圖亞特皇室以地區為單位來提供軍用品的用意。相關政策於一五七〇年代開始規定教區必須供應軍事設備後，地方性社區便面臨籌措資金及尋找裝備來源的挑戰，各種老式的木製武器也紛紛出籠，以因應規範。在一五七〇到八〇年，專業軍械工匠想必很有賺頭，各地的鐵匠也都卯足全力地爭取這類差事，替公眾造械以賺取傭金。事實上，這十年間的軍事集訓記錄也確實曾提到武器種類多到令人眼花撩亂，而且多數都十分古老。

　　慢慢地，有些武器開始損壞、遺失，而不定期爆發的各種事件也促成了替代品的誕生。在一六二〇和三〇年代，英國各地的緊張情勢導致軍事配備歷經了混亂而規模龐大的重整與翻新，不過人民仍為了預防萬一而留有舊式武器，至於原本僅限存放於教區軍械庫的軍用品，也開始流通於大眾之間。此外，某些紳士也因為法律規定而必須提供武器與鎧甲，例如約翰・雷利（John Reyley）一五八九年過世時，名下所有的財產就都得接受盤點。雷利在牛津郡的小鎮紐胡士達克（New Woodstock）經營生意，專用羊脂製作蠟燭來賣錢（根據記錄說明，製程中的所有必要用品都放在「工作站」，而這個工作空間又連至他舒適但樸實的三房屋舍）。雷利家

最主要的空間是大廳，當中擺設許多木製家具，但牆上則掛著幾塊彩布，以及「斧槍、長刀與彎狀短劍」，換言之，在那個年代，專門製造便宜蠟燭的普通商人擁有兩把長斧與一把劍，並不是什麼稀奇的事。

當代的許多遺囑與財產清單也都曾以類似的敘述方式列出武器，而擁有者都是有資格依法參加軍事集訓的族群。法國人史蒂芬‧培林（Stephen Perlin）在一五五八年曾寫道：「男僕配有帶尖狀凸起的圓盾，即使是主教和高層教士的僕人也不例外；一般男性則以射箭為運動，有時也會把弓留在田野角落，這麼一來，當地人就都有武器可用了。」二十年後，拉斐爾‧霍林斯赫德（Raphael Holinshed）也描述了類似現象：「十八或二十歲以上的男性國民出門時，幾乎都會把匕首掛在背或腰上。」因為有這樣的基礎，當局才能在西班牙艦隊進攻前以及內戰即將爆發時，對軍隊的組織與訓練方式進行翻新，並加入新式武器。

此外，霍林斯赫德還舉出了另一個原因，說明為什麼該攜帶武器：「上街不帶劍或類似武器的，就只有牧師而已。」當時，路上常會有騎馬或徒步行搶的匪徒，偏偏法律措施又不太可靠，地方治安官獲選後沒有薪酬，罪犯也得要受害人主動去逮；市中心因為人多，多半平靜有序，可是一旦到了外圍，就幾乎只能靠自己，所以眾人上了郊區公路後才會那麼害怕，並成群結隊地攜帶武器以作為防範措施。如果沒帶劍，至少也得拿根長棍（基本上就是不帶刀的

長斧），長度要有七到八英呎，硬木製的最好，直徑則要大約兩英吋，弱不禁風的枴杖可不行；對了，棍底通常都會覆有鐵套，還記得諾維斯一擊就把埃默里打死的事嗎？他用的就是這種棍子。基本上，新手隨便揮舞，也能把這種武器使得不錯，達到一定程度的自衛效果，不過若接受一些指導並練習後，技巧更能大幅躍進。

如果平時就愛惹事生非，或是欺凌、恫嚇他人，那麼長棍絕對是最佳良伴。很多鄉間男子平時似乎都喜歡扛著棍子，無所事事地遊蕩，一抓到機會就找人打架。先前提過的暴力醫生和與他為敵的裁縫一開始只祭出拳頭和匕首，但後來才加入的諾維斯與埃默里則都帶著棍子，不畏出擊，而且也都用得十分熟練。

準備打架時，必須將常用的手滑到棍子中央，掌面朝上，另一手則手掌朝下地置於慣用手和棍尾中間，這樣就能將棍子分成長短兩段，長側由較有力的手控制，揮擊時能發揮最大力道，而非慣用手負責的短側則比較好使，需要時能馬上以覆有鐵套的尾端近距離攻擊。採取這樣的基本姿勢時，長棍會呈四十五度角，如果是右撇子，短的那一側會由左手握在左臀旁邊，長側則與胸等高，距離身體大約一至一點五英呎。只要自衛動作擺好，對手基本上就很難攻破，如果需要，也可以滑動棍子，讓主要用於攻擊的那一側加長或縮短，或藉此以棍頂快速刺人；此外，持棍打架時也要記住兩端都可以用，不像刀劍分成利和不利兩側，所以除了直線戳刺外，也可以轉動棍子，旋棍出擊。

手握長棍的旅人。棍子平時可當拐杖使用,遇上騎馬或徒步行搶的匪徒時,則是十分有效的武器。

　　面對持武器的對手時,若將長棍後拉,然後舉起雙臂打算往頭部狠狠一擊,那麼必然會出現幾秒的空檔,讓敵方可以趁你將棍子上舉,身體毫無防護時,搶先一步朝腹部狠刺。因此,教人用長棍打架的專家建議了另一種策略(各位待會兒如果看得霧煞煞,不如實際找一根來試試):以我們先前介紹的四十五度斜握姿勢為起始動作,把長棍指向敵人,然後開始轉動,就好像啦啦隊員在耍超大花棍一樣。採取這種旋掃式打法時,棍子應該差不多與肚臍同高,並以兩手之間的中點為軸心,右手帶棍向後下旋,左手則朝上前推,如此一來,擔任攻擊主力的長側就會以右肩為圓心劃出一個大

圓圈，時機一到，即可用右手將長棍下壓，揮出致命一擊，不過別忘了，左手要有力地將短側回拉，動作進行到尾聲時，右手也得下滑，順勢將棍子朝前方丟擲，讓攻擊強度因環形甩動以及左右手共同施加的抽推力道而提升。這樣的攻勢威力不輸正面對打，但也能讓人隨時自我掩護，而且可以連續進擊，不會因為情況失控，而必須耗費許多時間重回戰鬥位置並繼續攻擊。

技巧好的人不會把長棍握得太緊，以利在需要時將雙手上下滑動，維持連續旋棍出擊的節奏，以頭尾兩側交替攻擊，並隨之調整腳步與姿勢；此外，專家只要發現機會，就必定會出其不意地戳出長棍、踏步向前，鬆開前端的手，以非慣用手把棍頂往敵方的臉或身體捅，然後再迅速抽回並重新將手握回原本的位置。用長棍打架最大的難處在於動作最大、最有力的揮擊招式都需要一些時間才能完成，而且一旦開始就無法中止或改變攻擊方向，所以對手如果十分敏捷，並使用較小較輕的武器，便能造成威脅。各位想像一下羅賓漢（Robin Hood）與小約翰（Little John）的互動，大概就能理解了。

長棍相當便宜，需要時也能在家輕鬆製作，帶在身上並不犯法，也不像劍有法律規定僅限士兵與紳士擁有，因此男性出門在外時，很習慣用來自我防衛，又多虧了軍事訓練以及多半由紳士發行的自衛手冊，一般人對使用方式都相當熟悉。片段的證據顯示，當時的社會對於以棍互毆的行為容忍度較高，至少與亮刀的

鬥毆事件相比是如此，畢竟棍子不是什麼刻意要置人於死地的武器，雖然威力強大，能敲斷骨頭，也能夠擊退持刀劍、匕首、長棍或長斧的對手，但終究很少真的把人打死。話雖如此，諾丁罕郡（Nottinghamshire）的居民對此可能抱有不同看法。根據歷史記錄，在一四八五到一五五八年間的殺人案中，幾乎半數是以長棍為武器，如巴布沃斯村（Babworth）的亨利‧皮爾森（Henry Pereson）就是被約翰‧史英哲（John Strynger）打得「腦漿四溢」而死；且一般人防不勝防的搶匪，也最愛把長棍當作武器。

大搖大擺像公雞

在文藝復興時代，有一群人數不多但極為惹眼的男性，他們之所以愛用武器，不是為了保家衛國、抵禦搶匪，或是在衝突白熱化時亮出來，而是為了炫耀、表示男子氣概。這些人自負又愛虛張聲勢，雖然經常遭模仿訕笑，卻仍喜歡上街以先前介紹過的囂張步態逞威風，我們不久前才在路易斯鎮遇過的楊大概就是其中一員。艾德蒙‧浩爾斯（Edmund Howes）曾對約翰‧史鐸（John Stows）

的《倫敦調查》（*Survey of London*）進行擴充，他在一六一四年發表的新版本就涵蓋了對前述現象的記錄。對於這幫人在一五六〇及七〇年代的行徑，浩爾斯如此回憶：「一到冬天，市中心的所有街道就會混亂無序，每個小時都有爭鬥上演，主角正是那些拿劍和圓盾相互攻擊的男子。這些人互打是因為愛現，雖然劍拔弩張的模樣裝得到位，也打得很頻繁，卻幾乎不會有人受傷，因為他們很少互捅，也不太會有誰攻擊腰部以下，在他們眼中，這是懦弱且凶殘的行為。」接著，他又補充了一些細節：「這些爭鬥經常發生在西史密斯菲爾德（West-Smithfield），所以在劍與圓盾仍廣為流行的年代，有很多年的時間，眾人都將此處稱為『暴徒之地』（Ruffians hall）。當時所有男僕背上都會掛面圓盾，無論層級高低都不例外。」

　　這樣的暴力衝突不分日夜，隨時都可能發生，較有組織的鬥毆會選在西史密斯菲爾德舉行，讓群眾自行決定要走避或圍觀（許多年輕女性似乎很喜歡在旁

表演性質的劍鬥是許多娛樂性演出中很受歡迎的元素。圖中這個手握劍與圓盾的男子是取自一本舞蹈手冊，當中涵蓋普通與化裝舞會的編舞技巧，不過出版時，使用劍與圓盾的戰鬥方式已經過時，所以內容經常遭到嘲笑。

邊看），不過暴徒可不總是如此體貼，有時他們也會突然在街角或市集亮刀，鬧得現場一團混亂，迫使旁人趕緊避讓。

軍事技巧的實用性眾所認可，就連神職人員中最高唱道德的族群也難以否定，例如葛森就曾在一五七九的《濫用學派》（*The School of Abuse*）一書中承認：「為了公眾利益著想，武器的使用知識不可或缺」，不過他也提到「劍客的伎倆一旦用於爭鬥」，就會變得十分惱人，「每個粗壯又愛虛張聲勢的暴徒都動不動就把劍拿出來耍」，絕不放過任何施暴機會，「而且這些人往往不老實，所以結局幾乎都不公平」，他最後語帶無奈地這麼總結。

先前，我們曾引用培林一五五八年的著述，來介紹隨身攜帶武器的男僕，就內容看來，當這位法國旅人得知就連高層神職人員的僕人都會帶武器後，顯然十分訝異。對於侍者、僕人、隨從與管家在十九世紀的社會地位、工作內容與生活型態，大家心中想必也存在既定印象，但各位如果認為他們堅忍克己，僅負責居家事務，那麼在我們進一步說明前，請先把這樣的誤導式刻板印象拋諸腦後，才能一探這些攜武的家僕是如何把握封建時代結束前的時日大肆妄為。男僕是得侍奉主人用餐沒錯，但領主一旦上戰場，他們也就必須跟著殺敵。這種家僕通常來自相對富有且社會地位較高的家庭，年紀尚輕，可能是紳士的次子或排行老三的堂表親，也有些人的父親是有錢又有野心的佃農。就平日的家務而言，這些男僕負擔不重，而且多半負責禮儀性事務，因為他們真正的價值在於彰顯領主

的地位──在舊式社會制度下，領主可雇請、訓練並供以軍事裝備的人越多，對領地的掌控力就越強。

換句話說，中世紀的貴族卸除神祕形象與華麗衣著後，基本上跟世襲制的軍閥沒兩樣，不過是有劍可耍，還有一大群小弟能帶出場打架的惡棍罷了。領主為了展示這種個人兵團的規模，到哪都會帶著一大部分的僕人，還會要求他們穿制服（在英文中特稱為「livery」）。不過到了都鐸王朝時期，由於皇室加強控制，以杜絕貴族間的軍事競爭，並以宮廷權力為賞賜，來提倡不同於以往的行為準則，所以這樣的生活型態逐漸式微，家僕也成了人形的地位象徵，不太實際打仗，對於領主的裝飾作用反而變得比較強。話雖如此，養僕以壯大聲勢的心態仍留存了好幾世代，擔任僕役的年輕男性幾乎無事可做，卻因負責撐大場面，所以能獲得高級的服飾與武器，以利在跟著領主四處巡視時顯擺、耍風光，但事實上，他們只不過是因為家

裝束優雅，手拿劍與圓盾侍奉領主的男僕。

世背景好且「天生優越」，才能享有這樣的待遇罷了。這種愛出風頭的男子喜歡打架，應該不令人意外吧？

如果喜歡拿圓盾虛張聲勢，在鎮上到處遊蕩找架打，故意讓守舊的參議員與地方長老錯愕、害怕的話，就必須先學學鬧事技巧。雖說旁觀者認為這種鬥爭很少致死，但事實上，當代人用的劍都十分鋒利，可不是什麼鈍弱的舞台道具。

劍與圓盾是十分古老的組合，在歐洲與英國的戰場都曾歷經數個世代的試煉，步兵使用的技巧也逐年精進。劍的長度通常屬短或中等，刃部平寬，兩面都相當鋒利，至於圓盾則是圓形的小盾牌，直徑很少超過一英呎，中央通常都有凸起的圓點或尖狀物（後者是英國的特色），目的在於擋掉敵方攻擊，保護握劍的手，也能用來打人。在歐洲各地，若將劍與圓盾搭配使用，主要的打鬥方式有兩種：德國式與義大利式，前者的歷史可經由手冊追溯至十三世紀，後者的相關敘述亦可見於十六世紀的文本，不過若說到英國人針對這個主題所著的作品，則僅有一本手冊，而且手稿要到十九世紀才公開，在那之前根本未能出版。在前述文本中，只有義大利人吉爾柯摩‧迪‧葛拉西（Giacomo di Grassi）的作品曾譯為英文，以書面形式流傳於我們所討論的年代，但實際上也是到了劍與圓盾已完全落伍的一五九四年才出版。在文藝復興時期，由前人根據劍與圓盾的打鬥經驗撰寫而成的手冊其實非常有用，偏偏當時的人不懂得用於學習；對他們而言，打鬥的技巧不應從書中習得，而是必須聽

從家中偉大領主的實際指示，或向劍術學校那些剛合法化不久的「防禦師傅」（Master of Defence）請益才會有用。

在那之前，許多國王很擔心平民習得武器使用技能後，會在日常生活中用來搶劫或恫嚇他人，所以只容許男性在領主的監督下學習軍事技巧，但亨利八世卻持不同看法，還特意授權設立正式的習武單位，明令所有男性都能參加。這樣的改變讓防禦師傅得以成立學校，並依照法律規定教導學生使用一系列的兵器，例如各種劍與長斧，但射箭與槍枝用法不教，因為當時的人認為這兩樣武器不需要特殊技能教學，只要看過簡短的示範並自行練習後即可熟練。支付學費以換取手把手武術教學的學員，在英文中稱為「scholler」，只要達到一定的嫻熟度，即可依自身意願參加分為數輪的公開競賽（名為「大獎賽」或「大獎格鬥」），一開始先打給師傅組成的評審團看，然後再以鈍劍於眾人面前進行六場劍鬥，若能展現充足技巧，就可以成為「自由學員」（free scholler）；以自由學員的身分鍛鍊七年後，若能再次通過正規的公開劍鬥，即可再上層樓，晉升至更高等級，成為「習武長」（provost），並獲得教武資格，不過前提是必須要有正式的防禦師傅協助；要想擠身「師傅」階級，獲准自行成立學校，則得繼續精進七年並再次通過公開表演賽。規則雖然明確，卻也不是所有人都嚴格遵守，在歷史有上記錄的師傅之中，至少有一位是不到十四年便取得頭銜，不過大體而言，這個系統的精神是廣獲認同的。

確切來說，武技學校究竟會教哪些細節呢？關於這點，我們可以參考喬治・西爾弗（George Silver）所撰的英文手冊。這本關於劍與圓盾打鬥法的著作雖出版得晚，但其實西爾弗早在一五九九年就已寫成，準備要和論點較為明確強烈的《防禦的矛盾》（*Paradoxes of Defence*）一起推出。在後述的這本作品中，他主張傳統的劍與圓盾在戰場上比新型的細長西洋劍來得有效，所以男性需要打鬥時都應採用舊式的方法才對。

　　西爾弗認為戰士應將雙手靠攏，置於胸前，兩手分別握持圓盾與劍，並以盾保護持劍的那一隻手。這樣的姿勢深植於德式風格，西爾弗的方法也的確是取自德國十三世紀的《戰鬥手冊》（*Fechtbücher*）手稿，也就是歐洲最古老的劍術手冊。話說回來，這樣的握姿其實很不符合直覺，也與電視電影中演的大不相同（持劍的角色通常死得很快），所以要想在高壓環境下顧及身體的姿勢與動作，就必須歷經無數操演與鍛鍊，如果不能將劍法內化成不需思考也能靠身體慣性施展的功夫，則別想從劍鬥中全身而退。任何人經過密集訓練後，原先習慣的動作、姿勢與步態都會永遠改變，並養成不少人愛嘲笑的士兵走法：身體拗曲、膝蓋與手肘微彎，雙腿與肩同寬，且其中一腳總比另一腳站得前面一些。

　　劍技是由一連串的姿勢所建構而成的，就像跳舞一樣，有時需停住不動，有時也得耍出流暢招式。普遍而言，當中的靜態姿勢稱為「防衛式」（ward）或「防備式」（guard），屬防禦性質，目

的在於以劍擋掉四面八方的攻擊，把對手完全鎖死，並在發現空隙時回擊。由於劍士都會死守防禦姿勢，希望對手發生失誤，不小心卸下防備（英文有個片語就是「drop one's guard」），所以劍術對戰經常會拖得很長，只見雙方小心地不斷繞圈，彷彿在跳舞似的。

西爾弗特別喜歡的一種姿勢，是他所謂的「開展式打法」（open fight）：「將握柄的手舉到頭上，劍尖朝上或朝後最好，但仍以最方便進擊、戳刺及防禦的方向為準。」他雖然沒說，但我們從圖片中能看出握盾的左手也應上舉，以保護持劍那隻手的手背與腕部。擺好姿勢後，即可朝左或右側下砍，無論對手是瞄準頭部或身體出手，沿弧形路徑下切的劍都能擋掉，而且還能借助重力加強

單手握盾前舉，另一手則持劍的義大利式打法。

力道；此外，動作進行到尾聲時更可以迅速把劍抽回，以有力的劈削作結，如此一來，就能在痛砍對手之餘，也切穿血肉。

在西爾弗稱為「守衛獅式」（guardant）的姿勢中，戰士也得把劍柄舉到頭頂，但刃部則一律朝下，好讓尖端落在左膝前方，並讓劍身呈四十五度斜垂狀。這個姿勢的防禦功效顯然較強，可提供更即時的保護，但攻擊速度也相對較慢。義大利的葛拉西認為握圓盾的手應該穩穩前伸，主動擋掉對手的戳刺，但西爾弗則主張盾應靠近身體，以保護持劍的手，除非對手攻擊時後繼無力，或愚蠢地露出空隙，才能將圓盾改用作近身徒手毆擊的工具。上述的兩種姿勢都有許多變化，名稱也各不相同，例如「狠毒守衛獅式」（bastard guardant）的劍刃也是斜垂在身體前方，不過位置較低，至於「閉合式打法」（close fight）則是將劍柄握於臀部或大腿處，並將尖端朝斜上方指。

在多數人眼中，當街打鬥是非常討人厭的行為，但如果哪個喜歡惹事生非的傢伙想違反社會慣例與規定，透過作弊手段故意惹惱其他同樣愛打架的暴徒，那該怎麼做？先前，我們已透過浩爾斯的著作，了解到這個族群認為攻擊腰部以下是「懦弱且凶殘的行為」；事實上，由於對雙腿出擊會導致受攻擊方的頭部與身體都毫無防備，所以許多劍術師傅也都表示這樣的招式十分危險。

舉例來說，防禦師傅主辦的正式武鬥就明禁任何形式的扭打、

拳鬥與近身攻擊，而且在這種比賽中，用劍捅對手其實也不合法，即使是以自我防禦為目的也不例外。以下是一五三八年的一段相關聲明：

此外，國王陛下接獲可信消息，得知眾多臣民近日於隨機發生的鬥爭之中，因突發的劍刺和其他武器攻擊而遭殺害身亡，所以意欲禁止此類無預警謀殺。在此，陛下明令禁止所有臣民在偶發的打鬥事件中戳刺他人。

因此雖然劍很銳利，但愛逞威風的好鬥之人其實也不能像真正在打仗那樣，又咬、又踢、又捶、又刺地全力施展，只能以比較內斂的方式打鬥，在雙方都遵守規則不作弊的情況下，說是對戰，其實還比較像在運動。

如果想獲得其他好鬥之徒的敬重，就必須採取特定的打鬥風格，僅以橫掃的方式攻擊上半身，而且動作要快、狠、準；在近身之際，出手後要飛快地把劍抽回，重新拉出劍鬥應有的距離；此外，也只能找熟悉劍與圓盾的同好對決，而且競賽與挑戰都得舉辦於例行地點；在打鬥現場，更要穿著象徵性的服飾並採取特殊步態，藉以宣示鬥毆意圖，好讓旁人自行決定是要走避，還是群聚圍觀。若能遵守上述的行為準則，基本上就不難獲得血氣方剛的青年男子尊敬，有些年輕女子甚至還會十分仰慕，不過如果刻意想使壞嚇嚇他們，倒也不算太難：只要使盡全力，近身與對手打鬥，並毫

無預警且不帶保留地認真攻擊，那麼很快就會被逐出歡樂武鬥同好會了。

從公雞到孔雀

上段所述的時期結束後，百姓間的劍鬥在風格、動作、禮儀、社會地位與結果方面都歷經了革命性的改變，愛拿劍與圓盾鬥毆的暴徒再也不令人害怕或引人傾慕，大家只會以嘲弄的態度，笑他們社會地位低下又跟不上時代，只是成天沒事找架打的魯莽、愚蠢之徒。根據費恩斯‧莫里森（Fynes Moryson）一六一七年的記錄，「他們動不動就會為了走在哪一側或靠不靠牆而大打出手」（兩人並肩走在街上時，靠牆代表較受尊敬，換作三個人的話，中間是最佳位置），而且「連表情不合他們的意都能打」（基本上，就是「你幹嘛用那種奇怪的眼神看我？」的意思），「但對於這種老愛基於荒謬動機或瑣碎理由而動手的愚蠢之人，當今的社會對此十分輕蔑」。換言之，家僕耀武揚威、挑釁他人的時代已經結束，眾人

的目光也隨之轉移到受過相關訓練，懂得使用西洋劍的優雅紳士身上；街頭鬥爭並沒有消失，只是型態有所轉變，主角也從公雞般的家僕換成形象如孔雀的紳士罷了。

西洋劍的流行始於義大利，流傳到其他國家後也席捲各地。莎士比亞在一五九四到一五九六年間寫作《羅密歐與茱麗葉》時，就選擇讓僕人配帶劍與圓盾，而羅密歐、莫枯修（Mercutio）和提伯特（Tybalt）等紳士階級的角色則一律使用西洋劍，畢竟當年到環球劇場看戲的觀眾，多半親眼見證了街頭武器的轉變，所以莎士比亞要是不這麼安排，勢必會顏面盡失。其實西洋劍在戰場不太有用，關於這點，西爾弗曾長篇大論地申斥了一番，不過這樣武器的重點並不在於威力強大與否，會帶西洋劍的族群也不是以保家衛國為目的，只是為了趕流行及炫耀社會地位而已。

根據法律規定，無論是哪個階層的士兵，只要是在行使軍人義務的時候，都可以配劍，但只有服飾帶有袍徽的族群，也就是紳士與貴族，才能在日常生活中帶劍，所以劍就成了社會地位的象徵，至於款式方面，大家當然也都想追隨最新潮流帶西洋劍。既然腰上都已掛了劍，那麼需要捍衛自身名譽，或偶爾想放縱反社會的慾望時，拔出來用一下也是很自然的事，所以決鬥很快就成了既有效又能帶來成就感的霸凌手段。不過事實上，上流社會人士不必真正動手決鬥，光是以此要脅他人就能使壞，而且對年輕男性而言，拿劍來嚇唬、恫嚇下層階級的百姓，想必很有樂趣。裁縫師在叨念要

先結帳，才肯開始製作下一套服裝？旅店老闆因為上星期才整修，而不願出租最好的房間？沒關係，只要把手伸向劍柄，商人自然知道該怎麼做；如果這樣還不夠，還可以拿自身名譽來當籌碼，指控對方輕視和侮辱（你覺得我說的話不可信嗎？！），有時或許也能搭配小幅度的拔劍動作來要求對方道歉。只要看準對方很快就會退讓，並在大庭廣眾下公開爭吵，那麼搬出信譽通常都會有用，不過當然，對於這種手法也必須非常熟悉才行。

在姿勢與技巧方面，義大利式的西洋劍鬥與持劍和圓盾的舊式打法完全不同，不但首重以尖端戳刺，也不鼓勵砍和劈的動作，因為這兩種手法速度太慢，容易讓鬥士陷入危險。與西爾弗偏好的傳統短劍相比，西洋劍較為細長，也不帶寬短的刀刃，因此無法把對手的胳膊斬斷，不過可以刺入雙眼與腹部，而且只要習得當代流行的技巧，就能以迅雷不及掩耳的速度展開攻勢。

紳士如果看誰行事不警覺或說話不小心，想給點顏色瞧瞧的話，只需拔出劍來，擺出新式的防衛動作即可：膝蓋同樣得微彎，但雙腳的距離比拿圓盾的鬥士寬，且腳掌明顯朝外，手部動作也減少許多，主要是以手肘決定劍的走向，少有肘部或肩膀帶動的攻勢，施展許多招式時，都必須連同上半身一起轉動，這樣伸直手臂刺向對手時，才會動作快且力道強。還記得我們介紹時尚走法時探討的元素嗎？當中的搖臀、旋肩以及站成四十五度角等特色，其實都適用於西洋劍鬥。

義大利劍術影響了大眾的肢體動作，但其實時尚界的經典潮流也再再形塑著劍鬥風格，畢竟人在危難當頭時，通常會反射性地採取熟悉的動作，以增加安全感，但除此之外，當代流行的服飾也是因素之一。如果穿過仿真的重製版本，就會知道伊麗莎白時代晚期的男款緊身短上衣會限制手臂活動，與前三十年的剪裁完全不同。這種服裝的袖隆既高又窄，採硬挺的高領設計，還外加環狀褶領，穿在身上時，很難把劍舉到超過頭部的高度，所以上流社會的男性必須將西洋劍融入限制重重的裝束，才能把劍耍好。使用戰場上經常出現的闊劍、單刃劍和短劍時，都得把手舉高，擺出防衛式，但換作紳士的西洋劍可無法如此，畢竟他們最多只能把劍抬到肩膀處，而且通常也不會舉得那麼高。

　　另一方面，紳士也認為跟從新式義大利劍術的師傅，有助於維護自身的社會地位，這是因為他們本身也出身上流，受過紳士教育，且標榜的服務與防禦師傅完全不同，不僅提供較高級的教學場所，課程內容也充分經過以理論為基礎的規劃，並號稱只服務特定階級的客群，另外不僅自己謝絕任何形式的公開測驗與考試，更禁止學員參加。這些師傅自稱在社會地位、名譽與技巧方面，都勝過傳統的防禦師傅，例如在倫敦開設劍術學校的文森・薩爾瓦羅（Vincentio Saviolo）就曾在他一五九五年出版的擊劍手冊中如此保證：「只要深入了解這門學問並勤加練習，即使身材矮、力氣小，也能夠透過微妙的腳步變換、手臂的迅速轉向以及身體微微壓

低的姿勢，贏過攻勢猛烈的高壯對手。」

　　這種新式的劍擊風格首重敏捷、靈活與速度。我們先前已提過練劍就像跳芭蕾，必須有靜有動地施展各項姿勢與動作，學義大利劍術時更是如此，劍士需採腳趾朝外的站姿，並靈活變換於現代芭蕾的第一到第四位置，其中，第三和第四位置是最穩也最常見的防衛式，薩爾瓦羅就曾如此描述第三位置：「右腿前伸、膝蓋微彎，讓右腳跟剛好抵在左腳中足。」劍術手冊對步法的強調程度幾乎不亞於拿劍方式，劍士必須學會直線、圈形與側滑步法，且最好多加

薩爾瓦羅在教授西洋劍與匕首的使用技巧時，十分重視敏捷度。紳士的腰必須夠軟，肘部的靈活度也得夠高，不過手臂很少得抬到肩膀以上。

211

練習以「精通移轉身體的技巧，確保左右兩側一樣熟練」。薩爾瓦羅在建議操練順序時，也借用了舞蹈術語，以「段」（passage）作為單位，就像舞蹈老師在討論舞步似的。

相關記錄明確顯示薩爾瓦羅傾向純粹耍劍，但他的潛在學徒一開始其實對西洋劍配匕首比較有興趣。即使只是隨便找幾張當代肖像來看，都會發現英國紳士通常兩者皆有配帶：西洋劍掛在腰側，匕首則插在皮帶裡頭，通常置於背後，但因為當時的人喜歡斜站，所以不難看到，不過就只有劍柄頂端會從右腰際露出。紳士準備打鬥時，會將兩把武器都抽出來，右足前踩，膝蓋微彎，讓右腳跟恰好抵在左腳板的中間；西洋劍拿在右手，尖端朝上，劍身呈四十五度，手低垂於臀部後方，給予右肩後旋的空間，匕首則用左手握住，手臂近乎筆直地上舉，讓尖端位於劍頂前方；另外，身體重心要置於腳趾，這樣才能移動得輕巧、迅捷。以功能而言，匕首是自衛武器，用於抵禦敵方的劍並擋掉攻擊，西洋劍則屬進攻之用，隨時都要好好握住，機會一來就往對手刺。

比劍時若用太尖銳的刃，會使危險度大增，所以練習時多半會在尖端裝一顆球或鈕扣，或直接使用專為訓練製作的木劍，畢竟西洋劍那麼利，劍擊速度又快，最後誰輸誰贏，經常都是意外。在使用圓盾與劍的對決之中，只要雙方都遵守規則，不故意使壞，那麼劈砍式的攻擊通常不難透過適當的技巧抵禦，也很少致死；相較之下，西洋劍與匕首的初學者卻有機會幾乎全憑運氣地贏過等級較

高的對手，就連最高強的劍士都可能因而敗下陣來。因此，當代多位評論家都曾指出，西洋劍開始流行後，西史密斯菲爾德那些半運動性質的群聚活動也隨之消失，莫里森在一六一七年的時候就表示：「這個時期的英國之所以少有單挑，就是因為西洋劍鬥十分危險。」

熱衷觀察當代生活的莎士比亞對此當然也有所回應，他寫《羅密歐與茱麗葉》時，便安排提伯特和莫枯修因玩鬧而發生爭執，羅密歐企圖勸架，結果卻使提伯特分心，最後意外用西洋劍刺死莫枯修。葛拉西作品《防禦藝術的真諦》（*His True Arte of Defence*）的英文譯者於一五九五年發表譯作時，也指出這種新式長劍帶來的危險性：「英國人許久以前便獲准使用劍與圓盾……但現在逐漸棄之不用，導致劍與家僕的地位不再，反倒是西洋劍鬥廣獲許可，偏偏這種長劍是最危險也最令人害怕的武器，所以眾人很快便開始閃避私人爭執與原先常見的鬥爭。」即使是最熱衷的擁護者，也不得不承認西洋劍鬥致死率高，而且十分難以預料。

隨著新式義大利劍法的流行，大眾也再度對「為榮耀而戰」的理想產生興趣，在這樣的現象背後，薩爾瓦羅極具影響力的劍術手冊是最大功臣。這本書分為兩冊，分別是《I：懇請使用西洋劍與匕首》（*The first intreating of the use of the Rapier and Dagger*），以及《II：榮耀的概念與高尚的爭執》（*The second of Honor and honorable Quarrels*）。在手冊中，他舉出許多情境，說明在這些情

況下為何應該決鬥——基本上，有榮譽感的正人君子只要因他人的話語或行為而受到冒犯，就可以發起對決。根據薩爾瓦羅的說法，決鬥並不是以報仇或懲罰他人為目的，而是為了伸張正義並證明自身清白，所以紳士若認為自身形象不當遭到破壞，即可找敵方決鬥，只要獲勝，就能向眾人宣示自己真正的美德。

在諸多冒犯的行徑中，最糟糕的就是指控他人說謊，對於遵照榮譽守則行事的紳士而言，這種行為不可原諒，非得來場決鬥才行。文藝復興時期的義大利式對決已褪去中世紀的比試色彩，而且只處理與「榮譽」相關的事宜，不像前人會為了解決財產糾紛或犯罪事件而鬥。在十六與十七世紀的最後與最初十年，英國紳士興致

決鬥的概念對當時的人而言十分有吸引力。

勃勃地接受了這套新的行為準則，社會大眾也因而能透過這道新途徑，來捍衛他們向來最重視的個人名譽。葛拉西《防禦藝術的真諦》一書的英文譯者曾表示，用武器決鬥純粹是「為了捍衛生命與名譽」，而不是基於什麼瑣碎愚蠢的理由，而這樣的說法也明顯暗示名聲和性命一樣重要。各位如果還記得哈特森和貝克的鬥毆就會知道，如果隨便一個村莊的謾罵事件都能引發醫生與裁縫以匕首和長棍廝殺，那麼攸關名譽的言論當然也會（或許還更容易）導致社會高層菁英拔劍互鬥，二者間唯一的差異，只在於上流人士的對決比較正式、有規矩而已。

決鬥文化興起後，「罵人膽小」這樣的惡意行徑也因而大幅增加。我們先前已經提過，高社會階層的男性必須以體力上的表現支撐家族榮耀與社會地位，所以壓力格外沉重。他們的名望奠基於軍事上的領導身分或取得領導權的潛力，所以要想鞏固地位，當然得展現個人勇氣，如果遭辱時一聲都不敢吭，很可能被冠上懦夫之名，威信也會就此瓦解。面對醉漢、愚人的攻擊和刻意中傷的話語，社會自信強的族群原本大可不屑一顧地毫不理睬，或是在幾乎不造成傷害的前提下從容應對，但決鬥的行為準則成形後，新的指控手法百出，也讓人難以聽而不聞。

攻擊他人時如果需要靈感，參考薩爾瓦羅的《II：榮耀的概念與高尚的爭執》準沒錯。這本書仔細地列出各種情境與爭執狀況，並告訴讀者如果遭到冒犯，就「應該挑戰對自己不敬之人」，還

一併記述相關準則與話術，教導意欲還以顏色的那一方該怎麼在對方毫不知情、不疑有他的情況下，把一開始的口角變成大張旗鼓的決鬥，畢竟單被罵句懦夫就要動手打架，實在有點說不過去。事實上，這門藝術的重點在於名譽受損者得表示不願決鬥，如此一來，旁人反而會認為不打不應該。在描述衝突經過時，必須講得夠嚴重，但也不能太誇大，讓大家聽了故事後，覺得事情應該要帶到象徵榮譽的決鬥場上解決，但決鬥終究相當危險，所以或許不是非得拚個高下不可，總之，當中的平衡十分微妙，但若拿捏得好，會相當有效。各位要知道，這些話終究是講給衝突發生時不在現場的人聽，因此若要讓他們認定受辱的嚴重程度足以致使對決，就必須對決鬥的準則瞭若指掌，捏造故事與胡謅的力道也要剛好，才能讓敵方一生都無法甩脫懦夫的臭名。

另一種欺凌手段則比較算是無情惡搞，不像前述的方法那麼毒辣不饒人，例如在莎士比亞的《第十二夜》（*Twelfth Night*）中，年長、愚昧但仍不放棄求愛的安德魯・艾古契克爵士（Sir Andrew Aguecheek）就因遭到操弄，而向伯爵的僕人（在戲中是一位女扮男裝的年輕男性角色，不過是由男演員詮釋）提出決鬥要求。雙方都一再想打退堂鼓，艾古契克爵士甚至還想訴諸賄賂手段，但最後仍禁不住誘騙與羞辱地拔出劍來。這樣的戲劇化演出誇大了兩人的懦性，讓觀眾恥笑不已，但同時也以饒富趣味的方式，指出決鬥文化其實讓許多人有機會惹事生非。

決鬥並不合法，教會與政府也都曾發出正式譴責，畢竟即使是在事先安排好的劍鬥中殺人，仍算謀殺，所以不僅君主公開責難，要求對沉迷決鬥者嚴厲懲處，許多道德主義者也強烈批評，表示這種行為不符合基督教精神，且對國家有害。話雖如此，這項由義大利傳入的上流文化產物卻魅力十足，讓人願意毫無顧忌地追隨，因此，廷臣仍一窩蜂地搶學義式劍術，「正統」決鬥流程的詳細要點也經常成為話題。據說伊麗莎白女王就曾引述相關規則，以位階不同為由，阻止了她個人交友圈中的一位伯爵和一位公爵互鬥，反而不是以「違法」或「違反女王命令」為由，直接禁止雙方對決。

若想進行對決，雙方都至少必須是紳士，所屬社會階級也得相同。此外，薩爾瓦羅也指示讀者應拒絕與無榮譽感之輩決鬥，因為「小偷、搶匪、暴徒、流連酒館的醉漢、被逐出教會之人、異教徒以及放高利貸的債主等等，只要不是紳士或士兵」，都沒有資格與他人正式決鬥。

從一開始，決鬥文化就是以高調為原則，對於權勢最大的上流人士而言，這種生活方式可以凸顯他們與有錢無權的階級截然不同，所以社會上那些愛使壞的狂妄分子自然很快地就學起規則，畢竟如果只要隨時準備好跟人對決，就能擠身菁英俱樂部的話，那麼只要弄把西洋劍和看起來不算太差的衣服，並擺出時尚紳士的姿態就行了。裝模作樣還不簡單？不過就是做作地談論榮譽感並威脅他人要決鬥嘛！

雖然劍術師傅很努力地維持學校與相關行為規範的排他性，但決鬥很快就在平民間廣為流傳，除了戲劇與文學以誇張而生動的方式描繪的對決場景之外，真實生活中的案例也相當常見。

　　舉例來說，在寧靜且離倫敦那些時尚劍術學校十分遙遠的萊伊鎮（Rye），約翰‧沃爾夫（John Wollffe）和約翰‧皮爾斯（John Peerse）似乎都擁有必要的知識、勇氣、企圖心與榮譽感，認為自己能透過決鬥晉升紳士之流。事實上，兩人不過是愛德華‧葛萊芬（Edward Gryffyn）家的佃客，所以幾乎可以確定仍單身未婚；根據歷史記錄，皮爾斯只是一般水手，絕不是服飾配有紋章的名門紳士，至於地主葛萊芬則是普通釀酒師，換句話說，故事背景根本不是什麼優雅有禮數的場合。沃爾夫和皮爾斯的衝突最初爆發於一五九九年二月十五日的清晨，而薩爾瓦羅出版他深具影響力的決鬥之書，則是在四年之後了。就事件發生的時間看來，當事人可能喝了很多酒，不過實際情況如何則無法確知；無論如何，雙方發生了口角，並「赤手互毆了一兩拳」。我們先前也曾討論過其他平民間的類似爭執，所以情節發展至此，一切都還算正常，但沒想到天一亮，兩人便到萊伊鎮的山區，進行了一場西洋劍鬥。

　　以決鬥捍衛自身榮耀的想法實在太吸引人，不僅許多男性躍躍欲試，就連地方行政長官也明顯地十分著迷於這項活動的神祕性、世故感以及當中的男子氣概與勇猛精神。在決鬥中殺人一樣會因謀殺罪而鬧上法庭，但這種案子多半會以「情況混亂造成的過失殺

人」作結，很少有人真的被定罪判刑。這樣的裁決和直接判處謀殺罪不同，犯人只要識字（能讀懂文字，或至少會朗誦特定的拉丁詩歌），就可以請求牧師特准，把死刑減輕為在手上烙印，甚至只須繳交罰金即可。如果統治階級那些有權有勢的菁英對於決鬥行為沒有任何一絲同情與贊成，那麼類似的法律判決也不會如此常見；而這種微縱容的態度，甚至也向下擴及至平民階級——皮爾斯刺斷了沃爾夫的股動脈，讓他「當場」因為「右大腿上靠近腹部」的一個小傷口而死亡後，同樣也只判了過失殺人罪而已。

流氓大集合

從目前已知的記錄看來，英國歷史上的半組織化幫派首見於一五九八年，當時葛森在倫敦的一場佈道中痛斥他們是「逆天幫（the Damned Crew）」，批評他們「不懂畏懼，也分不清天堂與地獄，甚至以臭名為榮」，還說「這些喧囂吵鬧的男孩聚在一起，過著缺乏美德的生活，彼此壯膽，專找收斂的人欺負。但事實上，

當他們獨自一人時，個個都只是愛逞威風的傻蛋，倫敦隨便哪個市民看了都會嘲笑、愚弄，但這些孩子一旦聚眾，卻能嚇倒整個社區」。尼可拉斯・布萊頓（Nicholas Breton）也曾在《宮廷與鄉村》（*The Court and Country*）中提及這幫逆天行道之人。這本書旨在透過對比，說明鄉村日常為什麼勝過廷臣趕流行的生活，根據布萊頓的說法，廷臣「得知有人說謊，就非得殺掉對方；只是看到誰對自己皺眉，也可以找人家決鬥；明明沒事卻硬要去冒險，還會因為誰用了一個不夠優雅的字而殺人；最糟的是，他們常因一場謀殺或血腥爭執，就失去土地、財產和生命，甚至波及眾人，卻仍不改惡習，就只為了取悅其他流氓，成為暴戾兵團的一員，或加入逆天幫逞凶鬥狠。」

當代的詩歌與戲劇前後賦予這個族群許多不同名稱，凸顯出幫派分子在十七世紀初的高調形象，在世人眼中，他們既詭異又新奇，也十分容易引發議論。其實在一五六〇及七〇年代，就已經有些喜歡虛張聲勢的男性團體會在街上遊蕩，只不過結構並不緊密；當中多數人都是擔任男僕、身穿制服的貴族子弟，上街時通常會依主人和領主的家族和政治派系分群，如果鬧事失控，當局可以下令眾家負責人帶回管理。相較之下，逆天幫有自主性，根本無法可管，幫內多半都是志同道合、有錢又獨立的年輕男性，他們決定背棄社會常規，大肆享受地位所帶來的特權，但對伴隨而來的義務與責任卻完全置之不理。這些紳士之子（當中或許有些冒牌貨也說不

定）隨身攜帶西洋劍與匕首，打扮招搖，愛學廷臣雙腳打直的開腿走路法，平時喜歡玩牌和骰子聚賭，還會公然在城市的旅店和酒館大秀女伴，說話大聲、令人害怕，動不動就對身邊的人謾罵，有時甚至訴諸暴力。基本上，這群紈褲子弟最廣為人知的形象就是脾氣差、愛打架，只要一找到藉口，就算再怎麼牽強，也會毫不遲疑地拔出劍來。

一開始，這群人的組織十分鬆散，也並不正式，當中或許還分成許多小團體，後來則乾脆欣然接受大眾對他們的侮辱，自稱「逆天幫」。一段時間後，相關成員全數凝聚成了單一團體，也發展出專屬的次文化，至少在旁人眼中是如此。關於逆天幫與組成分子的惡行，星室法庭一六〇〇年的一個案件，提供了目前最詳盡的記錄。這件案子之所以會在如此著名、重要的法庭審理，是因為主要犯行人艾德蒙・貝漢（Edmund Baynham）當時剛在征服愛爾蘭的行動中獲艾塞克斯領主（Lord Essex）封為爵士，再三年前則當過一任國會議員；他以逆天幫領導人的身分遭到逮捕時，年僅二十三歲。

事件發生於那年的三月十八日，當天，六名富有的年輕男性帶著僕人，聚集在倫敦布列德街（Bread Street）的人魚酒館（Mermaid Tavern），領頭的是來自米德爾塞克斯（Middlesex）艾薩伍斯（Isleworth）的湯瑪斯・杜頓（Thomas Dutton），眾人稱他為「隊長」，而他們碰面的地方，大概可以說是倫敦最時髦的

公開飲酒場所。一般而言，酒館多賣葡萄酒，不賣啤酒，顧客大都是中上階級人士；人魚酒館更是特別有名，常有名人光顧，當代的許多詩人也都會上門。這場鬥爭之所以會爆發，是因為杜頓隊長和同伴想從外頭請音樂家到現場表演，但酒館的規定並不允許，老闆威廉・威廉爾森（William Williamson）也毫不讓步，他向法官解釋，在他的原則之下，「音樂家與樂團通常都不得進入酒館或使用酒館場地，無論是白天或晚上都一樣」。眼見爭執一發不可收拾，威廉爾森決定請守衛與當地治安官幫忙恢復秩序，但結果並不順利。

逆天幫從酒館移師到街上，脫掉斗篷、帽子和其他寬鬆衣物，交給僕人保管，自己則拔出西洋劍與匕首，「大聲嚷嚷和叫囂」，

逆天幫想請音樂家到酒館表演，結果引爆持續一整晚的暴力衝突，幫內成員也打遍了城市各處。

並一面衝向「性命遭受嚴重危害」的倒楣守衛。這場騷動吸引了群眾圍觀，逆天幫成員卻加以奚落、嘲弄，貝漢甚至從中抓出了一個可憐的老人，猛扯他的鬍子，接著便領眾繼續囂鬧行進，守衛也隨之撤退。一行人快抵達聖保羅大教堂的庭院時，或許是因為在布列德街敗下陣來的人先通知，所以治安官詹姆斯‧布列格斯（James Briggs）已派出自家的四名守衛，並匆忙地繼續找人幫忙，而且這次，所有守衛都「備有平時就會配帶的長戟與長刀」，結果湯瑪士‧貝奇（Thomas Badger）竟「在其他成員有所動作前便衝上前去」，一馬當先地質問守衛為何攜武，還命令他們閃到一旁，否則就要「用西洋劍把所有人殺得片甲不留」；貝漢則一把抓住休‧威廉斯（Hugh Williams）的長戟，猛力轉向後反往他身上戳，在「頭上刺出鮮血直流的一大片傷口」，杜頓更是用西洋劍又再一捅，撕裂了他的護肩，不過威廉斯卻奇蹟似地躲掉了瞄準他腹部的攻擊。就在此時，治安官布列格斯帶著援軍抵達，沒想到才剛把威廉斯擊倒在地的貝漢馬上就再次揮動長斧，「狠狠地在詹姆斯‧布列格斯頭上砍出嚴重傷口，讓他不支倒地，然後又在他身體別處補了兩刀」。話雖如此，逆天幫這時其實已寡不敵眾，而且同樣受了傷（關於幫派成員傷口的記錄比較輕描淡寫，只說他們負傷拒捕），所以也沒什麼戲唱了，不過他們仍不斷鼓噪，貝漢尤其如此。後來，當地的理髮外科醫師替雙方人馬處理傷口，艾德蒙爵士看見布列格斯在接受治療時，又叫囂道：「你還活著啊，要不是沒發現你還沒掛，我一定拔劍把你刺死。」逆天幫被帶離現場時，貝漢還開

口威脅布列格斯，揚言要施以暴力，甚至說要拜託地位高的朋友捏造罪名，對他提起訴訟。

約翰‧格萊姆（John Grymes）和葛戈里‧范納（Gregory Fenner）逃掉了被捕的命運，艾德蒙爵士、威廉‧葛拉罕（William Grantham）、杜頓和貝奇則都面臨審判，但他們接下來的舉動也一如眾人所料地完全符合逆天幫的作風——四人都表示當天只是喝了酒在玩鬧，最後也成功讓法官將刑責降至罰款，雖然罰金高達兩百英鎊，但這些人可都有錢得很。

惡名昭彰的逆天幫沒能存活太久，但菁英幫派的概念卻流傳了

傳統而言，守衛都會配帶燈籠、鈴鐺，以及刻有文字的長斧。

下來。例如樞密院（Privy Council）就曾在一六二三年調查過「提屠魯幫」（Tytere tue gang）。這個幫派依循前人傳統，建立了極富儀式感的正式組織，內含不同階級與各式稱呼，且眾人擁有十分明確的身分認同。當年上呈法院的證據不僅提及成員的階層與頭銜，還描述了入幫儀式：成員必須將匕首插入酒中，以示兄弟情誼不變，並宣誓保密並相互扶持。這幫人全都家境富裕，教育背景優良，提屠魯這個名字其實是源於維吉爾的拉丁詩作，是一個年輕男孩的名字（「Tytere tue」翻譯成現代英文為「You, Tytrus」），他在許多人都被逐出家園時，成功守住了自己的土地。提屠魯幫的主要成員會佩帶黑色號角，隨從（僕人和社會階級較低的成員）則會高調地展示藍色緞帶；他們最愛喝酒、叫囂、罵髒話，而狠揍值夜班的守衛和打破民間人家的窗戶，也是他們的專長。

上流社會的粗野之人成群結隊地在街上遊蕩是倫敦獨有的景象，只有在這個一國之都，有錢又沒事做的人才夠多，能集結成幫派。愛滋生事端的學徒所組成的較小團體，也不時會出現在許多小鎮與城市的記錄當中，倫敦同樣不例外，但他們通常都只是短暫地暴力鬧事，平時仍得努力工作，並為了生意保持和平；相較之下，逆天幫和提屠魯幫哪需要回工匠店裡幫忙呢？而且他們平日也比較不會受到長輩管控。

後來，戰爭的爆發改變了情勢，遊手好閒的有錢年輕人內心的暴力傾向突然有了新的出口；在英國全面陷入內亂的同時，新的派

別隨之成形，眾人也得以各自選擇自己想效忠的對象。

一六四二年八月，英王與國會開戰，戰爭血洗愛爾蘭，英國的戰況也逐漸加劇，時任巡佐的涅梅亞・華頓（Nehemiah Wharton）曾寫信給家鄉的主人，也就是商人喬治・威靈罕（George Willingham），在信中這麼寫道：「士兵每天都會偷闖民宅，而且最喜歡以劍逼人交出肉品與錢，然後以勝利的姿態帶走。」在英國內戰期間，拿劍勒索錢與物品的情況十分嚴重，所以華頓所述的並非單一事件，這種道德令人存疑的行徑和戰爭相比或許沒那麼可怕，但仍讓許多人十分淒慘。有時，軍隊指揮官會直接下達命令：「本軍隊士兵應於星期二奉陛下之令，行七英哩到威廉・羅素爵士（Sir William Russels）家中，把物資洗劫一空」；也有時，是因為士兵與受害者分屬敵對的宗教和政治派別，「八月二十六日星期四，我們的士兵在這座城市劫掠了一個保皇黨員的家」。不過搶劫的動機經常都只是為了奪取食物，或希望能吃好一點，畢竟戰時補給線經常不順，薪酬也不一定能如期發放。舉例來說，華頓的兵團就特別愛吃鹿肉，只要一逮到機會，就一定會到養鹿的公園打劫，不過也有些愛逞威風的傢伙只是喜歡仗著自身優勢，故意去搶、去恐嚇別人而已。

對於同屬自家政治與宗教陣營的民眾，士兵也同樣會劫掠，相關記錄經常提到民宅不是被搶，就是被砸毀。舉例來說，知名的清教徒威廉・普林（William Prynne）經常為國會發聲，是個充滿熱

忧的支持者，但三十名國會派士兵卻出現在他位於巴斯市（Bath）斯溫西克（Swainswick）的住家，「翻過圍牆、強行進門，明明沒受挑釁，卻痛打我家的僕人和工匠，還對我拔劍」。不僅如此，這些士兵更帶走了屋內所有衣物，喝光啤酒，把食物全都丟給狗吃，摔碎所有杯盤，逼迫女性幫他們洗衣服，並要求主人給錢。在某些事件中，士兵甚至會屠殺羊群，把屍體留在原處腐爛，或是搗毀家

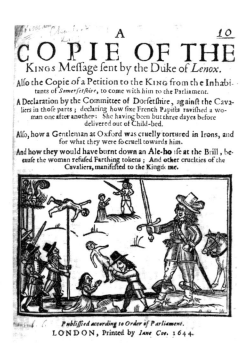

英國內戰爆發後，兩邊陣營都曾指控敵方惡行，有些現在聽來像毫無根據的政治宣傳言論，有些則真實反映因時局混亂而紛紛出籠的恐怖行徑。

具，然後放火用整齊堆好的柴薪去燒，也有人會在酒桶戳洞，讓啤酒和葡萄酒流得滿地都是，或把床墊丟入泥濘的池塘等等，總之，惡行惡狀難以勝數。士兵雖會宣稱教訓的是天主教徒或保皇黨人，但幾乎無法提出證據，所以這類藉口通常相當薄弱。「士兵的掠劫行徑極其可憎。」在艾爾斯伯里（Aylesbury）擔任郡長的國會派上校亞瑟・古德溫（Arthur Goodwin）曾這麼寫道：「我實在沒臉面對誠實正直的人民。」當時的一份報告指出，在以支持國會著名的艾爾斯伯里郡，平均每五戶人家就有四戶被搶過，所以他的確是該覺得丟臉沒錯。

內戰接近尾聲時，保皇黨士兵已因這種行徑而惡名昭彰。當時的一份典型報告曾這麼寫道：「一大群騎士黨士兵來到奇平諾頓區（Chipping Norton），駐守此地，要離去時，為了強調他們行事公平，就挨家挨戶地搶走有價值的所有物品，但其實區內根本只有一個圓顱黨員而已。」不過在多數人眼中，保皇黨與圓顱黨員其實是天下烏鴉一般黑，並沒有太大差別，例如民謠〈薩默塞特郡民的傾訴〉（A Somerset Man's Complaint）的作者就曾透過其中的一節如此哀悼：

> 我之前有六頭公牛，
> 圓顱黨員卻牽了偷溜，
> 惡作劇速度快得令人不知所措。
> 後來我只剩六匹馬，

騎士黨員也偷走後才甘願作罷，

神啊，這兩批人根本沒兩樣。

　　那時有幅木刻版畫賣得很好，畫中描繪一名士兵，沒穿盔甲、沒帶武器，反倒全身都是搶來的物品；當代人甚至會用「straggler」（意思是「遊蕩之人」）這個字來指稱那些裝成士兵，但其實只是藉此在鄉間恐嚇民眾交出財物的騙子。

厭倦戰爭的畫家所描繪的士兵。

　　戰爭向來容易讓人放縱自身的黑暗面，而西洋劍正是士兵勒索敲詐的好幫手：十六英呎的長矛在民宅內顯然無用武之地，火繩槍也不適合空間小的地方和快速變化的情勢（以現代標準來看，這種武器十分笨重，填子彈的速度也相當慢），但劍可就不一樣了，只要拿在手上，旁人必然會看到，而且也能迅速出手，構成威脅。

　　戰爭平息後，各路暴徒又走回鬧事、剝削他人的老路。

一六五二年，一本名為《非凡的有趣歷史：人稱海克特幫的著名刀鋒戰士》（*A Notable and Pleasant History of the Famous Knights of the Blade*）的手冊開頭這麼寫道：「英國內戰一結束，一大堆軍官和士兵頓失重心，於是回到了著名的倫敦市，希望遇上新的糾紛，好繼續先前在軍隊中那種混亂失序的生活方式，但欺負人的慾望卻無法獲得滿足，只好開始靠騙人維生。」這本小冊子描述這群遊手好閒又不願重回正常生活的暴徒，是如何進行幫派的入會等各種儀式，以及他們蠻橫又經常摻雜暴力的胡作非為，手冊的後面還這麼寫道：「對於他們的生活方式，我只能說當中充滿欺騙、賭博、誘騙、拉嫖、買妓、咒罵與飲酒，而且多數人都有堂表親關係，至於稍微尊貴一點的那些，則會選擇直接行搶。」

從「稍微尊貴一點的那些」這句話，我們可以看出那些改為行搶的人是紳士階級，而手槍則是他們用劍欺凌他人時的輔助工具。由於戰爭的緣故，紳士（尤其是騎士黨員）多半學會了用槍的技巧，也有不少人在全國各處親身實踐掠劫與勒索的藝術，並發現手槍在騎馬時特別好用，而這些技巧他們當然不會輕易忘記。約翰・伊夫林（John Evelyn）曾說海克特幫是「放蕩之徒的代名詞」，還指控他們喝人血，之所以會有這種說法，可能是因為一六五〇年五月那期的《每日記聞》（*A Perfect Diurnall*）曾以駭人聽聞的口吻，描述一群戰敗的保皇黨員在伯克郡（Berkshire）的故事，賦予了他們惡名昭彰的形象。據說這群人切下自己臀部的肉，以鮮血舉

杯祝賀國王健康，雖然以倫敦為基地的海克特幫其實從未這麼做過，但伊夫林想必認定愛鬧事的暴徒都是一個樣。海克特幫的成員經常大搖大擺地走在街上，到處恫嚇民眾，無論什麼壞事都要參一腳，而且行事喧囂高調，毫不掩飾，因此很快便臭名遠播。

他們越來越放肆地在鎮上橫行，遇到看不順眼的人就一律趕走（這種行為在英文中稱為「scower」），所以經常現身客棧或酒館，強行把其他客人都攆出門，然後大吃大喝，離開時也不付錢，還會把引起他們注意的倒楣鬼痛打一頓。由於這幫人實在太過惡名昭彰，因此「海克特」這個字的英文「hector」也多了霸凌、恐嚇與怒喝的意思。

隨著我們討論的時期進入尾聲，倫敦那些由上流社會男性所組的幫派也逐漸分成兩路，形成十七與十八世紀非常嚴重的兩個禍根：家世背景較好的那些開始浪蕩過活，變成身染梅毒性病的無賴，而經濟狀況比較沒那麼穩定的紳士子弟則當起攔路強盜，過著凶殘的生活，卻往往因此而短命早死。

就手法與焦點而言，從古至今的暴力犯行顯然已歷經了很大的改變，但始終與性別和社會階級密不可分。世人或許將暴力定義

為不符合社會規範的惡行，並大肆批評愛鬧事的流氓、愛鬥毆的惡棍、愛決鬥的暴徒、愛打劫的士兵和行為如海克特幫成員的惡劣分子，但這些人其實多半都是依循著不成文的規定在從事非法行為。主要而言，他們認為打架是男性的專利，畢竟女人很少出手，就算真的開打，通常也只是抓臉扯頭髮而已；相較之下，男人在打鬥時，會採取與自身社會地位相稱的手法與武器，藉此凸顯勇敢的精神與男子氣概：紳士有資格拿西洋劍，平民使用長棍和農具，僕人則配劍與圓盾；一般人若想捍衛自身名譽，可以立即開打、迅速了事，但如果是貴族的話，可就得從長計議，然後再正式決鬥了。

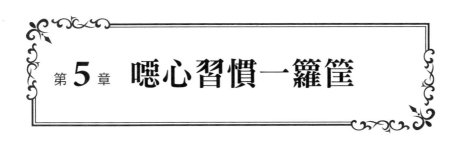

第 5 章　噁心習慣一籮筐

　　現在，讓我們進入室內，一探家庭或半居家環境的情況。打架、叫囂、擺動作、比手勢和嘲諷等行為雖然也會發生在屋簷底下，但多半仍出現於戶外的公眾場合，不過換作是個人習慣，可就得近身觀察才比較容易注意到了，畢竟如果只能在有限的空間內活動，平時也已習慣某些討人厭的小動作，應該很難毫不露餡地完全忍住吧？紳士當然也會抓癢私處，只不過出門在外時比較容易忽略，或是可以假裝沒看見地繼續往前走，但若是相約在酒館、登門拜訪朋友或在家聚會，要視而不見可就沒那麼簡單了，且人與人的近距離接觸，以及這類場合固有的親密性，也會使噁心行為造成的衝擊更強烈。

吃沒吃相

如果想以噁心的習慣讓人倒盡胃口，晚餐時間可說是最佳時機。在儀式般的用餐過程中，所有不當的舉動都會被置於放大鏡下檢視，許多牽涉到食物的不雅行徑更會紛紛出籠。

吃相不佳總令人倒胃口，無論是噴、灑、潑、濺，都難免讓人看得嘴唇歪扭、鼻孔撐大，甚至直接轉頭。食物越靠近嘴巴，就越令人作嘔，也就是說，若任憑蛋汁在環狀褶領上到處流，絕對比沾到桌布上來得更糟，不過再怎麼樣，也都沒有吃得下巴都是那麼噁。張嘴大笑向來不是什麼太有紳士風範的行為，但如果是在用餐場合放聲狂笑，而且嘴巴裡還有東西的話，更是嚴重地違反了社交禮節，會惹人憎惡。同樣地，平時抓癢並不算太過令人反感，但一旦上了餐桌，大家便會默默避免。總之，越是個人、私密，且與身體越密切相關的習慣，一起用餐的人就越無法忍受。

整潔與自制在餐桌上所受的重視程度遠甚於其他場合，進到用餐處之前，花點時間整理儀容與服裝是有禮的表現，洗手更是不可或缺，除了指甲不能藏汙納垢外，頭髮也必須梳理整齊。席間雙手雖有可能弄髒，但仍得適當地使用餐巾，盡量避免手沾到油，嘴巴也是一樣，要趁著進食空檔頻繁地「完全擦拭乾淨」，即使是在吃東西的時候，看起來也不能太過油膩。孩子同樣必須遵照指示，小口小口地謹慎進食，湯匙不能盛得太滿，啃骨頭和舔手指也是禁止

項目。有禮的人吃飯時會闔緊雙唇，十分秀氣地一點一點慢慢嚼，對於「嘖嘖」的啜食聲和其他聲響，多數作家都完全無法忍受，羅茲爵士就曾特別嚴厲地訓誡：「喝湯時不得發出聲音，一輩子都不准犯這個錯。」

在任一戶人家，晚餐（dinner）都具有核心地位，而晚間吃的輕食（supper）雖沒那麼正式，但同樣十分重要。晚餐帶有聖餐禮的意味，是日常生活中的半宗教性活動，不僅僅是吃東西的場合而已。各教派的神職人員在佈道時，都經常會刻意彰顯晚餐與聖餐儀式之間的關聯，藉以在信眾心中喚起和諧的畫面，進而宣揚服從的態度及遵循「神賜的自然階級」是多麼重要。餐前和餐後的禱告為晚餐奠定了基調，使眾人認為這頓飯不同於一天當中的其他時段，且重要性更是不同凡響。

為了讓各位了解貴族有多麼重視晚餐儀式，且讓我概述一下蒙塔古子爵（Viscount Montague）家十六世紀末的餐桌擺設程序，不用說得太多，只講一開始的幾分鐘就好。早上十點，紳士領班就得召集水器室（負責桌布、餐巾和洗手用具）、食品儲藏室（負責麵包）、酒室（負責飲品）和金屬容器室（負責銀器、白蠟器皿與其他餐具）的資深僕役。水器室的侍從必須將所有餐桌用布在小茶几上排好，並放上臉盆和水壺，完成後再拿起主桌（也就是領主用餐處）的桌布，由侍從領班（紳士領班的下屬）陪著以「應有的尊敬態度」往前走，一路上必須停下來鞠躬兩次，一次是走到飯廳中央

時，一次則是抵達餐桌後。現場並沒有任何人，他們鞠躬行禮的對象是領主要坐的地方。接下來，侍從領班得親自己的右手，並以手觸桌，水器室的侍從則必須將尚未攤開的桌布放在領班象徵性親過的位置，而後兩人再小心地把布攤開。有些人家會以專門的棍子來進行這道程序，盡可能地避免僕人碰到布料，但不管怎麼樣，領班與侍從把布鋪好後，即可撤離飯廳，但回程路上同樣也得停下來鞠躬，這樣大費周章了一番，竟然才搞定了桌布而已呢！餐桌上的其他必需品也都要以相似的程序擺放，鹽巴、餐巾、餐具和木盤樣樣都不例外，各位能想像嗎？

水器桌要放臉盆和水壺，杯具桌也得擺好酒杯和裝葡萄酒、啤酒的容器，切肉台則必須備有刀與毛巾。我和朋友曾多次複製全套服務，雖然為了讓程序流暢順利而練習了很多次，但終究還是得耗上半小時，才能開始將食物上桌。

一個人在餐聚中的地位，會反映於座位與菜色之中，吃飯時的座位對應的就是社會階層中的位置。在這樣的框架之下，眾人常會以細微的舉動，對有權有勢之人表示尊敬，餐桌上也不乏施恩行為。舉例來說，最美味的佳餚會擺在一桌之主面前，大家會等他（有時也可能是女性）先吃，然後再開動；為了展現自己的慷慨，主人則通常會分出這道餐點的一小部分，給幾位與餐者品嘗，以示嘉許，也讓這些社會階級較低的人用餐時多點滋味。年紀較小、較資淺的成員通常必須分工完成餐桌擺設及上菜工作，即使身為貴

族，年輕時可能也免不了這些勞務，受過這樣的教育與訓練後，才能享受一輩子的權力與特殊待遇。

在相關細節方面，居家管理手冊提供了許多資料，蒙塔古子爵家的餐桌擺設方式就是由此而來。這些手冊多半為手稿，資深家僕可用作實踐指南，依據當中的概略職責劃分與詳細工作內容，來指示家中的每一位成員佈置飯廳、擺設餐桌用具及上菜等等。此外，手冊也記錄了大家應於什麼時候在哪裡用餐，從廚房助手到馬夫都寫得清清楚楚。舉例來說，領主家中的馬夫多半是在大禮堂吃飯，但坐得離門最近，菜也上得最慢，至於助手則幾乎都留在廚房吃。

人際關係與權力界線的實踐，以及穿插其中的宗教元素，都需要最嚴謹的禮節來支撐。用餐處所本質上就屬於受制空間，對於與餐者的舉止，大眾所認可的標準也十分一致，所以一旦違反正規的守則，就會招致異樣的眼光。在用餐場合，即使只是小小的輕慢與侮辱，影響力都很大，舉例來說，如果正在與人互鬥，故意佔據對方的位子會是很有效的手段。如果雙方社會階級相差太遠，使這種手段絕不會有好下場——馬夫要是膽敢坐上主桌，勢必會被毒打一頓——但兩人若同是馬夫，其中一個卻老是搶坐資深上位，那同事可就會被惹得惱怒不堪了。此外，雙腿或雙臂張得很開，故意侵犯他人空間，或是趴在桌上、把身體探過桌子，也同樣是惹人厭又帶挑釁意味的伎倆。

在分食禮節這方面，有許多空間可以大做文章。前面我們曾介紹過各式各樣的行為之書，以及作者對於言行舉止及一般性自我管理的忠告，但令人訝異的是，在這些書籍問世（大約是一六二〇年）以前，類似作品著重描述的，則多半都是如何將小分量的食物分給眾人，說明得相當精確，而且當中的大半篇幅都在用於探討這個主題。

在分食的世界中，地位最高的是訓練有素的切肉師傅。這個職位因工作性質而十分受人敬重，通常都留給名門子弟擔任。師傅切完領主的食物後，可以坐到禮堂內的紳士侍者桌，位置雖然靠邊，但離階級最高的與餐者不遠。要勝任切肉工作，得具備各式各樣的技巧，哪一種肉端到面前，都必須能應對，甚至各種手法都有不同的特殊名稱：綠頭鴨要「分解」（unbrace）、蒼鷺要「斷肢」（dismember）、鵪鶉要「斬翅」（wing）；至於最普通的雞則可依種類分成三種處理方式：母雞要「spoyl」、已閹割的小公雞（稱為閹雞）要「sauce」，出生不久的小母雞（當時僅統稱為雉雞）則要「surch」。師傅上工時，會把工作用的長毛巾掛在頸後，並將垂掛的兩端塞入皮帶，以作為職位表徵，接著就會到禮堂高位階區的華麗邊桌旁，鄭重其事地展演切肉藝術。

所謂的「sauce」，是先提起閹雞的雙腿，斬斷後切除翅膀，然後淋上一點葡萄酒或麥酒來當作淡味淋醬（醬汁的英文即為「sauce」），至於雞翅則得先剁碎（mince）才能上桌。處理丘鷸

和幼蒼鷺時，第一步是「unlace」，意思是切掉胸前的肉，接著再依序折斷翼梢、頸部並割除雙腿，但腿和腳掌不要分離。所有的部位都要整齊放入上菜的盤子，然後淋上搭配的醬汁。烹煮手法與肉的種類可能會影響切肉技法，但無論如何，師傅都必須當著眾人的面，盡責地將所有肉品俐落、優雅地切成可以一口放入嘴裡的大小。

無論是大戶人家的低階成員，或是規模較小的簡樸家族，只要社會地位不夠高，通常都無福觀賞這種大費周章的正式表演。他們吃的各種食物多半會在廚房直接分好，所以菜上桌時，多半都已經是一湯匙能吃完的量（在當時稱為「spoonmeat」），或切成容易入口的大小放在共用容器中了。用餐者必須以手和湯匙、刀子並用的方式從中自行取食，所以這個時候，分食的禮節便顯得非常重要了。

分食是用餐體驗中相當重要的一環。

為了揀出最好吃的食材而撈來撈去，無疑是非常沒有禮貌的行為，把刀或湯匙往碗裡亂插也一樣。取菜時應該就最靠近自己的部分拿，而且得像在切派餅一樣，在心裡把菜平分，以決定該拿多少。要是為了吃到好料而故意將碗盤轉向，可就得小心被罵「欠缺誠實美德」囉。不過如果夠幸運，面前放的剛好是滋味好，但分量少的佳餚呢？這時也不能直接進攻、大口享用，否則餐桌上必然會滋生怨念。要是完全沒有禮讓或幫大家盛裝，就自己先用的話，絕對不可能不被發現，其實，就算只貪圖某道菜中最好吃的幾口，都可能會落人口實。舉例來說，要是牛肉腰子派上桌後，就見獵心喜地說腰子全都離自己很近，而沒先分給所有與餐者，那麼大家就會知道你對旁人根本毫不在乎，畢竟在分食的時候遺漏他人，可是很尖銳的行為呢。

攪拌、翻動或態度不正經地戳弄共用容器內的食物，都很容易惹怒同桌共食的人，這樣的行為已經不只是無禮，而是噁心到與我們在本章開頭提過的噴、灑、潑、濺沒兩樣了。食物若乾淨整齊地放好並小心維持，能令人胃口大開，可是一旦有人踰矩，讓餐點流得、掉得四處都是，那麼大家看了便會覺得髒亂又沒食慾。

把不想要的東西放回公碗，同樣會讓人看得不順眼，但若是送入嘴裡後，又再把當中的筋或骨頭吐出來放回碗裡，那可就真的噁到沒有人會願意同桌共餐了。不少人都曾撰文警告吃飯時不能把碰過牙齒的食物放回公用器皿，例如〈餐桌行為指南〉這段文字的匿

名作者就在手稿中寫道：「食物碰到牙齒後，絕不能再放回去。」大體而言，作家在探討這個有些令人尷尬的議題時，並不會以肉品為例，而會強調麵包咬過後就不該再放回盤上，此外，舔吮手指或將沾過口水的湯匙戳回菜裡再次取食，也會讓人倒盡胃口。我們先前曾經提過，食物越靠近嘴巴，就越令人作嘔，蛋汁沾到環狀褶領可能還好，但流到臉上便顯得相當髒亂噁心。其實嘴巴也可以視為用餐時的界線，東西一旦進了嘴裡，就不該再被看見，咬的時候也不該發出聲音——雙脣沒閉緊就猛嚼食物，可說是最常遭受斥責的習慣之一。

即使嘴裡沒有嚼到一半的食物，吃飯時把嘴張開仍十分令人反感，如果打哈欠、張口發呆、打噴嚏、打嗝或咳嗽時，完全沒有禮貌性地遮一下，勢必會引來側目。在時間允許、反應也夠快的情況下，能拿餐巾摀嘴當然很好，但這種事通常來得急又突然，所以把手舉起來擋一擋，避免旁人看見自己張嘴的模樣，也是可以接受的。純粹以實際考量而言，嘴巴一旦打開，就有可能散發口臭，讓不得不吸入臭氣的與餐者作嘔，所以得用手或餐巾阻斷氣流，免得旁人聞到惡臭，不過就算口氣清新，仍得避免張嘴示人。

不把嘴巴閉緊和放任體液流出一樣，之所以會惹人厭，主要都是因為觸犯了「裡」與「外」的界線。身體內裡十分私密，要是被看見，不僅顯得太過親密，也會讓人感到有點噁心，畢竟人只有在肉體與靈魂都因為婚姻而合而為一後，才能跨越這條界

線，共探內在領域。嘴巴濕濡的模樣與墮落、腐爛和汙穢的意象相連，也是令人反感的原因，相較之下，乾燥的狀態則總讓人覺得乾淨。威廉‧費斯頓（William Fiston）曾在一六〇九年的《優良禮節學派》（*Schoole of Good Manners*）中表示「流口水」非常「令人作嘔」，並警告讀者「不要做出這般禽獸行徑」；此外，英文中也有許多與張嘴相關的汙辱性用詞，例如：「青蛙嘴」（frog mouthed）、「比目魚臉」（flounder face）和「下巴鬆」（slack jawed）等等，描述的都是嘴巴大開的各種樣貌。雙唇鬆垂、嘴巴沒能閉好的模樣，是描繪醉鬼與愚人時常會選用的表情，象徵才智與自制力的欠缺，所以畫家總把地獄之門畫成等待吞噬人類的血盆大口，並不是沒有原因的。

行為之書的作者為了規勸上流社會的孩童，避免年輕讀者做出粗野舉動，經常聲稱平民特別容易犯某些錯，譬如將用袖子擦鼻涕塑造成魚販的招牌動作。不過話說回來，餐桌禮節也適用於平民嗎？魚販真的會因為人家吃相邋遢而被惹怒、冒犯嗎？車輪工匠真的會在乎旁人手指油膩，或把碗裡最好吃的食材挖走嗎？

就實際層面而言，我們討論過的某些規則即使身處赤貧也不難遵守，所以如果願意採行，這些禮節的確適用。舉例來說，吃飯時閉嘴巴就不需要什麼花費，而且即使是年幼的孩子也能做得很好，但另一方面，在有禮之舉的必要元素中，確實也有某些是常人比較欠缺的。

如果擁有餐巾與定期洗熨需要的器具，那用在吃飯時當然很好，但家中有餐巾的人究竟有多少呢？這問題並不容易回答。歷史上雖有許多古人死後的財產盤點清單，讓我們能當作證據，了解民眾家中的物品與設施，但歷史學家對這些清單存有一些疑慮，其中一個原因在於記錄分佈不均，有些地區相當豐富，有些則幾乎完全沒有，而且多數都源自於握有較多財產能留給後代的有錢人，窮人的記錄則十分零星；此外，已婚婦女基本上沒有什麼財產，所以我們得以研究的資料，實際上就只包含一家之主（男性、寡婦和終身未婚的女性）過世時所留下的財產而已。另一方面，這些清單多半是由各路官員、朋友和鄰居幫忙擬成，每個人對於該列入的物品、詳細程度以及分類方式都各有見解，所以有些家庭的財產完全沒有細分任何類別，只加註一句「所有家用物品」，有些目錄則會鉅細靡遺到每支湯匙都列出來。以餐巾為例，由於是小東西，價錢又不貴，不少人可能覺得不值一提，所以財產目錄只能賦予我們最簡略的概念，畢竟當中只記載了某些項目，至於省略了多少，我們還有得猜呢。以歷史學家與考古學家的原則而言，缺乏證據並不能代表沒有，所以關於餐巾一事，實在無法胡亂臆測。

　　對於上述的種種問題有所認知後，且讓我帶大家看看幾份財產清單，大略了解一下哪些人家擁有餐巾。在一五九一到一六一一年這二十年間，牛津郡的中型集鎮班伯里（Banbury）有一百三十份遺囑留傳至今，當中共有五十三份將餐巾列為家用品，另有十六份

僅提及「所有麻布」和「餐桌用布」，當中是否包含餐巾，則無從得知。在這些資料樣本中，一位退休牧師對餐巾最是熱衷，過世時家中共有九十條，一位理髮師兼外科醫生則以八十四條緊追在後，不過多數人的餐巾數都遠不及這兩位，最常見的數字是半打，甚至還有兩人都僅有一條而已。相較之下，桌布似乎比餐巾常見得多，擁有的家庭在數量上幾乎達兩倍之多，而且只有一人是有餐巾而沒有桌布的。富裕人家的餐巾較多，各位應該不覺得意外，但其實在樣本中，許多不同財富等級的族群都擁有餐巾，雖然數量不多，卻是個很有趣的現象。舉例來說，工人湯瑪斯・貝斯特（Thomas Beste）白天會外出打零工，留老婆和三個年幼的孩子在家中，屋子很小，旁邊連著一小塊土地，屋內擺的也都是基本家具。貝斯特去世時的總身價僅兩英鎊一先令八便士，但遺產中仍有一條孤零零的餐巾。

根據這樣的現象，我們可以推測多數人家都有幾塊餐桌用布，但數量多到每餐都有乾淨餐巾能用的並不多。當時的社會可能存在一股強烈壓力，讓大眾自覺必須採納上流族群用餐時的一些雅緻禮節，至少在特殊節日時是如此，所以才會有許多人即使可能面臨食物短缺，也仍願意花錢去買桌布與餐巾，雖然這些用品對家庭的實際生存沒有太大幫助，他們依舊在所不惜。

如果將年代拉長，並廣為研究不同地理區域的財產清單，就會發現餐桌用布是最早出現於平民家庭的奢侈品之一。在一五五〇年

代，桌布和餐巾很少見於紳士與商人階級以外的家庭，後來則因民眾手頭變得寬裕而迅速普及，廣泛而言，似乎只有床與寢具受到的重視程度更高。若將財產項目依照價值高低排序，便能將當代人花錢的優先順序看得很明白：階層最低的人家會把錢集中花用於非常簡單實用的物品，像是成雙的煮飯器具、一兩張小凳子和幾樣基本工具，衣服也只有一人一套，不過時機若好，可能也會購置床架和寢具，甚至加買桌子和抽屜櫃，至於能夠加強舒適度的麻布在優先程度上則屬於第二級，大家會先買床單，若有餘裕才會依序購入一兩塊餐桌用布、洗手用毛巾、「飲酒布」（drinking cloth，在兩位與餐者倒酒間的空檔，用來擦拭公杯邊緣的布）和成套的餐巾。這各式各樣的布都買足後，才輪到其他奢侈品，以及能夠象徵社會地位的品項，例如白蠟容器、墊子和精工製作的家具等等。

除了有錢人以外，許多人顯然也相當重視良好的餐桌禮儀，所以即使只是和本地車輪工匠、碾磨工，或甚至只是和一般工人及其家人共食，輕忽基本的用餐規矩都可能會引發眾怒。如果某戶人家的餐桌用布很少，或許就會特別注重洗手，並將食物分成容易入口而不會造成髒亂的小分量，以省下不必要的洗熨工作，並避免僅有的幾塊亞麻布受到磨損。一般民眾的用餐禮節我們無法確知，而且每戶人家的標準可能也不同，但可以確定的是，上流社會對於平民禮儀的譏諷與鄙視，我們不該輕易地照單全收，因為即使是極為貧寒的族群，其實也很在乎吃飯規矩，甚至願意用辛苦掙的錢來購置

必要用品。如果來到這樣的家庭，要人家準備膳食，吃到不喜歡的食物就亂丟，公然打嗝、放屁，還把手沾到的油胡亂擦在珍貴的桌布上，那主人想必會非常氣惱。

若說到習慣邋遢且常不節制的人，相關記錄倒是清楚顯示可以分成兩群，其中一群有錢、年紀大，而且最重要的是，在社會上有權有勢。這種人享有一定特權，就算表現得像戴克筆下的傻蛋一樣討厭，也不會出事。戴克在書中曾如此教誨：「吃得越髒亂越好，反正紳士都是這樣」，另外也告訴男僕，在細節重重的有禮生活中侍奉主子時，千萬不能因「上位者」的行為而發怒，甚至表示非難，畢竟社會位階高的族群在與手下相處時，不必處處正式有禮，也沒有義務顧慮對方感受。根據菁英人士的教育，他們應該根據身邊的人調整行為，在社會階級比自己高的人面前，就要全盤遵守嚴謹禮節；和平輩共處時，可根據兩人的親密與熟悉程度調整；倘若對方地位較低，則不太需要什麼禮數，不過如果生性特別嚴謹，或特地想展現體貼之意，那當屬例外。在與階級低於自己的人交往時的某些情況下，一定程度的隨興確實可解讀為善意表現，象徵上位者施予的親密與友誼。貴族若當著隨從的面放屁並以此自嘲，其實也是拋下平時疏遠、嚴格的形象，讓僕人暫時放鬆一下。

這類行為的拿捏向來都取決於程度與當下狀況，紳士若到酒館大開放屁玩笑、吃燉菜時呼嚕作響、拿桌布擤鼻涕，並把桌上最美味的佳餚全都吞進肚裡，那麼大概是想炫耀權力與位階，用威權壓

得現場的平民百姓不敢抬頭，不過由於戴克其實還寫了一個段落，要傻蛋絕對不能質疑帳單金額，或太仔細地查看上頭所列的費用，所以酒館老闆如果看過他的書，大概會自行解讀出結論，在帳單上偷偷加幾個「0」，畢竟正式的行為守則大家都懂，更知道蔑視這些規矩、故意放縱是傲慢、挑釁的象徵，所以面對紳士粗野的行為時，自然會覺得受到侮辱。

經常無視用餐規矩的另一個族群，是自認信仰特別虔誠的宗教分子。我們先前就已提過，某些人認為以外在表象掩飾內心的真實狀態，在根本上是不道德的行為，因此拒絕以脫帽、鞠躬或行屈膝禮的形式，來表達服從與尊敬，而違抗其他層面的行為守則也是相同的道理。貴格會和清教徒都認為時下流行的禮數只是「虛而不實的儀式」，是欺騙性的表演，不得與真正關心他人福祉時所表現出的「自然與真誠」混為一談。

至於二者間的界線究竟在哪，眾家解讀不同，也很可能造成文化失調。舉例來說，布萊頓是形象清晰的虔誠宗教分子，隸屬主流教派，在大眾眼中，是那種自詡「神選之人」的人，而且是「比清教徒更令人傷腦筋的新教徒」，但其實他很瞧不起太過講究、刻意的禮節。他在一六一八年的《宮廷與鄉村》中比較了下列兩種人，一種是「打扮講究細緻，到哪都有人侍奉得服服貼貼」，而且愛獻殷勤、社交行為矯飾造作的廷臣，另一種則是「生活健康、菜飯滿盛、喜歡白麵包、飲酒豪邁、淺盤乾淨、使用樸實亞麻布、享受親

友陪伴、聊天氣氛和諧、播放淳厚音樂，偶爾也會開心高歌一曲」的鄉村居民。以布萊頓的筆觸看來，他應該是認為後者比較誠實，也較值得尊敬；對於貴族的用餐儀式，他則以明顯不屑的口吻，批評那是宮廷的過時產物：

　　我記得父親曾描述那個規矩無所不在的世界……端菜用的大木盤不得放下，餐巾的摺法不能錯，每道菜都要擺在特定位置；斬閹雞隻得按照順序，處理兔子時也要先將胸前的肉切除，再依序斷手、頸與雙腿；鴨要切塊，分餡餅時要按步驟來；杯裝滿後，掀蓋的方式和遞給他人的程序都有規定；起身、說話和觀望的模樣同樣不得違反規矩……不過各處的禮儀有所差異，所以每個人都必須知所進退，透過良好的餐桌禮節維護社會秩序。話雖如此，還是我們現代人活得愉快多了，對吧？

　　前述引文很有趣的一點，在於布萊頓在描述鄉村居民的優良習慣時，特別列出「淺盤乾淨」及「使用樸實亞麻布」這兩點，但卻嘲諷特殊的餐巾摺法太過繁複造作。在他看來，吃飯時維持整潔是簡單、真誠而值得認可的禮節，是誠心與親友和睦共餐的人才有的習慣；相較之下，如雕塑作品般的時尚餐巾摺法則太過頭，以他的分析觀點來看，只是空洞而無謂的形式而已。

　　就英國而言，將餐巾摺法描述為「藝術」的記錄並不是太多，但在許多風尚都為全歐爭相模仿的義大利，摺餐巾可是上流

用餐體驗中十分重要的一環，不過藝術家摺的可不是每位與餐者眼前的個人餐巾，而是另一套展演專用的雕塑用布。文森佐‧塞維爾（Vincenzo Cervio）曾在一五九三年的《切剁的藝術》（*Il Trinciante*）中描述一場精緻大餐，開場時，飯廳正中央的主角就是風琴摺法製成的巨大立體城堡，而材料竟是上過漿的白色亞麻餐巾，此外，城堡的塔樓和庭院還有活生生的鳥和兔子，頸上甚至戴著珊瑚項鍊！賓客進場時除了有音樂與煙火的陪伴，餐巾摺成的大門也隨之打開，讓動物在飯廳裡四處飛跑。

關於餐巾雕塑技巧的首本著作，是馬蒂亞‧蓋格（Mattia Giegher）於一六二九年出版的《三篇論文》（*Li tre trattati*）。蓋格曾在帕多瓦大學（Padua University）教授切肉、上菜與摺餐巾的藝術，對象是上流社會的年輕男性，而這些學徒也必須學習紋章的設計規則與象徵意義，以運用蓋格傳授的技巧，來製作巧妙複雜又意蘊深遠的重點桌飾。這樣的展示性飾品之所以受到珍視，不僅是因為創作者可以由此展現學識與素養，也因為用餐者能評論作品隱含的各式引喻與意涵，藉機讓大家知道自己懂得欣賞。這樣的一來一往能讓我們清楚看見用餐場合的排他性與社會名望的炫耀和展示：自覺優越的勢利小人能趁機向權勢較弱的賓客誇口，說自己參加過多少以餐巾製成雕飾的時尚聚會，但另一方面，這種裝飾也可能成為炮灰，例如布萊頓就嘲諷地批評餐巾雕塑只是空洞、虛華又造作的作秀手段而已。

利用餐巾保持整潔和把餐巾當作賣弄智識的雕飾可說是截然不同，所以兩者的道德高低並不難評判，不過有些行為可就比較模糊了。假設同桌的賓客大聲打嗝，你可能會十分惱怒，覺得這個人沒教養，又毫不顧及其他用餐者的感受，但對方如果想要故意找碴，大可以神為名，把坦誠與樸實在日常生活中的重要性搬出來講，這時你可就尷尬了——原以為自己站在道德制高點，結果卻因為重外在形式而輕宗教恪律，落得慘遭他人批判的下場。

一如我們先前所述，十七世紀上葉的人對於偽裝、隱瞞、藏匿與假裝的行為普遍存有質疑，許多身體禮節都難逃虛假之名。威廉・蓋奇（William Gouge）曾在一六二二年綜覽清教徒反對的各種行為，並如此寫道：「許多人對神明明一點敬畏之意都沒有，卻表現出莊重有禮的模樣」、「在通往上天恩典的路上，禮儀是一種阻撓」，但他後來認為這些論述不當，所以又擬出概要並一一駁斥。話說回來，信仰虔誠的教徒打呵欠或打嗝時，真的就不能稍加掩飾嗎？咳嗽或吐痰時不能別過頭，想上廁所時也不能找藉口離席嗎？

以身體控制而言，好與壞的作法在本質上似乎還有第二道分野：遮蓋身體以避免裸露，有聖經作為強力支撐，但若是以矯飾或遮掩為目的，那可就不行了。換句話說，如果不想受人類制訂的守則束縛，只想遵從上帝的律法，只要確保穿衣風格樸實有禮即可，至於想打嗝的時候，可就別白費力氣去忍了。

不過相關文本中確實也有不少批判聲浪，而箭靶正是自認虔誠的宗教分子過於「做作」的舉止，例如詩人露西‧荷琴森（Lucy Hutchinson）就曾以帶有明顯敵意的語氣這麼寫道：「清教徒發展成派系後，狂熱的男女們便開始以虛假的習慣、外表和用語來凝聚身分認同。」除了躡躡走法、衣著、髮型與說話方式外，多數批評主要攻擊的都是清教徒高調的形象，以及他們公然宣示自己與眾不同的作法，但從這些敘述之中，我們可以隱約看出令作者惱怒、不悅的，其實是以清高之名行沒水準之實的行為。

　　一心想強調自己是「神選之人」的教徒常會形容自己「坦率直言」、「待人真誠」或「行為樸實」，偏偏這些說詞卻常讓我聯想到現代世界的某一種人──每句話開頭都是「我是很不想冒犯到你，但……」，之後卻總會講些令人十分氣惱的話，存心要看你怎麼回應──這樣的態度根本就等於說了一些無禮又針對人的話後，再補上一句「我只是實話實說」，對吧？會講這兩句慣用語的人，都是借助「真相」在道德上的崇高地位，來規避親善待人與遵守禮節的責任。我知道這完全是我個人的主觀解讀，除了身為現代人的文化意識之外，這樣的推論並沒有什麼依據，不過我還是認為「行為樸實」的清教徒和我所描述的族群有一定程度的相似之處，所以哪天如果時光旅行成真，各位有幸回到過去的話，請千萬要替我實驗看看啊！

口渴難耐

喝或不喝？人生大哉問。想像你身處酒館之中，這時你是該舉起酒壺一飲而盡，讓理智淹沒於麥香之中，還是要一展反骨地放膽拒絕，承受辱罵與攻擊呢？怎麼做才不會失禮呢？其實兩種選擇都可能違反禮數，不喝可能會讓人覺得受辱，是一種明目張膽的挑釁，但喝醉酒則很沒教養，可能會把場面搞得相當難看，總之，有禮或失禮端看當下情況與飲酒程度而定。在那個年代，每個人或多或少都會喝酒，濃度偏低的麥酒和啤酒幾乎是所有人的日常飲料，會喝白開水的，就只有赤貧的百姓和眾所周知的康爾瓦原住民（Cornishman），而且通常不是基於偏好，而是因為買不起酒，例如康爾瓦人大概就只是因為居住地區的生活品質較低，而不得不喝水罷了。事實上，當時的人普遍認為啤酒帶有一定的營養價值，水反而「有害」又不健康。

當然，這樣的認知並不是透過現代化的科學研究分析而來，只是古人的經驗累積而已。當時的人若生病或長期身體不佳，經常

會歸咎於水受汙染、太過髒濁或流動率不夠，舉例來說，安德魯・博爾德（Andrew Boorde）在他極受歡迎的科普著作《健康飲食療法》（*Dyetary of Healthe*）中，就曾這麼寫道：「對英國人來說，單喝水並不健康」，他認為能喝的，就只有用來稀釋葡萄酒的水而已，也建議要先過濾並煮沸後，才能加入酒中；另一方面，麥酒（以發芽的大麥、酵母和各式各樣的傳統香草製成，但不含啤酒花）則榮獲他認可為「英國人都該喝的飲品」，能「強健體魄」，至於啤酒（會加入啤酒花以增添風味，使香氣瀰漫），那就是「荷蘭人的飲料」，而且「會讓人發胖」。這份文本寫於一五四〇年代，當時啤酒在大眾的印象中仍屬舶來品，且多半僅流通於大城市，但隨著飲用啤酒的習慣逐漸普及，傳統麥酒幾乎僅存於開發程度最低的鄉村地區，變胖的疑慮也就隨風而逝了。有鑑於稀釋的作法，我們不難得知當代人喝的葡萄酒濃度很淡，而麥酒和啤酒也一樣，所以如果聽到士兵或農場工人一天能喝上八品脫的麥酒，也別太訝異，畢竟現代標準並不適用於那個年代。古人所用的釀酒原料究竟有哪些，我們很難一一確定，不過酒的類別倒是很清楚地分為兩種：其中一種濃度較低，男女和兒童每天都可以喝，至於濃度較高的另一種，則是留待慶祝與社交場合時飲用的。

我在研究十六世紀的麥酒和啤酒原料時，查到的結果差異很大，不過大體而言，古人平日在家釀的淡麥酒，濃度約為現代生啤的三到四分之一，而濃麥酒則介於我們的生啤和瓶裝啤酒之間。由

於工人必須辛苦勞動，酒也是在一天的不同時段中分次喝掉，所以八品脫的淡麥酒根本不可能讓人喝醉，大概連飄飄然的感覺都不會有，更何況習慣飲酒後，身體的承受度又會更高，所以「喝或不喝」這個問題，一般都只適用於提供濃麥酒、啤酒或純葡萄酒的場合，至於淡麥酒則不太會引起爭議，畢竟大家時時刻刻都在喝，沒有誰會對此大驚小怪。

對於完全的醉鬼，各社會階級的人看了都難免覺得討厭。名氣響亮的清教徒普林曾將酒醉行徑描述為「令人作嘔、粗野、浪費又妨害安寧」，這並不令人意外，但各位讀過一六二四年的知名民謠〈咒人者與醉酒徒的懲治法則〉（A Statute for Swearers and Drunkards），並感受到作者強烈的敵意後，就會發現對酒鬼的不齒與憤恨其實並不侷限於特定的階級或宗教。這首民謠的第二段是這麼開頭的：

終其一生
放肆胡飲；
氣息身體
發臭要人嘴抿：
端坐濃酒桶旁
猛喝不讓，
直到衣裳
全都破相：

暴喝狂飲
優點盡失，從而上癮，
明明為人
卻如豬似的貪婪放任。

　　這首民謠配有一幅黑白的木刻版畫，畫中一名男子站在旅店或酒館外的桌旁，帽子歪斜，鼻子因交叉影線的畫法而顯得很大。他雙腳站得很開，腳下放著尿斗，一副尿失禁的模樣，嘴巴還有一道嘔吐物噴洩而出。

　　在民謠的世界裡，作者常把酒醉當作主題，消費那些原本單純想和同伴尋歡作樂，結果卻失了分寸、醉到令人作嘔的傻子，來博取讀者一笑，例如某首民謠的其中一段就這麼寫道：「有些人酣飲，有些人歌唱／有些酒鬼則醉倒在地上／有些人拿玻璃杯朝同伴亂丟不住／還有人在門邊猛吐」，不過營造出的氛圍歡樂許多。

　　在真實的歷史記錄中，因飲酒過量、噁心又醜態百出，而遭人無情看笑話的例子也有，這個人就是艾塞克斯萊爾馬尼村（Layer Marney）的湯瑪斯・馬許（Thomas Marsh），他的故事由歷史學家馬克・海爾武德（Mark Hailwood）在《英國近代早期的酒館與友誼》（*Alehouses and Good Fellowship in Early Modern England*）一書中揭露。某個週三傍晚，馬許和一群男子到透納酒館（Turner's Alehouse）喝酒，同行的還有當地教區的治安官約

Husbád, beware the Stocks

醜態畢露的醉鬼。

翰・勒夫金（John Lufkin）——事實上，這起事件之所以會受到法院關注，就是因為勒夫金涉入其中，他之後也因沒能履行職責而遭到起訴。目擊證人約翰・奧廷斯（John Oultings）於晚間六點抵達酒館，當時馬許等人已聚在那兒歡飲作樂，到了大約九點，勒夫金誇張地要店主端出名為「fowler」的石製壺器（在英文中亦有「捕鳥人」的意思），奧廷斯目測裡頭大概裝了近兩加侖的濃啤酒，而且推測喝完後可能還再續過，因為他當晚就住在酒館附設的客房，結果清晨下樓一看，發現勒夫金等人仍在「嬉鬧」，但馬許卻「醉到熟睡在桌邊，頭垂懸空中，口吐白沫、口水橫流，還坐著小解」。同行的人覺得好笑，決定拿麻布袋套在他頭上，見他沒有反應，才發現他顯然已喝到斷片，不只是睡著而已。於是，勒夫金便

趁機往馬許耳裡大喊，說他以後的綽號就叫「捕鳥人」，接著又和大家一起扯下遮羞布，讓他的生殖器被看個精光。隔天早上，這群男子中的最後一人才終於離開酒館，換言之，他們總共喝了四十八小時的酒。

酒館裡最大的容器不僅被特稱為「fowler」，且這個名稱似乎眾所皆知，所以我們可以推測此等規模的豪飲在萊爾馬尼教區並不新奇。雖然上酒館也不是不能以杯或罐為單位買酒，但一群人合點一壺共喝仍較為常見，有時大家還會帶上自己的杯子，讓店主不必花錢購入大量的飲酒容器，而喝酒也因此成了團體性相當高的活動，不過也是由於這個緣故，馬許才很難估測自己喝下的量。他之

除了喝掛、嘔吐外，醉鬼也經常涉入其他各種惡行，像是賭博、抽菸和打架，甚至會胡亂地手舞足蹈，洋相盡出。

所以會落得那般田地，或許就是因為無法確切計算有多少黃粱下肚吧。

如果故意想惹人嫌，喝酒喝到斷片、嘔吐或尿褲子可說是萬無一失的方法，半夜高歌、大吼，或步履蹣跚地在街上四處撞人、找人打架，都勢必會引發反感與憤怒，和現在沒有兩樣。此外，酗酒時間一旦拉長，酒鬼就很容易會散盡家財，難以支撐自己與妻小的生活，這時，就連過往的酒友都可能會漸行漸遠，不給好臉色看。一六一五年的〈我毫無人緣〉（Nobody Loves Me）這首民謠，就悲戚地道出了酒鬼哀怨的心聲：

> 我沒了錢，
> 只得賣鴨，否則美酒與我無緣，
> 朋友全都避不碰面，
> 我毫無人緣。

喝酒時必須拿捏好分寸，喝得夠多，才能陶然與親友同歡，同時兼顧體面形象，但若喝過頭，醉倒後就難免會出洋相。飲酒若能自制，就不會激怒、惹火他人，還能獲得正派君子的美名。細數醉鬼惡行的民謠雖然多，頌揚社交聚會優點的更不少，只不過有些作品帶點反諷意味就是了。十七世紀早期有一首名為〈驅散寒冷〉（To Drive the Cold Away）的民謠，描繪了鄰居聚首共飲一壺麥酒時，溫暖又和諧的景象：「酒壺見底，前嫌不計。」上流階級的作

者認為葡萄酒能啟發詼諧的談話與作詩的靈感，所以常以此作為詩與歌謠的主題，而不著重描寫啤酒或麥酒，就這個主題而言，詩人既劇作家瓊森和他的一群朋友產量特別豐富；相較之下，贊同飲酒的作品若為平民階級所寫，則經常頌揚酒精助人消除生活壓力的功能，並鼓勵讀者「放下煩憂」，或「將煩惱暫時拋諸腦後」，先歡笑、飲酒、歌唱再說。話雖如此，社交型飲酒之所以獲得認可，多半仍是因為這種聚會象徵朋友、鄰居與各種人際間的情誼。

適量與過度飲酒之間的界線在哪，〈舉杯祝各位好伙伴健康〉（A Health to All Good Fellows）描繪得很清楚。這首民謠的開頭是這麼寫的：「心歡蕩漾，盡享杜康／美酒迎人，絕不停斟」，但到了第二段，便出現了下列警語：

> 我們不能被冠上酒鬼臭名，
>
> 不能放肆任性，
>
> 守分飲酒，以示文明。

展現「文明人」的風範是作者話中的關鍵：喝酒本身並不壞，只要守住大原則，不要喝到體液橫流，連太過私密的部位都被看光，那飲酒其實是件好事。換言之，能夠自制就是「正人君子」，如果辦不到，那可就變成噁心的慣性醉鬼了。

到目前為止，我們引用的文本描繪的酒鬼都是男人，不過女性當然也會喝過頭，例如本姓凱芬（Kyffin）的伊莉莎白・克拉克

（Elizabeth Clarke）就是個特別極端的例子。克拉克生活於十七世紀下半葉，住在施洛普郡（Shropshire）的米道（Myddle）教區。根據記錄，鄰居理查・戈爾（Richard Gough）某天晚上看見她丈夫法蘭西斯（Francis）「在十分黑沉的夜色中，到酒館要把她帶走，但克拉克不願離開，於是便假裝天太黑，她看不清路況，無法走路；法蘭西斯拉住太太的手臂，說要帶著她走，結果快走完回家路途的一半時，她卻假裝鞋子不見，趁先生為了找鞋而放掉她的手時飛速跑回酒館，最後徹夜未歸。」克拉克並不是當地唯一一個經常喝醉的女酒鬼，除了她以外，茱蒂絲・道頓（Judith Downton）「每天都上酒館」，而且「在那兒花丈夫的錢如流水，速度快到不可思議」；至於夫婦檔威廉・克羅斯（William Crosse）和茱蒂・克羅斯（Judith Crosse）則「雙雙沉溺於酒精」，也因此很快就散盡家財。

上酒館和喝醉並非男性專利，但許多證據充分顯示，與男人相比，大眾對於過度飲酒的女性容忍度較低，例如德國旅人湯瑪斯・普萊特（Thomas Platter）對於女性可以公開飲酒的現象就有些訝異，並表示他覺得「特別奇怪的是，女人和男人一樣，都經常光顧酒吧、酒館作樂，而且其實去得比男人還要頻繁。她們認為到那種場合喝摻糖的葡萄酒很體面，如果只有一人受邀，那她必定會帶上三、四名女性同伴，一群人開心地互敬對飲」。從這段話中，我們可以看出女人需受到「邀請」才能加入酒局，而且會視之為特殊待

遇。稱頌女性在酒館展現情誼的民謠雖少，但仍有文獻可考，作品的口吻則和普萊特類似，例如下面這段就顯示作者認為女性聚首飲酒不是不行，只不過有些但書：

> 讓我們輪番互敬，
> 今天要盡情享樂：
> 丈夫昨晚都外出歡慶，
> 有這種閒暇，誰會待在家呢？
> 喝酒加糖最使我們快活，
> 畢竟天氣何其冷？
> 且讓我們盡情將硬幣擲落，
> 畢竟大家鮮少能相逢。

這首民謠名為〈四名愛玩樂的八卦詼諧婦女〉（Fowre wittie Gossips disposed to be merry），寫於一六三○年前後，當中滿是藉口，風格十分反叛。歷史學家亞曼達・法萊瑟（Amanda Flather）曾在著作《英國近代早期的性別與空間》（*Gender and Space in Early Modern England*）中，分析艾塞克斯法院訴訟案件中有關飲酒場所顧客的資料，並發現共有百分之三十六是女性，由此可見，女人喝酒在當時相當正常，且被社會所容許，但也確實必須承受較多的告誡與限制，這點我們不能忽略。一六三一年發生在珍・布恩（Jane Boone）、安・瑪拉柏（Anne Malabourne）和伊莉莎白・貝格（Elizabeth Bagg）身上的事件，就明確凸顯了社會對男女的雙

重標準。那年，這三位單身女子相約在倫敦某家酒館，靜靜地享用了一些用火燒過的酒（白蘭地一類的發酵酒），上前要結帳時，店主卻勃然大怒，說傭人根本不該端酒上桌，還說他的酒館永遠不歡迎她們。貝格聽了隨即抗議，表示三人有能力也願意付錢，但店主卻罵她「蕩婦」（jade），還說另外兩人「也都是跟她同流合汙的蕩婦」。

由此可見，喝酒容易惹禍上身，但不喝就真的沒事嗎？我們先前引用民謠時，已看過「舉杯祝他人健康」這個相關概念，但其實能藉以敬酒的名義和目的很多，而且只要有人（通常都是男性）起身說出祝酒詞，所有同伴也都必須跟著喝。牧師湯瑪斯・湯普森（Thomas Thompson）在一六一二年的某次佈道中，曾對此大肆抨擊，表示不願舉杯的人「會被罵不好相處，個性懦弱，像清教徒一樣」，言談間再再散發他個人對這種習俗的不滿，可能是因為曾拒絕參與，而惹怒了在場的所有人吧。

在亨利八世統治期間，這個習俗其實無傷大雅，因為每次慶祝或其他重要場合都只有一兩次敬酒，而且對象通常是國王和活動主辦人，但到了查理一世於一六二五年上任時，敬酒已成了流行，眾人都爭相效仿，例如以下這首民謠就曾描述「活力充沛的小伙子」在酒館輪流互敬：「老實的約翰啊，我敬你一杯，也敬威爾和湯瑪斯」，而另一首民謠也有這樣的合唱詞：「親愛的哈利啊，我敬你」，每段唱到最後，所有人都得喝酒，而且整首歌共有二十多段

呢！這個暫且不提，只喝一口意思一下，也是不行的。克萊門特‧艾利斯（Clement Ellis）在一六六○年曾這麼說：「身為男人，卻留酒不喝，是多麼羞恥的事？敬祝他人時不把整杯酒喝光，對同伴而言是多大的冒犯？」至於在有人連續祝酒時跳過一兩回合，哎呀，這對於「對方的名譽而言，可說是最嚴重的不敬與傷害」。他也補充，這種行為可能會引發決鬥。

　　「具約束性」是敬酒的重要性質之一，這種儀式一旦開始，就很難有誰可以中途退出，不過對於樂在其中的人而言，這卻是趣味來源之一。倘若大家開始敬酒後，同桌對面的某個傢伙就坐立難安地說隔天要早起工作，那勢必會被逼著再多待一會兒，而且多灌兩輪後，大概就無法再理智地思考貪杯的後果了。敬酒能凝聚眾人，原本短暫的酒館隨性小聚，最後多半會因而變成深夜飲酒大會。理查‧楊格（Richard Younge）曾在一六五四年描述過這樣的現象，但對此顯然很是不悅：「他們會群聚在一起，對某人敬酒，藉機要大家喝，然後又敬其中哪個誰的女伴，再來還會把所有女伴都敬過一輪，接著更有一大堆莫名的領主、夫人、師傅、行政長官、上校、指揮官等等，敬個沒完沒了。」

　　由於過程中必須公開互道祝詞，所以敬酒也可以視為一種社會黏著劑：根據飲酒宴會的禮儀規定，如果己方或親友圈內有人受到稱讚，必定得回以美言。這種互動風格正式，說的也都是些固定的話，對相互認識不深的賓客而言，可說是十分容易上手的社交語

言。在這樣的框架之下，即使分屬不同社會階級，互動時也不太會出現侷促、尷尬的狀況，所以艾利斯等紳士階級的評論家都認為非常不妥。

在英國內戰局勢反轉，保皇黨員也發現自身主張開始崩解後，敬酒的習俗便蒙上了一層政治意涵。在那之前，舉杯祝國王或女王安康一直都十分常見，但是在當時的歷史關口上，這種行為的意義卻變得截然不同。在一六四〇和五〇年代，向君主敬酒基本上就等於公開宣示效忠，在許多人眼裡，是帶有煽動性甚至叛國意圖的舉動。不過，敬酒這事簡單明瞭，又屬傳統儀式，所以幾乎隨處可見。在日常生活中，無論社會地位高低，誰都能以這樣的形式作為抗議手段。只想低調地和值得信賴的親友祝酒當然可以，但若要在酒吧當眾嚷嚷，也沒有誰阻止得了；出於哀傷、絕望與失落的敬酒都有，相反地，也有人會帶著希望與反叛精神，以慷慨激昂的口吻祝酒。

到了一六四〇年代晚期，作家也開始記述這種帶有政治意圖的祝酒行為，例如保皇黨員喝酒時唱的許多歌曲就寫成了民謠，而〈廷臣祝酒〉（The Courtiers Health）則是最早出現的例子之一，在一開頭就這麼寫道：「來人啊把酒斟滿／我們要讓全國咆哮大喊」除了呼籲大家「敬祝國王時酒要斟到滿出來」以外，下段也充分顯示了這首飲酒之歌的政治本質：

我們徹底忠誠，

因為查理無所不能，

他留著王室高貴的血，

國王之名永遠不滅。

好像光稱頌查理一世還不夠似的，這首民謠還有一句「議會豬，得梅毒」，輕蔑地嘲諷國會和清楚表態的議會派支持者，我想保皇黨人應該喊得很開心吧。

不過向國王敬酒並非毫無危險，事實上，許多人正是因此捲入紛爭。舉例來說，布里斯托（Bristol）海爾街的紅獅酒館（Red Lion Alehouse）在一六四九年就曾發生惡鬥，當時，一群議會派士兵無意聽見有人以查理一世與歐蒙德侯爵（Marquess of Ormonde）之名祝酒，結果釀成了兩人死亡。由於行這種祝酒儀式的人太多，因之而起的混亂規模又太大、太令人擔憂，所以議會在一六五四年下令禁止人民以任何形式祝酒，對此，亞歷山大·布魯姆（Alexander Brome）寫了以下段落作為回應：

他們投票決定，

禁止敬酒是硬性規定，

不能敬國王，也不能敬共和國，

現在若想敬酒，只能偷偷躲到角落。

不過若真想敬酒，其實也不必多偷偷摸摸，因為禁令的遏止效

力似乎不強，以飲酒歌曲寫成的民謠依然如雨後春筍般接連冒出，因祝酒而捲入糾紛的人數也仍居高不下。

　　喝或不喝都可能會惹怒他人。喝到嘔吐、滲尿會使人作嘔，若逼人家也一起喝，則可能侵犯對方的道德原則；但要是不喝，或因敬酒而間接侵犯到旁人的政治立場，那也有違敦睦之情……對了，喝到一半就毫不掩飾地中途離席也是很不應該的。喝太多會被罵酒鬼，不喝又會被嗆膽小鬼，無論如何，聲譽都可能受損，只能說酒國實在是地雷遍佈啊。

菸癮難戒

　　「看了討厭，聞了噁心，吸了傷大腦，入了肺又危險」──在查理一世眼中，吸菸這習慣顯然很惹人嫌，不過容我提醒各位，對於菸草帶來的稅收，他倒是樂見其成，也欣然將這些收入當作以自身名義殖民美洲的資金。自一五八〇年起，許多人都跟上菸草的流行，惹怒鄰居的新方法也就多了三種：最明顯的當然就是吞雲吐

霧，讓人看了、聞了難過，就像國王說的那樣；第二種是在酒吧、酒館、藥局和食品雜貨店賣菸，或舉辦喧鬧的派對打擾鄰居安寧；第三，則是自行種植菸草，讓皇室無稅可收。

英國的首批菸草，是亨利八世仍在位時，由往來西班牙的水手帶到沿岸的。一五六〇年代時，碼頭就常有菸味，但要到一五八〇年代後，菸草才開始流行於在宮廷坐擁政治影響力的船長之間，著名的例子包括法蘭西斯・德瑞特爵士（Sir Francis Drake）和華特・雷利爵士（Sir Walter Raleigh），事實上，也是由於他倆到美洲探險，並學起印地安人吸菸的習慣，菸草才大受歡迎。哈里森在一五八八年曾撰文記述這股新潮流受歡迎的程度，並描述了吸菸方式，目標讀者大概是還沒能跟上流行的族群：「以形似小杓的器具，吸進名為菸草的印地安草藥。煙從口入，接著會滲到大腦與肺，可以充分吸收、利用。」十年後，德國旅人保羅・亨茲納（Paul Henzner）造訪倫敦時，十分訝異地如此評述：「在這些表演（戲劇和逗熊秀）場所和其他場合，英國人都不斷在抽尼古丁草，也就是美洲所稱的菸草。」

當時的人吸菸時，用的是一種很小、很需要維護的管子。如果曾抽過菸斗，或看過旁人使用，就會知道即使是用現代菸草，而且菸斗形狀已經過幾世紀的實驗與改良，要想吸得熟練，都還是需要一定程度的技巧：首先需點燃菸草，然後得完全清除燒剩的灰，再重新填滿斗缽；此外，如何避免火在抽到一半時熄滅，也得練習

好一陣子才能精通。十六世紀的斗缽很小（直徑一公分，高約兩公分），而且僅僅傾斜三十度，再加上當時沒有火柴和打火機，就連經驗老道的行家大概都會用得十分狼狽。所以，十七世紀前後的古人之所以需要上吸菸課，原因其來有自，各位可別笑得太大聲——呃，其實也不是不能笑，例如班・強生（Ben Jonson）就曾在一六〇〇年的劇本《人各有癖》（*Every Man out of his Humour*）中，邀請觀眾一同嘲笑戲中一位「每期抽菸課都報名參加，希望能學到新招式」的角色。強生所說的「新招式」，指的是能在派對上表演的抽菸把戲，其中當然少不了煙圈，也有所謂的「煙球」（連續呼出的小球狀煙霧），此外，用鼻子吐煙似乎也特別流行。

在另一齣戲裡，戴克則更詳細說明了吸菸文化，不過他恨菸入骨，所以劇中最蠢、最空洞及性格最反社會的角色全都是菸槍，還一度被他稱作「臭鼬」。在那久遠以前的年代，菸草全是經由西班牙和葡萄牙人進口，價格十分昂貴，所以菸斗才做得那麼小，不過大量投資高價的吸菸用品，也成了某些人營造富裕、時尚形象的手段。首先，放菸草的盒子必須具備一定的防水性，最好也要能密封；再來，草要點燃後才能吸，所以得準備引火盒、打火石和鐵片，品質也不能太差，否則火種容易潮濕。許多抽菸的人都會用一種特殊的小夾子，將火堆或火盆燒過後的餘灰夾入斗缽；此外，菸斗堵塞時，也要有工具能清理。對此，戴克曾譏諷地建議讀者以金或銀來製作上述的所有用具，這樣抽菸抽到破產時，至少還能拿去

典當。

　　如果想刻意吐煙讓人聞了難過，那麼在某些場合與時機使壞會特別有效，例如上教堂時就是一例。歐陸的天主教教會認為抽菸十分噁心，是褻瀆神的行為，所以在教堂與所有「神聖處所」一律禁止；英國教會雖然沒有特別規定，但神職人員多半自認有義務大肆抨擊這種「放縱」行為，畢竟吸菸總是很容易和酒醉等各種壞習慣聯想在一起。如果沒勇氣在教堂作怪，那也沒關係，晚餐時用菸味讓所有美食佳餚的香氣都黯然失色，也是惹人生氣的好方法。在某些評論家眼中，吞雲吐霧時滔滔不絕地談論關於菸草的話題，同樣會使反感度大增，例如大聊「圓柱形」或「布丁狀」的菸草比較好、貨是由哪位商人進口、原種植地在哪、顏色、質地、乾燥度和純度、「切小及撕碎」的細緻度，以及某些醫生認為菸草能治的各種疾病等等；某些人則抱怨抽菸會使人沉默，而且反應慢的愚人在想不到話說時，就能藉由吸菸的各種程序裝忙，以填補談話間冗長的空隙。總之，批評方就是認為抽菸會讓人變得非常無趣。

　　在一六一四年，未經西葡兩國之手的第一批商用菸草，終於在掌管維吉尼亞州（Virginia）詹姆斯鎮（Jamestown）的約翰・羅爾夫（John Rolfe）推動下，進入了倫敦市場。這個殖民地早期的開墾過程可說是災厄不斷，在一六〇七年，一群男子（當中摻雜男童，但沒有女性）相信了歷史上的第一個廣告，還傻傻地把誇大的宣傳全數當真，於是便在幾乎沒有任何農具與農業相關知識的情況

269

下，前往了美洲，結果運氣不佳地在乾旱時節抵達，再加上各式惡劣行為橫行，眾人不但起內鬨，也常與當地人爭吵、打架，各種徵兆看下來，怎麼看都很不妙。雖然後來一度發生沈船慘劇，資金也岌岌可危，但接下來的那幾年，仍有人陸續抵達，並攜帶了補給品與裝備，最終也有女性加入。話雖如此，情況依舊險惡，所以還是有數百位墾荒移民因飢荒、疾病、溺水與軍事衝突而死，甚至還出現了人吃人的現象。

這樣的情況要到約翰·羅爾夫在百慕達失去妻小，但自己船難不死地抵達美洲後，才有所轉變，且在那之後不久，第四支補給品艦隊也隨之抵達。在條件改善的情況下，他設法種出了一種能在倫敦賣的菸草——先前從殖民地寄回英國的樣品是本地種，大家都不太喜歡，相較之下，羅爾夫的新品種是利用從千里達偷渡的種子培養而成。根據從士兵轉行作家的巴納比·李奇（Barnaby Rich）推測，維吉尼亞州的第一批作物於一六一四年送達英國時，倫敦已有七千個菸草零售通路。這數字想必有點誇大，但仍有助我們想像當時的市場規模能為殖民地帶來多大的商機。在多不勝數的販賣管道中，菸草在許多店家都只是附帶商品，主要供應源似乎仍是酒館與藥局；不過隨著時代發展，菸草在某些商家也逐漸發展成主力甚至是獨賣商品，而店主也經常鼓勵顧客待在店裡抽菸，新的社交地點便因此形成。

接下來的那二十年，倫敦出現了許多相關記錄，內容不外乎

是在批評吸菸這股新潮流，以及允許顧客在現場抽的菸草店。舉例來說，高級律師公會的法官就曾多次企圖讓「位置緊鄰」的一個店家歇業，原因是被「菸草的惡臭味」煩得不堪其擾。反菸草的人經常抱怨菸味，不過他們之所以覺得這類店家噁心，並不完全因為覺得臭，約翰‧厄爾（John Earle）在一六二八年就曾如此形容典型的菸草商：「這種店老是有人吐口水，客人都用鼻子對談，語言就是他們呼出的煙。」我們先前曾提過讓人想吐痰是菸草的特點之一（某些人之所以聲稱菸草具有醫療功效，就是以這個性質為依據），這是因為菸草經常混合不同種類，菸斗的形狀也會導致黑色焦油從燃燒的草中釋放後，從斗缽沿菸管流，進到嘴裡後十分苦澀，不吐出來不行。有鑑於此，賣菸草的店家想必很快就成了髒亂且引人側目，噁心氣味久久不散的地方。

接著，我們來談談稅收的問題。故事場景離倫敦很遠，位在格洛斯特郡（Gloucestershire）的小鎮溫什科姆（Winchcombe）周圍，是一片連綿不絕、綠意盎然的丘陵。一群人滿懷野心地自己種起了菸草，由於氣候緣故，種的是比較耐寒的品種，品質或許不是最好，但運輸費用便宜許多，也不需支付進口稅，所以還是能賣得相當便宜；此外，傳聞這種菸草具有輕微的迷幻功效，許多人可能因而受到吸引，可惜的是，國王並不買帳。在一六〇四年，詹姆斯除了親自著述《菸草駁斥書》（*A Counterblaste to Tobacco*），抨擊菸草是邪惡物質外，也將菸草稅從伊麗莎白時期相當低的一磅作

物兩便士，提高到驚人的六先令十便士，也就是翻漲了約四千倍；到了一六一九年，他更下令所有菸草都必須經由倫敦港輸入，無論產地在哪都不例外，為的就是收取稅款並禁止英國本土的菸草種植。

聽在駐守詹姆斯鎮的人耳裡，這消息大概是一大福音，因為這道命令不僅會使西葡中介的進口程序（通常是經由布里斯托港輸入英國）變得相當麻煩，也會減少本土供貨量。由於銷售快速上升，又獲得國王偏袒，殖民地士氣大振，也因而揮霍地買下二十名非洲男性，並付錢讓一整船的英國女性前往當地。這群非洲男性在旅途中受了浸禮，一開始的身分是契約傭工，與較窮的英國人屬相同等級，但過不了多久，便不再擁有這樣的社會地位；後續再有其他非洲人抵達時，商人也十分謹慎地避免給予精神上的引導，以免奴僕受過基督教的洗禮後反而起義抗爭。英國人買非奴是用現金，至於女人的價格則是每人一百二十磅菸草，是直接買來當妻子的，但事實上，這些女子並不算遭到奴役，因為她們在出發前就早已知道，如果想免費前往美洲，抵達後就必須放棄選擇丈夫的權利，而殖民者一旦挑中誰並付清費用後，她們也不得拒絕。

另一方面，溫什科姆鎮的人對新規定則毫不理會，雖然大規模栽培商約翰・史塔福（John Stratford）的確順了國王的意，在命令頒佈那年將作物剷除，但眼見田地較小的鄰居仍然繼續我行我素，隔年便決定捲土重來。在接下來的八十年間，皇室和菸農不斷來回

拉扯、相互消耗，當地記錄顯示，溫什科姆鎮在一六三〇年代共有十四個菸草產區，存放十一稅奉獻品的教區穀倉成了葉子乾燥處，當地人也在北街（North Street）的兩間房子賣起加工成品。各王朝都曾多次派出士兵，希望能讓農夫聽話，不僅放火燒田，還與鎮民大打出手，結果卻一點用都沒有。一六五三年的任務結束後，溫什科姆的指揮官寫下了這封哀怨的信：

> 我一早就前往切爾滕納姆（Cheltenham），帶了三十六匹馬，結果菸草田有一大群攜武的人看守。我們突破防線，進到鎮上，卻不見治安官的蹤影，只看到男女混雜的烏合之眾，說要是敢碰菸草，就血債血還，所以我們若輕舉妄動，現場勢必要見血。士兵堅守崗位，舉槍命令民眾退下，但沒人聽令，而且溫什科姆竟又多來了兩百個鎮民，我極需建議，偏偏鎮長克拉克又不出現，最後，我們十人耗上了四天的時間，仍摧毀不了切爾滕納姆的偉大菸草，即便帶了喇叭要發號施令，也完全派不上用場，更何況郡上軍隊的某些人本身就從事種植與買賣，所以我別無選擇，只好撤退。政府體制這次不但沒能幫上忙，還反而讓我們綁手綁腳。

　　各位應該覺得他很慘吧？但可憐他大概沒什麼用，因為二十三年後，情勢顯然沒有改變，一如塞繆爾・皮普斯（Samuel Pepys）在他的日記中所述，另一個連隊的士兵後來也奉命前往溫什科姆「摧毀當地菸草。雖然違法，但鎮民似乎照種不誤；即使作物可能遭到強制破壞，當局也已屢次出手，他們仍會繼續種下去。」

在如何惹怒不抽菸的人這方面，如果還需要更多指南，建議各位可以把一六三〇年出版的〈菸槍大軍〉（The Armes of the Tobachonists）拿來仔細看一看。這幅精采的單面印刷畫有三分之二的空間，是由一塊看似完整、正式的盾形紋章所佔據，根據底下的文字說明，設計者是一群鴇母、妓女、皮條客、掮客、站哨騎士（也就是買春的客人）、暴民與一般蠢蛋：「這批人緊密地坐在房裡，四周煙霧繚繞，眾人共同宣誓／同時氣喘吁吁地吸著鼻子，還把痰吐得到處都是／流出一大堆口水後，他們用來四處潑灑」，就此完成了這幅藝術，將他們的形象傳達得淋漓盡致。

如果不擅長解讀正統紋章學中複雜的視覺意涵，那也沒關係，因為圖畫底部的文字對於比較細微的要點提供了說明，不過其實光看以下這些細節，大家對主題大概就能了然於心了：畫中有兩名異國煙囪清掃工，兩人中間則是那塊比他們還高的紋章——頂部是一名男子的頭，看起來不修邊幅，彷彿剛從沼澤走出，嘴裡咬著兩根菸斗，鼻孔噴出大量的煙；至於他下方的盾形徽章內則有一個背對讀者的裸身男子，彎著腰的他兩腳站得很開，頭從雙腿間就看得見。這位老兄同樣叼著兩根菸斗，甚至連肛門處都飄出一縷煙。我在猜，這大概就是當時所謂的「新招式」吧？至於在什麼場合能派上用場，就留待各位自行想像囉！

第 **6** 章　身體禮節學問大

　　文藝復興時期許多身體禮儀方面的規矩、禁忌以及該避諱的事項，都原模原樣地一路流傳到了現在。對於某些事，我們的顧忌較多，例如現代人多半不太願意在大庭廣眾之下吐痰，但反過來說，我們對於某些規則的鬆綁（尤其是裸露身體的行為），也會讓古人看得目瞪口呆。不過大體而言，小時候父母反覆叮嚀的那些事，也幾乎都是古人禮儀養成的一部分，因此，有鑑於這樣的共通性，我們在了解，甚至是模仿先人的壞習慣時，絕不會太困難。

鼻涕口水流滿臉

　　首先，我們來從鼻子說起。吃飯時，需以合宜的方式，用餐巾保持鼻子乾淨，而且處理時，「現場若有君子，必須稍加轉身」，這樣至少能稍微掩飾一下；此外，公開挖鼻孔是一大禁忌，尤其是晚餐時絕不能犯；用餐巾擤完鼻子後如果打開來看，也十分令人作嘔；此外，更絕對不能「把手戳進鼻孔，挖出東西後搓成一球」（取自德拉卡撒《社交禮儀指南》的英譯本）。前述禮儀我們都相當熟悉，但如果真能回到過去，某些現象大概還是會讓時光旅人摸不著頭緒。

　　我們先前已經提過，並不是人人都有餐巾可用，手邊沒餐巾時，最好用拇指和另一根手指捏住鼻子，把鼻涕擤到地上，然後用腳挪土蓋住，不能留一團黏呼呼的東西在那兒給經過的倒楣鬼踩；如果想營造有教養的形象，也不能用袖子（魚販常會這樣）、帽子或長袍擦鼻涕，在伊拉斯謨眼中，這些都是「粗俗又無禮」的行為。羅茲爵士在寫給男孩子的禮儀之書中，要求他們一早起床後，就要先擤過鼻子，著裝前的早晨清潔儀式開始時，則要再擤一次。總體而言，禮節相關書籍的作者都希望大家能盡量私下處理鼻腔中的黏液，擤鼻涕時若太大聲，會被罵「骯髒汙穢」，噴鼻息或吸鼻子則更是糟糕。

　　理想而言，鼻子需要清理時，應該謹慎又安靜地進行，不能引

起旁人注意，或弄得一團髒亂，造成旁人不便。行為端正有禮的人會盡量私下處理身體現象，例如早上一起床就先把鼻涕擤乾淨，然後再離開房間出門，如此一來，就比較不會面臨在身邊有人時擤鼻子的窘況；如果真的迫不得已，也得轉到一旁，這樣不僅能避免讓在場的人直接看到，也帶有禮貌性的象徵意義。基本上，文藝復興時期關於身體禮節的實際建議，都是奠基於前述這兩個原則——謹慎與距離。

再舉另一個例子來說吧，放屁當然最好不要在眾人面前，但如果真的忍不住了，至少也得安靜地放，而且身體不能展現任何動靜，更別說些與屁有關的話，以免旁人察覺。不過正因為這樣的規矩，如果一時興起想招惹人，那也非常容易，只要在坐著時，左手壓住腹部，再將右臀抬起，然後大聲地嘆口氣，這麼一來，無論是不是真有放屁，都能讓同廳共餐的所有人尷尬、不快；此外，聊耳屎、尿急或身體哪裡癢個不停，也都可能讓人不自在，如果在招來大家的注意力後，還真的抓起身體、把手指伸進耳裡挖，或輪流將重心踩到兩腳、整個人左右晃動，那很快就能讓旁人從尷尬變成嫌惡了。

我們在本章開頭曾稍微提過，和現代人相比，古人並不覺得吐痰有多粗魯。擤鼻涕的目的在於避免抹鼻涕和吸鼻子這兩種較不可取的行為，而吐痰同樣也是人類為了兼顧文化期待與身體需求而誕生的產物，只是二十一世紀的我們經常忘記這點而已。從前的醫

學專家宣稱偶爾吐痰可將壞腐物質排出身體，是維持健康的必要條件，市面上甚至有藥物可刺激唾液增加，讓人容易吐痰；在十八、十九世紀，商人也曾積極地以「有助刺激唾腺」來作為宣傳菸草的噱頭。

對於吐痰這樣的文化現象，我們許多人的記憶大概都僅來自西部電影，因為片中的高級酒館角落總會置有痰盂。痰盂在二十世紀早期出現於這樣的場景中，可說是恰如其分，畢竟當時確實只有高級酒館和少數場所還會提供。十九世紀中葉後，人口擁擠的問題十分嚴重，導致結核病肆虐英國許多城市，而其中一個傳染源就是遺留在街上、地上的痰與口水。由於情勢急迫，四處亂吐的習慣不改不行，醫界人士的勸導很快就成了社會壓力，使吐痰行為的改變席捲英國全境，還傳到了大西洋的另一頭。不過即使是在大眾還不知道痰與口水帶有傳染力的十六、十七世紀，隨地吐痰仍可能會激怒他人。

伊拉斯謨認為吐痰時應將身體轉向，才不會波及他人，完事後也要把吐出來的東西踩進土裡，「才不會讓人看了心煩、作嘔」，規矩和擤鼻涕一樣。從他這句話中，我們可以明顯看出棄置的體液會讓人噁心，所以如果必須在室內的正式場合吐痰，同樣必須用餐巾來遮；吃晚餐時吐痰，也特別令人反感。

不過如果把痰大口吞下肚，完全都不吐的話，也會被罵「骯

髒」、「沒衛生」，因為當時的人認為吐痰是必要而不可避免之舉，只不過必須謹慎處理而已。所以，只要是家世好、聲譽優且規矩有禮的子弟，都不能讓他人看見自己吐痰，關於這點，韋斯特《品行之書》中的這首小曲提供了清楚的說明：

> 如果痰意襲來，
> 沒辦法忍，
> 吐的時候務必謹慎、遮蓋，
> 要顧及現場眾人。

雖然清痰屬於必要之舉，但也有不少人擔心若是做得太過頭，會養成頻繁亂吐的習慣，好像說話說到需要停頓時就得吐一下似的。

伊麗莎白時期的許多文本都曾提到人際互動時「非必要」的吐痰行為（咳嗽也在討論之列），不過責備口吻尚屬溫和，似乎是覺得有點討人厭且沒禮貌，但又沒那麼嚴重。即使痰吐得頻繁，若能自制地別過頭，用餐巾遮掩，那大家多半會願意忽略。然而，必要與非必要間的界線在哪，每個人的看法顯然不同，也會受到當下的情境影響，和現代社會一樣。舉例來說，在慢跑或從事足球等特定室外團體運動時當眾吐痰，似乎是可接受的行為，有趣的是，某些運動雖同樣激烈，卻不構成豁免條件，所以就算是同一批人，吐或不吐也會受到當下從事的活動影響。

酒後獸性大發的人類。

　　對於身體禮節不夠嚴謹的行為，古人常透過動物來比喻，以
傳達反感與厭惡之情，畢竟打嗝、打哈欠、抓癢和伸展等行為都很
容易讓人聯想到農家生物。當時的人認為神賜給人類的身體和動物
一樣，都會行使某些獸性舉動，但同時，人類也得天獨厚地獲得了
神賦予的理智，可以自我控制，並選擇純淨如天使般的行為模式。
根據神學理論，人被逐出伊甸園後，有了羞恥之心，並學會遮蓋身
體，而穿衣服的習慣也就成了人性的表徵。神的子民需接受自然的
身體現象，但應虛心抑制、管理及掩飾，藉此理解原罪的真義，並
宣示自己願意努力，以提升生命層次。身體管控有助培養靈性的紀

律，身體行為放縱，就等於讓獸性佔了上風，人性也會因而減弱，舉凡搔癢搔得「像狗一樣」，打哈欠時嘴巴大得「像青蛙一樣」，口水流得「像豬一樣」，還有放屁放得「像牛一樣」，都會使人沉淪降級，落入動物王國。如果吐痰或擤鼻涕時完全不顧他人，或吃東西時沒把嘴巴閉上，還發出呼嚕嚕的聲響和濕答答的咀嚼聲，那不僅會讓人打從心底地感到嫌惡，也會減損自己身為人類的價值，因而成為大家眼中不值得來往的次等人，因此，這些惹人厭的行為可是會造成許多後果的。

放屁

放屁是人體最髒臭的功能之一，不論是真的放出屁來，還是僅僅掛在嘴上講，都是十分調皮的行為。聽者如果生性敏感，很容易會感到不自在，但若是比較標新立異的類型，則可能會莞爾而笑。提姆西・肯鐸（Timothy Kendall）一五七七年的《雋語之花》（*Flowers of Epigrammes*）中，有以下這段狡猾的暗諷，我個人非

常喜歡：

> 她到哪都不會忘了她那隻放屁的狗
>
> 絕對不會，為什麼？
>
> 畢竟她也會失控，
>
> 這時她便會大喊：屁，狗放屁。

如果這段文字太隱晦的話，沒關係，喬治·葛洛瓦（George Glover）在同一時期刻的〈氣味〉（Oderatus）這幅圖比上段清楚得多。圖中是一位手拿著花的時尚仕女，身邊則有一隻供人玩賞的小狗。這隻狗是嗅覺化身，一旁的詩文則這麼寫道：

> 這些夫人嗅覺靈敏幽微，
>
> 時而有人送紫羅蘭，時而送玫瑰，
>
> 但若出了差錯，
>
> 狗在身旁，面對臭味也不必唯諾。

現代人放屁時怪到狗頭上，大概不怎麼有效；在文藝復興時代，大家對這個招數似乎也很明瞭。

上段文字的作者之所以把屁拿來寫，是為了顛覆讀起來冠冕堂皇，但通常十分沉悶乏味的座右銘、寓意畫及撰述技巧，事實上，放屁也很適合當成政治諷刺作品的主題。舉例來說，一六〇七年的〈議會之屁〉（The Parliament Fart）就是當代最受歡迎、最長壽的

政治評論之一，一直到一六三○年代，都有經常性的增補與更新。這篇評論是以真實的放屁事件為靈感，主角亨利・盧德羅（Henry Ludlow）在一個恰好的時間點放了響屁一枚，讓下議院的成員爆笑不已。作品是這麼開頭的：「從沒見識過此等藝術／原來屁的音調也能如此豐富。」此外，詩中也處處都是諧音雙關，就連當時重要的議會成員也被拿來開刀：

……真是極為糟糕的動議，

亨利・詹金爵士沉默不語，嘴巴沒動，

其實動議不差，但真正好的是臭氣四散的蠕動。

「動議」和腸道的「蠕動」在英文中都是「motion」，可謂一語雙關。這首詩之所以歷久不衰，可能是因為幽默感十足，而且架構簡單容易預測，譜成民謠後大受歡迎，眾人都能跟著熟悉的曲調唱；此外，只要是對放屁笑話具有一定幽默感的人，也都能輕易加上符合格式的幾句詩詞，所以作品更是廣受喜愛。

「感謝老天，愛德華・亨格福爵士說道／只是屁而不是糞，真是還好。」〈議會之屁〉接下來之所以這麼寫，是因為聊糞便比放屁更讓人噁心。戴克在列舉差勁的傻蛋行為時，就曾說明上大號是在酒館用餐時最不合禮節的舉動。「不但找便器凳，還向眾紳士表明一年得花一百磅買藥。」戴克在開頭時，先描述了這個引人注目而強烈違反低調守則的行徑。所有禮儀之書都會提醒年輕子弟飯前

要先上廁所，以避免吃到一半必須離席；找便器凳（附設便壺的椅凳，帶有蓋子，用完後可蓋上以避免氣味四散）基本上就等於向在場的所有人宣告意圖，而且還不只是想小號而已，比要尿壺更糟。另一方面，由於放血過後，醫生基本上都會用藥幫助病人排便，所以提及藥物也會讓人想到通便和腹瀉。

　　有禮人士除了說話小心外，行為上也會避免身體現象引起任何注意，和戴克筆下的傻蛋完全相反。「受人景仰的謙遜君子不宜在眾人面前顯現即將解放的跡象，不該在完事後當眾整裝，同樣不得在離開私人空間、返回體面的社交場合後才洗手，以免旁人因其洗手動機而感到不快。」德拉卡撒在一五五八年曾如此開示，要求紳士必須私下全盤完成清潔與整裝工作，待身體重回「整潔宜人」的狀態，且衣服全穿好後，才能重回眾人面前。換言之，整個過程都得私自進行，不能讓大家發現去了哪裡，又在那兒做了什麼。

　　相比之下，語不驚人死不休的戴克就是存心要以黑色幽默娛樂讀者，使人作嘔，於是寫完便器凳後，又建議蠢蛋「從餐桌邀請幾位特別的朋友，到私密空間陪聊」。他不僅要蠢蛋先把上大號的意圖昭告天下，讓大家食不下嚥，還建議他們對在場人士行使社會壓力，逼對方一同離席，陪著到便器凳的設置處聊天，基本上和邀別人一起進公廁沒兩樣。

　　上廁所這事理當要私下進行，也向來都是「隱私」的代名詞，

事實上，藝術家溫斯勞斯・霍拉（Wenceslaus Hollar）在描繪主題式遊戲紙牌中的「神隱」這個角色時（人物意涵是「離席以免遭受指責」），就是以一名坐在馬桶上，褲子落於膝蓋高度的男子來詮釋角色形象。在那個身邊幾乎時時刻刻有人，連睡覺都必須同床的年代（當然也沒有什麼私人臥房），只有馬桶和便器凳能讓人享受孤獨，逃離一切的社會批評。其實馬桶的英文「privy」這個字，就是從「place of privacy」（隱私處所）縮短而來的，所以就連無

馬桶上的男子。他雖將長版上衣拉高，但畫中似乎沒看見內褲或襯褲。

法無天的戴克老兄在建議傻蛋邀約友人一起上廁所時，都覺得有必要加強說服力，所以補了一句「就像那個偉大的法國領主一樣」，好像這個惡名昭彰的外國人是公認的例子似的，企圖以此讓讀者相信真有人會這麼不德體。為了列舉更多傻蛋惡行並延伸上廁所的主題，戴克最後還建議回到用餐處時，可以詢問大家該用什麼書來擦屁股最合適，藉此象徵對他人文學作品的輕蔑，就好像用排泄物抹髒玷汙一樣。

人體又髒又臭，還會排放各種物質，十分可恥，所以最好完全不讓有禮之士看見，免得他們心中浮現不恰當的畫面。在日常生活中，最容易露出的私密部位就是屁股了，怎麼說呢？男人小號時，可以只把遮陰布解開，就像現代人拉下褲襠的拉鍊一樣，反正是背對他人，所以裸露處不會被看見，而且招數若搭配得宜，即可掩蓋聲音與氣味。舉例來說，相關記錄就常提到有人會朝著煙囪、壁爐或煙囪管底部的角落小解，以減輕氣味，若是對準尿壺，效果會更顯著。煙囪的氣流會將臭氣與煙一同帶走，就算尿味殘留，煙味也可以蓋過；比較沒禮貌或尿急的話，則可能會朝火或餘燼小解，以利迅速蒸發，不過液體全部揮發前，確實會有一小段時間不太好聞（沒錯，我親身經歷過）。如果火不幸熄滅，或太多人同時解放，那味道可就會十分酸臭了。尿的濃度一旦上升，氣味便會大幅增強，不但無法以餘灰來掩蓋，還會轉變成一種帶著硫磺味的臭氣，久久不散。

如果要在戶外解放，則不免得策略性地借助樹或草叢，關於這點，德國旅人普萊特在評論中描述得很清楚。這篇文本是他於一五九五年在蒙特佩爾（Montpellier）附近的巴拉呂克萊班（Balaruc）見識到某些奇特行徑後所寫，語調有點幸災樂禍，想必嘲笑外國人讓他很開心。巴拉呂克萊班是個溫泉小鎮，眾人認為泉水具有療效，所以會拿來喝。有錢的旅客喝完分到的泉水後，便到戶外走動，但「水的功效來得很快，形成了大量糞便，由於四周沒有樹或草叢可擋，眾人就在光天化日之下解放，甚至互搶位置，堪稱奇觀」。

女性因為著長裙，裡頭也沒穿內褲，所以上廁所時，只要把尿壺放在方便處，對準蹲下即可。由於周圍有裙襬擋住，並不會有所裸露，也可以控制得比男性更謹慎；如果是使用馬桶，則只要把襯裙拉起來就行了。

相較之下，男性若要上大號，可就無法不露屁股了，而且有鑑於當時的服裝潮流，過程可說是相當麻煩。不論是風格優雅的時尚人士，還是打扮實際的窮人，都會將寬鬆短罩褲或馬褲掛扣於緊身短上衣的下擺。這樣的裝束之所以會留傳，是受到長久以來的傳統影響，因為男性向來都會利用外套或長袍底下穿的背心式簡單短上衣，來固定底下完整遮蓋雙腿的襪褲。現代人會用皮帶繫緊下半身的衣物，但在文藝復興時期，褲子是以多條綁帶與上衣相繫，綁出的結稱為「結點」（point），後來則多半改以鉤子與孔眼固定。以

留存至今的服飾來看，古人採行的策略有很多種。舉例來說，擁有紳士地位的富裕議會成員羅蘭・卡頓爵士（Sir Rowland Cotton）一六一八年請人繪製肖像時，身上穿的是一套奶油色緞面西裝。這套西裝目前收藏於倫敦的維多利亞與艾伯特博物館（Victoria and Albert Museum），上衣和馬褲的孔眼皆多達四十個，必須以二十個結點來固定。每個結點皆由長約八英吋的細繩或緞帶綁成，尾端帶有束扣，為的是方便穿過孔眼。各結點的綁帶都會由外而內地先穿進上衣的孔眼，然後再次朝身體的方向戳入馬褲腰帶上對應的圓孔，接著則要拉到褲頭的下一個孔，向外穿出，並繼續穿過上衣的對應孔洞，繞完一圈後，打個蝴蝶結固定即可。卡頓爵士的西裝綁了二十個這樣的結，所以穿起來十分平滑服貼，腰部不會過緊或鬆垮，也完全不必擔心褲子下滑的尷尬場面。

瑞典貴族斯圖爾兄弟*（Sture Brothers）和佛羅倫斯的統治者科西莫・德・麥地奇（Cosimo de' Medici）都相信十二對孔眼就能把衣褲綁得很緊，不過一位匿名的德國紳士卻用了三十九對之多。各位想像一下，他們進了廁所後該有多麻煩呀？要把一大堆蝴蝶結一一拆開、穿回孔眼，再重新綁好。這也就算了，更慘的是，有一半的結都在背後啊！

---

* 斯圖爾兄弟在烏普薩拉主教座堂（Uppsala Cathedral）慘遭謀殺的事件十分著名，他們遇害時穿的衣服也留存至今以作為記念。

固定於早上排便是男性的第一道防線，伊拉斯謨和他之後的作家撰寫實用建議時，都建議上流階層的男孩與紳士一早起床後，就該立刻到廁所、便器凳或便壺走一趟，以進行深度清潔，完成後再著裝，這樣衣褲綁好後，當天就比較不會再需要拆開露屁股，不過如果真的非解放不可，那怎麼辦？權力大（而且傲慢）的人可以命令貼身私僕陪同，幫忙解開並重綁繩帶，不過在解放當下，僕人或許能離開或別過頭不看；若要僕人待在現場，甚至逼對方幫忙擦屁股，那實在是噁心無比的惡行，不過再怎麼惡劣，也還是比不過逼平輩一同到廁所聊天的傻蛋就是了。

然而，一般男性並沒有一大堆卑微的僕人可使喚，不需承受優雅宮廷生活的壓力，而且腸胃有時難免不太牢靠，所以通常不會用上太多結點。平民百姓對於服裝的完美度不是那麼在意，所以固定衣褲的繩結也遠少得多，不過無論是富是貧，基本上都仍會面臨穿脫不方面的問題，當時便有兩種簡單且實際的解決方式應運而生。

馬褲只要正面和兩側有充分支撐，通常不太會掉，所以如果知道自己可能得獨力處理繩結，可以省略背後的孔眼不要綁；相反地，脫褲子時，也僅需解開左右兩側的結，而不必將繩子或緞帶抽出孔眼，即可露出屁股，這麼一來，完事後只要把褲子拉回原位，並重新打結就行了。不過容我提醒一句，若採用這個策略，起身時屁股的地方會顯得有點鬆垮，所以如果想維持服裝優雅，又想獨立作業的話，則可直接解開上衣的扣子，聳聳肩膀，讓衣褲在不分離

的情況下落至腳踝處，雖然會皺，但重新著裝時，就只要將上衣拉回肩膀扣好即可。裁縫見了大概會覺得非常糟糕，畢竟這樣的招式會使剪裁俐落、完美合身的套裝承受很大的壓力，導致縫線遭到破壞，不過我自己也認識一些常穿伊麗莎白時代服裝的朋友，他們多半都保證這種方法相當直接，而且速度較快，再說，連衣帶褲地整套脫下，不僅有助維持衣著優雅，也能防止上衣尾部弄髒，避免旁人腦海中浮現出上廁所的畫面。

我們在討論女性上廁所的姿勢時，曾稍微提過女人通常不穿內褲，不過其實許多男性也都不穿。歷史上僅有少許文本含有男性穿內褲的記錄，記載女性穿內褲的證據則更少。其中，相關文字與圖像都顯示義大利的高級妓女為了挑逗客人，會穿著形似燈籠的寬大內褲，而西敏寺的伊麗莎白一世雕像上也有一條亞麻襯褲，不過究竟是原先即有還是後人所加，我們無從得知；反觀雕像的緊身束衣就顯得較有說服力，應該是原始創作的一部分。約翰・紐迪格（John Newdigate）和理查・紐迪格（Richard Newdigate）兄弟於一六一九年在牛津唸書時，曾兩次於記帳本中提到男性內褲，一次是描述與長襪一起洗，另一次則是提到縫補的情況；到了一六八八年，蘭德・霍姆（Randle Holme）在《兵器寶庫》中說明可用於紋章的象徵性圖案時，將內褲定義為某些男性會穿在馬褲內的亞麻襯褲。不過總體而言，相關記錄仍十分稀少。

在英國的圖像記錄中，無論主角是男是女，只要人物光著屁

股，那麼畫家通常也都會連帶描繪衣物褪去的模樣，其中上衣、罩衫和長襪相當常見，但內褲和襯褲則很少看到，就連紐迪格兄弟其實也只是輕描淡寫地帶過。他們僅提及內褲兩次，時間點很近，似乎是洗熨時出了問題，隨後馬上縫補。除了洗衣的帳目之外，兄弟倆的帳本還記錄了在牛津大學，以及後來到倫敦律師學院就讀三年的花費，其中包涵為了五個場合而分別訂製的上衣費用、買新長襪十多次的花費，以及兩人購入的無數環狀褶領與頸環，但就是從未提到新內褲。內褲穿在身上時，本不該被外人看到，或許就是因為這樣，才顯得不太重要；另一方面，內褲可能是以特別耐穿的材質製成，所以不必經常替換。紐迪格兄弟雖然與眾不同地寫到了內褲（當代並沒有其他任何帳本或財產清單提及，這樣的情況要到往後的歷史時期才有所改變），但生活習慣可能與一般人大同小異——或許他們並不覺得每天都一定要穿內褲，也或許是把內褲當作外加式的配件，只有在穿最好的刺繡上衣時，才需要搭在褲子裡，畢竟上衣尾部是一般男性最常必須清洗的地方。

根據遺留至今的上衣，以及各路製衣記錄中提到的要求看來，基本的男用上衣應該要正好落在膝蓋上方，且左右兩側都要設計窄縫，一路從下擺開到大腿頂部，這樣才能將衣物前後都輕鬆快速地塞入褲子，且不會妨礙行動。若不小心發生「意外」，導致布料沾染令人不悅的「痕跡」，遭殃的基本上都是上衣尾部，褲子的內襯則可倖免，因此，上衣後擺素來給人一種汙穢的印象，若沒紮進褲

裡，總會令人覺得骯髒，原因有二：第一，會讓人想起廁所裡的景象，第二，對方屁股在褲裡光溜溜的模樣也會浮現腦海。

女孩大聲說

眾家姐妹，現在輪到我們理直氣壯地公然大聊月經囉！月經這個身體現象普遍令人反感，即使現在某些人已會公開談論放屁、大小號並以此開玩笑，但一般大眾對於月事話題仍敬而遠之。一般而言，行使所有身體功能時，都不該讓人看見，相關的行為與言談也都必須謹慎，但與其他層面的身體管理相比，眾人在面對月經時，總會更認真小心地遵循前述規則。許多受歡迎的民謠中都有關於小便、放屁、嘔吐、大便、吐痰、打嗝，甚至是射精的描述，但卻沒有哪一首提到每月一次的紅潮，甚至連暗指的含糊說法都找不到；對此，戲劇、詩歌、笑話、書信和法院案件記錄也一律保持沉默，只有為數不多的醫學文本經常性地提及月經，而且即使在這些文本中，許多作者也都因為害怕「淫蕩之氣」而避談女體，並以男體作為人類身體的樣本，好像性慾是女性獨有的特徵似的。

自阿維森納（Avicenna）以降（波斯學者，死於一〇三八年，正式的名字為伊本・西那[Ibn Sina]），多數男性醫學作者都曾引用過各式各樣的古希臘、羅馬與阿拉伯文本，這些作品聲稱子宮猶如汙水管，會匯集女體內的毒素與髒汙，以經血的形式排出。舉例來說，一五八六年的一段文字就如此寫道：「所有醫生都認為子宮裡滿是殘渣，就像汙水管一樣。」古老的宗教信仰也主張月經來潮的女性「敗壞不潔」，只要有她們在的場合，牛奶都可能凝固，酒會變酸，鏡子會模糊，就連象牙的顏色都會「汙濁」起來。雖然基督教並未以此為正式教條，民眾仍廣泛相信這樣的說法，不過醫界人士倒沒有全都買單，例如草藥學家尼可拉斯・卡佩博（Nicholas Culpeper）就曾在他一六五一年的《助產婦名錄》（Directory for Midwives）中表示「各方作家對此意見不同」；另外，一五四五年發表了史上第一篇完整英文婦科著作《人類誕生記》（*The Birthe of Mankinde*）的湯馬斯・雷諾（Thomas Raynold）顯然也強烈反對「月經本質就是骯髒」的看法：「女性的私事只有她們自己才知情，才知道要如何保養照顧，這方面我並不清楚；此外，我也不認為女性的任何身體部位比男性來得令人憎惡。」

雷諾本身是執業醫師，他上述這篇著作的主體，是從一本德文書籍翻譯而來，但每每遇到自身的理解、信念與原著衝突之處，他全都按照自己的意思增補、修訂，為女性辯護的意味相當強烈，而這種對女性生殖系統的正向態度，正是他帶來的改變之一。卡佩

博承襲了雷諾的思想，並於作品中清楚描繪了論點完全相反的兩個派別，其中一派的醫生主張經血「有毒」，是純毒素與各種廢料混合而成的濃縮物，所以他們行醫時的工作，多半是向病人保證能定期讓經血完全排出，因為即使只有一點點殘留，都可能嚴重危害女性的身心健康。這派人士提倡各種藥物，聲稱能「促進女性血液流動」，但其實藥裡經常含有胡薄荷等容易引發流產的物質；話雖如此，主流醫學理論也主張女性懷孕時，經血會化作營養，透過臍帶滋養胎兒生長，所以不會排出，此外，眾人也相信嬰兒出生後，經血會變成母乳，繼續為新生兒提供養分。雖然某些醫生相信前述理論是無庸置疑的「醫學常識」，另一派卻認為經血不具毒性，「只有量太大時才會造成傷害」，在概念上，基本上就等同於量太多或太少都不好。卡佩博雖認定女性生殖系統本質上很健康，但同時也相信經血容易混雜「不良體液」或「留在體內太久」，因而「敗壞」並導致「嚴重症狀」，所以女性在月經來潮時，確實經常出問題。

從約翰・霍爾（John Hall，莎士比亞的女婿）的病歷中，我們可以看出男醫師對女病人的典型回應。霍爾出版的記錄共包含九十三位女性病患，其中，他曾替十四位治療月經問題，約半數的診斷結果都是經血太多，另一半則是太少，大體而言，這兩種「失調症」他都是採淨化療法來醫治，只不過藥物成分不同，他在醫治自己的女兒時，還記錄了她每次服藥後的糞便量有多少。月經問題

的比例這麼高，代表霍爾是刻意朝這方面深究，經期狀態可能是他看診時必問的問題之一，換句話說，他已經先認定女性的月事容易出問題了。舉例來說，他女兒的症狀其實是「口部抽搐」，但他在治療時卻著重關注她月經沒有正常來潮，且認為她的好轉與經期恢復有密切相關。有些醫生相信經血內含具正面功效的毒素，有些則否，但可以確定的是，大眾多半認為月經既難處理又危險。

　　賽門・福曼（Simon Forman）的病歷也顯露了類似的思維。福曼有很大一部分的病患是女性，而他的療法則結合了占星學、古羅馬醫生蓋倫（Galen）的主流醫學，及帕拉塞爾蘇斯（Paracelsus）摻雜煉金術的概念。歷史學家羅倫・卡塞爾（Lauren Kassell）曾分析福曼針對女病人所寫的病歷筆記，發現有百分之四十四的內容提及生殖系統，且強調「體內管道因體液凝結而阻塞不通」（此處所指的體液，就是殘留體內的經血），而他也為此寫了一篇以月經為主題的論文。福曼詳閱占星表、觀察「在這方面深受困擾的許多女性」，並廣讀醫學文獻後，得出了這個結論：女性身心與情緒層面的許多健康問題，都是因為子宮內的物質沒能定期清理乾淨而引發。他加以研究後所留下的記錄，也極為稀有地含括了女性對於月經這個主題的說明：「我用心詢問幾位年長的已婚婦女、助產婦和其他人後，得知女性體內的管道每個月都會將男性注入的東西排出，而且是至少一次。她們說陰部會清除從男體獲取的所有物質，也會排氣，就像胃會嗝氣一樣。」這樣的說明讓福曼得知精液並不

會在子宮內停留整個月的時間，所以經血中也不會滿是腐爛的精子；這則簡短但寶貴的實用資訊，是他在任何醫學文本中都找不到的。

當時的人對月經雖有所了解，但誤解也同樣不少，導致非醫界的人對此事普遍抱持反感、厭惡的態度，由於話題尷尬敏感，所以某些人會拒談。舉例來說，教區居民就曾因牧師安布羅斯‧衛斯索普（Ambrose Westrop）在聖壇上提及「女性私密事務」，而覺得遭受嚴重冒犯，還批評他褻瀆「佈道戒律」；衛斯索普於一六四三年喪失牧師身分，財產也遭到沒入，這起事件就是他被控訴的主因。公開討論女性的身體現象，本來就是令人難以忍受的行為，換作是宗教場合，就更不用說了。

不過除了經血的實質汙染效應外，大眾之所以對這話題反感，原因還有很多，例如相關的宗教與精神意涵就是其一。在十六、十七世紀的人眼裡，夏娃之女在靈性方面特別不潔，所以整個女性生殖系統也蒙上了恥辱；亞當雖然也有犯罪，但罪行比較沒那麼嚴重，所以男性背負的罪也就相對較輕。人類之所以會失去神的恩典，被逐出伊甸園，完全得怪夏娃誘惑亞當；如果不是成長於基督教、猶太教或伊斯蘭教背景，聽到「引誘他人犯法比犯法（吃蘋果）本身還嚴重」的概念，大概會覺得相當詭異，但這種解讀方式終究對歷史產生了莫大的影響力。各派系的宗教分子都曾以各種形式指出女性特別容易犯罪、違反道德守則，且判斷力不佳，而這一

切，都只是因為她們是夏娃的後代。女人的話與行為都不能信，在多數人眼裡，她們一輩子都需要父親、兄弟與丈夫的監管與約束，至於女性則因為從小就耳濡目染，所以不僅不反對這樣的觀念，還經常會積極支持。換言之，女人天生就是比較低下、不值得信任，不像男性那麼堅強、純正，而月經正是她們軟弱、不潔的表徵。

經血畢竟只有女體會流，所以男性若有意批評，自然可以主張月經象徵夏娃的罪與恥辱，是次等生物才有的身體現象。抱持這種態度的男人最喜歡閉口不談月事，就連某些父親與丈夫都會堅稱那是「女人家的問題」，不該在男性面前討論，以避免受到月經「汙染」；相關用品也一律得妥善收好，不得讓他們看到，換言之，女性需謹慎而沉默地處理經血、忍受疼痛。當然，每個男人私底下對月經採取怎樣的態度，我們無從得知，或許某些人在家中並不會感到尷尬，而且願意給予支持也說不定，但社會的觀感與當時的意識形態，也確實導致許多人將月經視為罪惡、恥辱並避而不談，也不會因而受到責難。

另一方面，生產的痛與危險則較廣泛地受到討論，新教神職人員多半視之為公正的神對女性的懲罰，但同時也是清贖原罪的機會，所以女人該要視為「恩典」，以此為途徑來獲取神的祝福。供女性在產房誦讀的禱告文常會提到對神的感激，以及對疼痛的接受，因為對於「身負諸多罪行的我來說，這根本是賞賜」。眾作者對生產這個主題發表意見時，常憂心忡忡地將身體與靈性的純正併

為一談，如約翰・多恩（John Donne）一六一八年在聖保羅大教堂佈道以祝賀唐凱斯特夫人（Lady Doncaster）順利產嬰時，就老生常談地從生產的混亂、血腥與「髒汙」，談到原罪帶來的靈性汙點，並帶入了夏娃害人類失去恩典的故事。「母親背負原罪懷孕，胎兒又包裹於不潔之中，真有人能出淤泥而不染嗎？」他問完後又引述了長篇文獻，對糞便、血液與人類排泄物探討了一番。

　　理論上而言，這些擔憂與誤解已不該存在於現代的西方社會，畢竟許久以前，醫界便已確認經血並不含毒性或腐爛物質，多數人也不認為行經中的女性會導致牛奶凝固，而留存於子宮內的血液，更不是女性心理疾病及各種生理問題的根源，至於主張女性背負原罪的宗教領袖同樣少之又少（至少不如前人激烈），但三緘其口的尷尬態度卻遺留至今，即使是女性衛生用品廣告，風格都十分保守含糊，經典畫面可分為兩種：用藍色液體證明吸收率，以及安排形象健康的年輕女性輕快走過陽光灑落的草坪。若在公眾場合聊月經，旁人多半會要你閉嘴，許多男性都會臉紅、轉頭或直接離開，但最受不了月經話題的男性，通常就是最愛大放厥詞，喜歡用粗俗話語拿女性開玩笑的那群，所以我個人就曾為了顛覆社會現況，故意把月經掛在嘴上，看旁人是如何倉皇失措，而且我想某些女性一定也都用過這招。不過話又說回來，如果在當今這個「已開化」的世界，談論月事都被歸為不良行徑的話，那麼在文藝復興時代公開大聊，想必更會引發眾怒，畢竟在那個年代，大家都認定這方面的

顧忌是有所根據，而且醫生與神職人員也都全心相信女性的子宮及生理循環可能會造成道德、靈性與身體上的危險。

　　所以，就算想了解女性月經的相關資訊，想必也是不得其門而入，就拿民謠來說吧，哪個作者會想寫這題材引發眾怒呢？其他身體現象幾乎都可以寫，而且至少能逗笑某些潛在讀者；若要抨擊不良惡行也行，從通姦、偷竊到巫術、邪說，大致上沒有什麼不能談，就算是露骨地描繪駭人、可憎的行為也並無不可，但一旦提起關於月經的隻字片語，作品可就別想賣了。

　　那麼在文藝復興時代，女性究竟是如何處理月經的呢？這個問題常有人向我請益，通常都是年紀大且有自信的女性在較隱密的場合私下問我，不過我其實也只能猜，畢竟歷史上幾乎找不到關於這個主題的任何資料。我認為用品可能分成兩種：腰帶和栓條（pessary）。古人沒有穿內褲的習慣，所以吸收液體的襯墊勢必得靠某種腰帶支撐，事實上，這種方法的確流行於十九、二十世紀，而且也有流傳至今的例子和女性親口敘述的記錄可作為證明。襯墊可由布料摺疊而成，也可以是布袋內塞滿具吸收力的可丟棄式材料。只要是布，就和嬰兒的尿布一樣需要洗，一開始先置於冷水浸泡，之後再奮力刷洗一番。以現代的習慣而言（至少可說是近年的風氣），這種用品並不會跟家中的一般衣物混在一塊兒洗，二十世紀女性在說明清潔方式時，就表示襯墊要另外刷洗，而且需私下處理，不能假他人之手；這些染了血的布即使是被核心家庭的女性成

員看見，也都是要讓人羞恥的。我在家談論一九四〇與五〇年代的作法時，家族中的女性也這麼說，她們平時直率豪爽，這時卻羞紅了臉，十分激動地表示女性衛生用品絕不能和普通衣物一起洗。

襯墊和腰帶十分累贅，而且用起來不舒服，所以許多女性或許因而改用栓條，也就是現今所稱的「棉條」。栓條從前曾用於醫療，歷史上也不乏記錄，如卡佩博就曾在書中提到如何治療經血不足的病症：「如果不是處女，應將山靛屬植物摩擦至青腫，與矢車菊或用薰衣草油打過的大蒜一同放入袋裡，當作栓條。」話中的「如果不是處女」這條但書相當重要，讓我們能推測栓條是要置入陰道，且製作材料包含布料，同時也凸顯了人類重視處女膜完整性的文化，畢竟若將異物塞入處女陰道，那麼新婚之夜關鍵的「破處」時刻可就毀了。棉條當時若已存在（這點我無法確切證明），想必也是僅限有性經驗的已婚婦女使用，而不是給年輕女孩用的。

雖然無從證明，但我認為以下兩種方法相當實際，可能有人使用。第一種是將醫療用的栓條加以改良，基本上可以想像成一個亞麻小布袋裡裝滿具吸收力的各種材料，不過伴隨這個選項而來的是袋子破掉的風險，而且噩夢一旦成真，想必很不好受；另一種方法則是直接將亞麻布緊緊捲成圓筒狀。事實上，當代醫師使用的繃帶、石膏、布製墊枕和傷口填充物都形如圓筒，所以算是有歷史記錄背書，例如泰勒在他一六三〇年的假史詩〈讚頌純淨的亞麻布〉中，就提及了破損衣物、床單和餐巾的命運：

質地雖薄且形狀不佳，但這布，

醫生仍會撕成繃帶，照用不誤，

或是當作捲筒、枕墊、塗上石膏，

從頭到腳的痛都能處理、都能治好。

當然，他並沒有提到月經，但用吸收力特別強的舊亞麻布來阻擋經血，用途似乎很明顯。這種作法與現代棉條的相似度遠高於布袋，也不會造成破裂風險與隨之而來的問題，此外，與襯墊和布袋相比，一小條亞麻布也好洗得多。我秉持著歷史實驗的精神，把三種方法都嘗試過，而亞麻布條法確實最為可靠、舒適，也最不會弄得髒亂不堪，所以最得我心。

赤裸的真相

比起拿出沾了經血的布或公開討論月經處理手法，若只是單純裸露，似乎不那麼令人反感。裸露確實是給人一種邪惡、可恥的印象沒錯，但同時又帶有刺激感，能煽動情慾，而且也不是完全不能

提。這個主題可以談論，也可用作佈道內容，相關敘述可以出版，甚至連圖像都能發表，但前提是必須以譴責為名義，就好像許多報社記者會無所不用其極地猛挖醜聞，說是要檢舉惡行，但目的其實是以精采露骨的細節滿足讀者的渴望。只要裝成衛道人士，駁斥他人踰矩，就能盡情意淫，怎麼幻想都不會遭受懲罰。

以關於裸露的敘述而言，最有名的莫過於十七世紀中葉的重浸派（Anabaptist）、浮囂派（Ranter）、挖掘派（Digger）、貴格會和亞當派（Adamite）了。在那個實驗性知識與哲學當道的年代，抵制前述團體的宗教與政治派系（基本上，幾乎沒有誰不抵制）經常指控他們裸露身體。如果想汙辱他人，裸露是十分有效的手段，不僅風格真實，又能在大家看傻眼的情況下，以嬉鬧的態度使人嫌惡、反感。

有數十年的時間，眾派系的牧師都高聲宣揚「赤裸的真相」，並譴責時尚的虛華及掩飾本性的罪惡；我們先前也提過某些族群對虛假的招呼禮數、餐桌禮儀，以及與身分不符的裝束感到擔憂、苦惱。因此，有些人會深感共鳴地捨棄衣裝，藉此彰顯靈性的虔懇與純淨；但另一方面，裸露的身體卻也有種不受控制又淫蕩的可疑形象，是罪惡的象徵。

在一六四一年，由於出版品審查制度實質上已崩解，所以敘述、譴責宗教理念偏差的首批小冊子便應運而生，還配上生動描

繪裸體崇拜的木刻版畫。例如〈亞當派：招人譴責的新教派〉（A New Sect of Religion Decryed Called Adamites）一圖中，就有一名裸男站在椅凳上佈道，不遠處則站了一個頭髮濃密、蓬亂毫無整理的女子，脫下的罩衫就落在腳邊。牧師顯然是見了女體而有所反應，所以勃起得很厲害，而他面前則站著另一個裸男，用長棍戳打他的生殖器。這名男子嘴邊有個對話框，裡頭寫著：「驕傲的肉棒，你給我低頭。」這樣的圖像無論是放在書裡或納入民謠，都勢必會引人注目。根據版畫旁的主要文字，畫中的人物是自稱充滿熱忱的新教徒，集會禱告時會裸身站在神面前，不願遵從一般婚姻形式，且允許男性為了滿足慾望而與隨意與女性發生關係（不過女人可就沒有這種權利了）。事實上，相關敘述多半僅見於狗仔式的八

據說亞當派成員是這麼行敬拜儀式的。

303

卦文本，歷史上幾乎沒有確鑿的證據能證明這個教派確實存在，且依前述原則行事，但因為內容精采，所以出版商和大眾都不願放棄這個題材。

與這幅圖同年發表的，還有第二版的亞當派教條，這份出版品也搭配了一幅刻工極為粗糙的木刻版畫，畫中有八人全裸，一人勃起，兩人手持棍棒，還有一個對話框寫著「慾望退散」。這兩幅版畫都流行了很長的時間，且在問世後的大約十五年，都經常出現在各式各樣的小冊子中。舉例來說，〈慾望退散〉就曾作為一六四二

裸體敬拜的信徒可不只上頁那些。

年〈相親相愛〉（Love one another）這篇文本的插畫，也曾分別在一六四三與一六五〇年伴隨〈首次於利德賀街佈道的內容〉（A Sermon preached the first day in Leaden Hall St）和〈浮囂教派〉（The Ranters Religion）出現。隨著這個主題的發展，此類作品也逐漸開始融入不同場景，像是女子跪地親吻男人裸露的屁股，以及一小群有男有女的全裸舞者進行當時遭禁的聖誕慶典等等。

　　但畫中的那些，究竟是哪個派別的行徑呢？有些人說亞當派，有人說是浮囂派，也有人指控貴格會，如一六五五年的〈貴格之夢〉（The Quakers Dream）就是一例，反正只要拿宗教信仰詭異不尋常的派別開刀總沒錯。當時由於大小派系不斷切割、融合，又再分裂，所以標新立異的教派四處都是，相關爭議也因而鬧得轟轟烈烈，大家都想確定英國該信哪一派的新教，就連政府核心人士也為此吵嚷不已。眾人常把各派系搞混的現象，以下這首民謠描述得很生動，而且從口吻看來，這個主題似乎讓作者樂不可支：

> 教會會議有四年的時間，
> 可以用來確立宗教概念，
> 總歸一句，他們不知是否要改變，
> 不知該選哪個新教派來祝唸。
> 所有智者都問，我們該跟從哪一派來拜？
> 布朗派、長老派？
> 邪說四起的反律法派？

還是宗教獨立派？

無害的亞當派似乎也不錯？

這樣就不用穿衣服囉！

　　亞當派是否真的曾以宗教派系的形式存在，歷史學家的看法各不相同，對於浮囂派等資料較為詳盡的教派是否真的會裸體敬拜，意見也有所分歧，但無論這方面的記錄是虛是實，大眾出版品對這種古怪行徑的討論，都很可能刺激了年代稍晚的貴格會開始裸露。在貴格主義的早期文本中，「裸露是信仰象徵」這句話經常出現，一名原是成員，但之後反過來攻擊貴格會信仰的教徒就曾聲稱：

這次裸體的主角似乎是浮囂派信徒。

「他（艾比澤・克里帕）經常全身光溜溜地講道，簡直就是對神的褻瀆。」對於這反對意味強烈的評論，我們該全盤相信，還是抱持存疑的態度呢？這問題誰都很難說得準，不過可以確定的是，這番話若拿到街坊巷弄去說，想必會讓某些鄰居憤慨不已，並深深撼動他們的信仰世界吧。

汗臭沖天

謙遜與純淨的守則，其實只消幾吋肌膚就能打破。這話可能會讓各位聯想到靈性或道德上的純正，但我想討論的，其實是身體乾淨與否。以文藝復興時代的觀念而言，人體的本質十分骯髒，不僅流汗、出油、發臭樣樣來，還會產生有形的廢料和體液。在都鐸和斯圖亞特時代，大眾認為包覆身體的亞麻製品需定期換洗，才能常保清潔；髒掉的內著能帶走身上的髒汙，換上乾淨清爽的衣物後，人也會變得「整潔、乾淨又討喜」。

在敘述都鐸與斯圖亞特時期生活的一些通俗文本中，作者常提到衣服沒用水洗的現象，並帶領讀者譏諷廷臣華服貴到出奇，體

味卻臭如腐物，但事實上，古人對清潔這事可是看重得很。只要讀過這兩個時期的作品，不論文本類型為何，幾乎都很快就會注意到當中那種愛乾淨到有點強迫症的態度：美好的一切全是「乾淨又討喜」，而負面的事物則都「骯髒又汙穢」。各位應該還記得，文藝復興時代的罵人用語中，經常包含塵泥、蝨子和汙垢這類字眼，神職人員在佈道時，也會一再讚頌純正、潔淨與無瑕的美德，並將骯髒、敗壞與發臭譴責為罪惡；長相好的人一般會獲得香氣迷人、整潔有條理等讚美，但若長得醜，可就得承受衣物髒臭、邋遢的罵名了。常有人說清潔在維多利亞時代的重要程度僅次於神性，且當代人會將家務與衛生神化，但各位若讀過都鐸時期和斯圖亞特王朝早期的文本，就會知道真正有潔癖的其實是這兩個朝代，至少從記錄來看是這樣。

身體該如何保持潔淨，是另一大學問。肥皂會破壞保護皮膚的天然油脂，熱水則會使毛孔打開，所以兩種都沒人想冒險使用。根據當代醫學，毛孔大開的無油肌膚會使人容易生病，後果可是很嚴重的。據說傳染原會以肉眼看不見的方式，透過四處旋流的瘴癘之氣傳播，只要逮到機會，就會竄入人體之中。鼻孔顯然最容易入侵，幸運的是，毒氣雖不可見，卻帶有氣味，所以聞到臭氣時馬上走避，是第一道防線。在這樣的情況下，清潔就顯得特別重要了，畢竟家中若能常保乾淨，臭氣自然會退散，家中成員的衣物與身體也就不會受到侵擾。

第二容易被疾病滲透的則是嘴巴，所以飲食與備餐方式都得盡可能地保持乾淨，也因為如此，大家吃飯時通常會遵守禮儀規定，把雙唇閉緊；若有人嘴巴不闔上，那想必是個傻子，而且大概還是有病的傻子，畢竟門戶完全沒防守，毒氣要滲入還不簡單？不過在古人眼中，除了口鼻之外，病菌也會以毛孔為途徑，從肌膚進入身體，而且事實也證明，公共澡堂的確是某些可怕、惱人疾病散播的溫床（其中又以梅毒特別嚴重，因為許多妓女都會在澡堂與客人碰面），再加上政府後來還為了促進公共衛生，而關閉這類處所，所以大眾對熱水的恐懼也就有增無減了。

　　乾淨與否對健康至關重要，但要在不讓毛孔打開的前提下清潔肌膚，到底怎樣才辦得到？這時，乾淨的亞麻布就是世人的一大福音了。男性的亞麻製品多半是上衣，偶爾可能會加件內褲，每個人也都有許多長筒襪、幾頂睡帽，以及環狀褶領和頸環，並用這些品項將身體包得密不透風，幾乎不露出任何部位；至於女性穿的，則主要是一路延伸到脛骨中段的寬鬆罩衫，以下的部分則由長襪包覆。此外，女性日夜都得戴亞麻帽，除了手和臉以外，其他沒遮到的空隙也都要由頸環、頭巾、頭飾、打褶繡花胸衣、柵狀佩飾及罩紗填滿。

　　羊毛和絲這兩種常用質料會排斥水與油脂，但亞麻布反而能夠吸收，而且穿的時間越久，效果就越好。比起新布，因長期洗滌而有所磨損的亞麻能吸入較多身體廢料；再者，泥塵和油漬在白色的

亞麻上都很明顯，所以一看就知道乾不乾淨。由於肉眼就可看見髒汙，因此大家在衛生保衛戰中，都能以此作為警惕指標；同樣地，衣服只要保持乾淨，就能使旁人安心，讓他們知道自身健康不受威脅。亞麻衣物越常替換、清洗的頻率越高，布料能吸收、帶離人體的廢料也就越多。

以前，我常在書中、在電視上說明自己親身嘗試這種清潔法的經驗，也訝異地發現，即使好一段時間不洗澡，只按時替換整套的亞麻內衣褲，也不會髒到讓人難以忍受。當然，身體是不會像每天洗澡的現代人那麼香，但也不會散發難聞的惡臭，靠近時雖能聞到一點味道，但膚況十分健康，坦白說，我覺得比每天洗澡來得好。

所以古人相信亞麻布具有清潔功效，其實很有道理，而且頻繁換洗衣物也確實能保持身體潔淨。在十六、十七世紀，多數人雖然都用水洗手、洗臉、洗腳，也有少數族群能在私人空間享受熱水澡與蒸氣浴（例如亨利八世的宮殿就有寬闊的浴室），但若要照顧其他部位，則幾乎都還是得仰賴洗熨女工與乾淨的亞麻布。有鑑於這樣的生活方式，身體部位一旦裸露出來，旁人就很容易聯想到沒能以亞麻布包覆、擦落並吸收的髒汙、腋汗與頸部油脂，以及肌膚表面那些應該跟著布料一起進洗衣桶的汙垢，換言之，露出來的皮膚就是髒皮膚。

裸露的這層意涵，我們親愛的戴克先生說得很明白，他建議

傻蛋早上還沒著裝時，先「穿輕薄的上衣就好，或是……乾脆全身脫光」在房裡走來走去；如果天氣冷，則可「悄悄移動到壁爐邊坐著……讓壁爐的熱氣環繞全身，感受脂肪從兩側流下（就像煮飯時澆肉汁那樣）。」衣著整齊地坐在壁爐旁，並不會讓人覺得髒或不悅，但各位試想看看汗水殘留在裸體上的畫面，那可真是令人作嘔啊。

淫蕩之人

　　要想透過性方面的行為來使人興奮或反感，方法有很多種。猥褻行徑在文藝復興時代曾招來不少激烈抨擊，我們先前討論過的許多行為都曾被冠上淫蕩之名，像是穿著不當而散發挑逗氣息，著裙裝使男性放蕩、腐化，以及鐘形走法的暗示意味等等。當時，平民日常使用的語言常帶有強烈性元素，大眾文學中也有許多淫穢影射，多到湯瑪斯・布萊斯（Thomas Brice）在一五七〇年因而發表了〈對抗淫蕩式寫作〉（Againste filthy writing），感嘆眾人不知是「信神還是信邱比特」，並對許多作品中的「放肆音調與汙穢感

官描述」深表哀痛。

不過性本身並非罪惡，也不惹人討厭，只要雙方已成婚，而且目的是繁衍後代、增進感情，那麼熱烈激情又使人愉悅的性行為可說是再好不過了。醫界人士與神職人員都認為性是神允許的健康行為，能促進家庭和諧、心靈滿足，進而使夫妻生活美滿。無論社會階級，雙方合意都是合法性行為的先決條件，不過最崇尚這種概念的，大概是教育程度最高與信仰最虔誠的族群。

對於婚姻與性，天主教會的態度向來有點模糊，雖推崇禁慾生活為靈命典範，但同時也接受並推廣婚姻制度，表示神同意人類透過這種方式生兒育女。另一方面，新教則從成形之初就摒棄了獨身主義，畢竟許多人之所以會投入宗教改革，就是因為認定天主教會的濫行與腐敗多半源於封閉又禁慾的富裕修道院。對於改革派的信仰，許多僧侶與修女並不買帳，但馬丁・路德仍高調結婚、組成家庭，並鼓勵其他牧師也多加仿效。

對於許多自認新教徒的成人而言，禁慾和舊式宗教概念脫不了關係，所以新教色彩強烈的信徒常會感到些許壓力，覺得自己必須全然接受性與婚姻。除了宗教界以外，醫學界同樣推崇活躍的性生活。對於人類的生殖系統（尤其是女體的諸多層面），當時的醫界人士備感困惑，無法得出確定性的結論：男人會播種，那女性會嗎？子宮是不是像烤箱一樣，只是在男性灑種後將精子烤熟的容

器？妊娠期有多長？子宮內的狀況會不會影響到嬰孩個性和身體的發展？對於這些問題，學識廣博的專家意見各不相同，但認為女體如果也有播種機制，那分泌出的物質勢必也只會在高潮時產生，和男人一樣，所以男女都必須從性事中獲得愉悅，女方才可能懷孕。受基督教影響最深的族群原本就已將陪伴與生育視為婚姻的兩大要素，有了前述理論加持後，便更受鼓舞，覺得婚後就是要積極享受性生活。因此，教會人士形象雖然嚴肅，但和看似混亂無章的鄰居相比，他們對於優質性行為的積極度其實是過之而無不及。

所以性行為會遭人詬病，都是因為出了問題，而且眾人常將這些問題歸因於女性慾求不滿。有些醫生聲稱女人因體內有寒性黏液，所以生性渴望男人體內的熱血，飢渴的子宮也會吸乾男性的種；此外，醫界人士更一致認定女人的性慾遠比男人強而不受控制，好像這是不言自明的真理似的，至於教會當然也認為這是夏娃在伊甸園犯了罪的緣故：一回放蕩，永生都是蕩婦。

對於女人慾求不滿的說法，大眾文化似乎更是買帳，通俗文化中那些關於飢渴人妻四處狩獵的故事也為人津津樂道。舉例來說，匿名的短篇故事集《歡樂又有趣的故事與快速解答》（*Tales and Quick Answers, Very Merry, and Pleasant to Rede*，一五六七年）和《女人的欺瞞》（*The Deceyte of Women*，一五五七年）都是以尋求婚外情的女性為故事主軸；我們先前也曾提過，對女性的攻擊經常牽扯到性方面的行為，像是外遇、賣身、戴丈夫綠帽等，

即使另一半無能軟弱，或是明知偷吃情事卻不敢吭聲，女方也都會被罵「狐狸精」、「發春的賤人」。以此為主題的民謠數量豐富，其中又以〈倫敦的七名快樂人妻〉（The Seven Merry Wives of London，寫於一六八一年前後）較為特別，因為所有角色全是女性，而且一個個都大談性慾，並抱怨丈夫無法在床上帶來滿足：

> 鞋匠的妻子把碗斟滿
>
> 喊道，親愛的姐妹啊，我用特大杯敬我對他的期盼
>
> 真希望他能滿足年輕的老婆，
>
> 但淒慘如我，只能把真相說破；
>
> 我這輩子恐怕都無法生兒育女；
>
> 女人的勞力活兒卻永不停續。

她說自己慾求不滿，是因為先生「那支錘子太短」，表面上是指常用的製鞋工具，但顯然是委婉用語；白蠟製品工匠的太太抱怨丈夫「鮮少套用鑄模」，外科醫生妻子說結婚一年多，「他卻從未找到正確的血管深入」，想博取大家同情；鋪路工背負了兩項罵名，不僅「只有一顆圓石」，而且「使用撞錘的技巧也爛到讓人大開眼界」，小提琴家則老是「拉到變調」；只有鐵匠之妻表示先生會用「錘子和夾鉗賣力勞動」，讓她心滿意足。

從這些羞辱、民謠與故事中，我們不難看出大眾多半相信女人天生就是淫蕩。當時的人普遍認為少女比較害羞保守，人妻則對性

事十分苛求，至於曾經嘗過甜美婚後性生活的寡婦，據一六二五年前後的民謠〈人妻歲月〉（The Wiving Age）所言，她們可就會極度渴望「年輕小生來磨蹭圍裙」。

根據記載，上述的民謠與其他形式的通俗作品都是由男人執筆，所以這些文本反映的是男性觀點，不過場景若移到街頭，先攻擊人家蕩婦的則經常都是女性，而且也不只有受過教育的識字階級會這麼罵人。換句話說，男女都一致認定女人喜好性事，偏偏又軟弱沒有決心，所以有時就是會無法自我控制。

在描述女人不檢點的許多作品中，惡女的丈夫往往都性事無能，難以滿足、控制妻子的慾望，而作者也會在字裡行間透露對於這種男性的輕視態度。舉例來說，在前述的〈倫敦的七名快樂人妻〉中，大嘆失望的一位女性角色就語出威脅，表示情況如果再不改善，她就要另尋對象，而民謠的第一段也描述律師學院的洗衣女工尋歡冒險，與年輕培訓律師相好，還誇讚他們是「優良的運動伙伴」，適合在丈夫疏忽行房義務時相約活動；〈女人的欺瞞〉同樣有許多貶損丈夫形象的敘述，像是把他們描繪得衰老又無用，並以「如果主人在家，夫人或許就不會淪落至此了」這種尖銳的評論加以批判；更典型的則是《唱歌的辛普金》（Singing Simpkin）這齣搞笑歌舞短劇（通常安排在主要戲碼之後）。劇中的少婦因丈夫年邁又經常不在身邊，所以和好幾個地下情人私通尋歡，還把人藏入箱子，以免他們發現彼此的存在。戲中的情節完全是房事鬧劇，但

就角色的形象塑造而言，最令人同情的大概就是這位年輕人妻了。男人個個都是笨蛋或懦夫，甚至既膽小又蠢，只有她即使被各種蠢蛋包圍，仍巧於心計、手段高明。在這齣搞笑短劇中，作者怪罪的並不是少婦本身，反而是她的處境，畢竟面對性無能的老公，年輕女子能怎麼辦呢？換言之，丈夫無力行房或性趣缺缺，似乎和無法控制妻子的行為一樣不應該。兩種失敗雖有所不同，但也存在因果關係。

雙方若沒有婚姻關係，那性行為無論以何種形式發生，都算是惡行，對於這點，各位應該不感意外，無論對象是男、是女、是人還是動物，出軌、找情婦和花錢招妓都十分令人髮指，而且當代人也不畏攻擊。神職人員佈道時會激烈譴責，街坊鄰居會高聲謾罵，醫生撰文說明這種行徑可能造成身體傷害，法院則對偷吃被抓包的人祭出罰則，並盡可能地公開懲處，為的就是殺雞儆猴。

現代人在讀當時的批判性文本時，可能會覺得作者對踰矩行為的描述與非難並不是很精確。我們在本書開頭時就已提過，對於女人的各種不當性行為，無論是出賣身體，還是和外遇對象暗通款曲，古人都是以「婊子」（whore）一言以蔽之，即使只是舉止帶有性暗示或調情都不例外，而「淫穢」（immorality）一詞也是如此。我們現今用來指涉特殊性行為的字詞，古人似乎都只當統稱而已，例如當時的「bestiality」（在現代是「人獸交」的意思）可以指涉人與動物性交、男性肛交及男女肛交，而「獸性」

（beastliness）一詞則可描述性方面的各種惡行；「sodomy」（現在意為「雞姦」）的語意範圍同樣很廣，在一五七〇年的民謠〈所多瑪與蛾摩拉城駭人又淒慘的毀滅〉（The Horrible and Woeful Destruction of Sodome and Gomorra）中，甚至還延伸成「亂倫」之意。

有鑑於這樣的語言使用彈性，我們能看出古人認為「自制力」決定了所有行為的合宜與否，以及一個人是否有操守美德。他們相信神賦予了人類某些感覺與衝動，但對於恰當的展露方式有所規定，而婚姻就是身為人類的基督教徒為了實踐與神的聖約，而必須嚴格遵守的制度。野獸與動物會肆意濫交，但人有靈魂，懂得分辨對象、自我約束；婚姻這條界線很清楚，一旦確立，貞潔與淫亂的分野立判，至於是哪種淫亂，則不必費心定義，反正不潔、不道德的全都歸為同一類就是了。人若缺乏道德觀念，行事就會放縱，缺乏自我控制與約束。舉例來說，詩人暨牧師唐恩曾在一五九七年的〈諷刺之四〉（Satire 4）中，描述一名「喜愛婊子……男孩與……山羊」的放縱廷臣，並在此系列諷刺詩的第一首中，以泥土和裸膚的意象來描述兩種踰矩性行為：「但是，讓人心癢的饑渴、慾望與愛戀／使人享受的露與裸／都來自滿身淤泥的豐腴婊子或男妓小伙。」一旦跨越界線，捨棄了貞操，踏入墮落的世界，各種不道德的行徑都可能相繼出現，以這樣的邏輯來看，會找情婦的男人大概也會和男性及動物性交。

至此，我們已透過文本的指控，閱覽了許多行為不檢點的男女。在上流社會的成夥年輕男性中，常有喜歡公開炫耀情婦的人，戲劇和民謠也會描繪虛構的任性人妻與被戴綠帽的丈夫。如果憤怒的鄰居所言屬實，那麼每個城鎮的每個角落大概都有不少人性致高昂地在調皮搗蛋：佔女僕便宜的主人、趁丈夫出門時討情人歡心的女子、懷了身孕卻被拋棄的情婦，以及對小鮮肉無不覬覦的寡婦。教會法庭的記錄中，就滿是這類的敘述與指控，其中一個故事是

放肆不檢點的女人。有趣的是，除了衣著暴露外，作者也透過吸菸暗示她品行不佳。從這幅版畫中，我們不難看出當代人認為一旦踏入不道德的境地，所有不良惡行也都會接踵而至。

由倫敦的伊莉莎白・巴維克（Elizabeth Barwicke）在一六二七年告訴鄰居，不過說完後，自己卻也因而遭到控告。巴維克說她看見瑪莉・華頓（Mary Wharton）和皮爾森先生（Pierson）鎖上房門、共處一室，認為自己有義務「破門而入，結果發現皮爾森先生⋯⋯大汗淋漓，他們在幹什麼勾當⋯⋯應該不難想像。」坎特伯里（Canterbury）的瑪麗・菲爾波（Mary Philpott）也聲稱威廉・亞特金（William Atkin）在離開約翰・諾斯（John Knoth）之妻的床時，正好被她看到，而且她懷疑兩人不倫，還硬是從街上扳開了諾斯太太房間的窗。

無論是何處的教會法庭，都曾記下許多類似故事，但當事人多半強烈否認，因為我們參考的大都是被指控通姦者以詆毀人格罪提告時，所留下的記錄，不過也有某些案件的主人翁承認自己性事不檢點，例如一五九八年的麥可・弗羅德（Michael Fludd）即是一例，而指控他的則是費了很大一番功夫，想制止鄰居嬉鬧偷情的瑪格麗特・布朗（Margaret Browne）。五月十三日那天，克萊門特・昂特希（Clement Underhill）的丈夫不在，弗羅德一出現並溜上樓後，布朗便透過牆上的小窺視孔偷看。到了六點，昂特希把樓下的店關好，接著來到臥房，與弗羅德發生了「肉體上的交媾」，隨後布朗還看見弗羅德「用她的罩衫擦他那根棒子」，然後以「桶子還是盆子內的水來清洗陰莖」，並把丈夫也叫過去，所以他也看見了弗羅德的「水管在雙腿間晃動」。布朗將事發過程完整地向市長與

參議會稟報後，案件轉介至布萊德威爾法院（Court of Bridewell）審理，結果昂特希「遭到懲處」（可能是鞭刑），弗羅德則被罰了一英鎊。

當時的人之所以會自認必須呈報不道德的行為，讓當事人受到處罰，主要是因為相信神的懲治是以全人類為單位。無論透過文本宣揚或以口頭形式講述，所多瑪與蛾摩拉城都是十分受歡迎的佈道題材。在故事中，神在盛怒之下將這兩座城市徹底摧毀，僅有一位「義人」倖免，所以牧師希望眾人從中學到一個道理：個人的罪會致使整個族群都被神懲罰。這樣的信念在十七世紀上葉特別根深蒂固，所以信徒往往會彼此監督照應，也相信瘟疫、洪水和暴風雨等災難之所以會發生，是基督徒沒能恪守本分，導致神祭出集體懲罰。此外，他們認為異端邪說也會害整個群體遭到報應，而性行為不檢點恰好就經常起因於對神學理解不當。

現在再回頭想想反傳統的浮囂派信徒裸身崇拜時那滿帶威脅性的模樣，就會知道在古人眼中，他們錯誤的信仰不僅危及自身靈魂，也會迫害到周遭旁人的健康與安全。這些不忠於基督教真義的信徒若以詭異的崇拜形式惹怒了神，不僅他們自己必須受罰，就連沒能盡到教導與制止責任，將異端引上正途的鄰居也會遭殃。裸體教徒因興奮而產生不當生理現象，以及對於自由性愛的主張，是導致上天降災於世的兩大可能原因，所以許多小冊子與圖像才會特別描繪；我們先前看到的勃起之人要是再這樣放任下去，人類可能就

逃不過地獄焰火的折磨了。

　　所以，如果想以自身的存在惹怒他人，祕訣就是袒胸露背，露得越多、毛孔撐得越開，旁人越會認為你對非婚姻伴侶抱持淫慾，也就越會擔心、厭惡。隨意露出私密部位已屬惡行，但若逼旁人非看不可，或使他們無法迴避你身體的氣味或聲音，則更能招惹眾怒。如果晚餐時不小心放屁，可是控制得很小聲，那大家雖然會覺得不舒服，但通常都能體諒，因為有時就是憋不住，不過各位也要注意，與乾爽的屁聲相比，濕屁要噁心得多，畢竟聽了很容易聯想到排泄物與肛門鬆弛的狀態；另一方面，有些人則會抬起屁股、大聲嘆氣，並刻意說些什麼來引起眾人注意，以確保大家都知道自己在排氣，這麼一來，就連明明沒聞到的與餐者，腦海中也會浮現放屁的畫面。這種故意放屁，還存心要昭告天下的舉動不僅會使人作嘔，也會讓人覺得不受尊敬。

　　我們在前一章曾提過，吃東西時不把嘴巴閉緊會冒犯他人，原因同樣有二，一來是這種行為有失體貼關照，等於對他人不敬，二來則是因為嘴巴內裡本來就屬於太過私密的部位，要是大大張開，裡頭沾滿口水的食物又發出濕黏的聲音，讓人看見、聽見，那大家自然會覺得反胃。在吃飯吃到口水橫流的狀況下，故意轉向他人、

逼對方看，基本上就是狠招出擊；直到現在，多數人面臨不雅吃相與噁心的聲響時，也都還是會起身離開。

　　裸露同樣會使人恐慌，就算只是暗示也能達到相同效果。莎士比亞的《哈姆雷特》中，有一幕是王子以「整件背心全部鬆開」之姿面對歐菲莉亞（Ophelia），「頂上無帽；長襪凌亂／襪口沒有束緊，因而落至腳踝」，換句話說，就是露出小腿，緊身短背心沒扣，露出裡頭的上衣，而且沒戴帽子。歐菲莉亞看到這畫面後，認為他「彷彿剛逃離地獄」，她父親聽了女兒的敘述後，也覺得哈姆雷特肯定是瘋了──露出小腿和上衣？老天爺啊！看在當代人眼裡，他的反應似乎十分過頭，但各位若還記得我們先前的討論，請回想一下古人對身體的看法：人被逐出伊甸園後，穿衣服是變得多麼重要；此外，人類需透過行為證明自己與毫無靈魂的野獸不同，這樣的任務又是多麼迫切；再者，人體上的髒汙是由衣物所吸收，所以裸露就等於不潔。基於戲劇的表演性質，演員得以在台上公開裸露小腿，但如果再露得更多，戲可能就會遭到查核刪剪了。雖然只是表演，這個場景仍讓觀眾震驚不已，因為背心內的上衣很容易使人聯想到汗水，而且衣服鬆垮，能看進內裡，所以也暗示失控在即，整個畫面帶有一種獸性的性感。不過各位別忘了，「獸性」在現今的某些情境下或許帶有正面意涵，但在文藝復興時代可不是如此，畢竟在古人眼裡，放蕩可比性格乖張嚴重許多，因此，若身體散發出不受控制的野性氣息，著實令人擔心啊。

結　語　**壞到骨子裡**

　　希望各位讀到這裡時，都已擁有貨真價實的充足彈藥，集各方技巧於一身，能惹怒文藝復興時代的任何有禮公民，使輿論譁然。不過我們先前也提過，使壞並不總如想像中那麼直觀、簡單，面對各種情境，也得採取不同的策略，才能成功招惹到各個族群，沒有哪個方法能一體適用，因此，我們對出擊招數必須拿捏自如！

　　在我們所討論的年代，絕大多數人都偏好他人以脫帽屈膝的方式行禮，這種客氣的舉止能調節日常的人際互動，減少衝突，例如地位高的威權人士就特別喜歡旁人透過行為來體現社會階級，但對社會底層的平民而言，他們見人就得卑躬屈膝，可是自己若想獲得同樣的禮數與尊敬，卻比登天還難。或許就是因為太希望他人以禮相待，所以這個族群有時會出人意表地倡導有禮之舉，而且主張十分強烈。

　　無論社會位階高低，都鐸與斯圖亞特時代的英國人如果面臨他人不願脫帽鞠躬的情況，多半會感到不滿、訝異，甚至勃然大怒。

不過一如先前所述，有幾個小眾的族群卻主動表示他們不喜歡旁人行這種禮數，在我們討論的年代末期尤其如此。舉例來說，貴格會成員為了實現敬虔的生活態度，本身就不願脫帽屈膝，要是有人用這種方式行禮，可是會讓他們很尷尬的。

同樣地，多數人認為女人沉默、謙遜是值得讚賞的美德，所以女性最好惜字如金，即使開口說話，語調與用字也最好都要輕柔、溫婉，但另一方面，也有人對能在街頭與人對罵且毫不示弱的那種女性，抱持一定程度的景仰。當代的許多法院案件中，都記載了生動豐富的用語，我們得以由此看出，當事人在吵架時，若能妙語如珠、慧黠逼人，其實也是會沾沾自喜、引以為豪的。因此，雖然被罵「獐頭鼠目蠢王八」的人大概十分氣惱，但某些圍觀的群眾可能會看得非常開心，或許甚至還有些人很享受唇槍舌戰的過程，所以當代戲劇才經常以此為題，反映出口頭對罵是多麼地受歡迎。

要惹怒各個族群，必須採取不同策略；要因應不同時代改變戰術，同樣也不簡單。隨著時代改變，優良模範可能會變成惡行，再重回典範地位，變化速度簡直快得令人心慌。在一五九〇年代，任何人被罵王八，幾乎都會生氣，但這個詞的冒犯意味隨年代而有所增減，所以若早或晚個五十年，為此動怒的人都會減少許多。許多字詞其實都歷經過這樣的改變，例如「女巫」和「清教徒」，而這樣的現象也並不僅限於口語形式，像在一五七〇年代，招搖地拿圓盾虛張聲勢雖不被市政當局贊同，卻能在西史密斯菲爾德塑造出

勇於冒險、大膽無畏又充滿男子氣概的形象，吸引年輕女性的崇拜目光，但場景若移到一六二〇年代，女孩子就只會譏笑你老派、粗野又沒社會地位而已；同樣地，神職人員的躊躇走法受了許多年的敬重，大眾也多半能接受，但在一六二〇到五〇年代間，高調自稱「神之選民」的教徒卻大肆炫耀這種走法，有刻意矯飾之嫌，所以其他社會族群的厭惡之情便陡然劇增。

其他惹人厭的行為效果如何，則依當下的情境而定。以變裝為例，只要場合是在戲劇或本土娛樂活動之中，而且是男扮女裝的話，都尚屬正常、合宜（當然，如果觀者是少數的極保守派，那就另當別論了）；話雖如此，各位應該也還記得年輕男僕喬裝成女人，潛入產房參加產後聚會所造成的騷動，以及女人因頭戴「男性風格」的帽子上街而遭到的強烈抨擊。跳莫里斯舞時，經常會有一名男性必須裝扮成少女，但若把跳舞用的女裝穿到其他場合，則會引發敵意，甚至可能遭受法律制裁。事實上，在留存至今的官方記錄中，變裝案件多半是起因於當事人在不當場合裝扮成異性：混入只有女性能參加的產後聚會或許只是為了好玩，卻褻瀆了產房的純正傳統，使眾人驚愕氣惱；如果場景換作一群女孩子晚上在當地酒館碰面，變裝的年輕小伙子就算不請自來地加入，大概也不會有誰告上法庭。眾人或許會看他有點不順眼沒錯，但慌亂與驚嚇程度勢必遠不如產房事件。

就裸露與身體現象失控而言，嚴重程度同樣取決於事件發生

當下的情境。吐痰、放屁、小號與月經都是無可避免的自然身體現象，應當以潔淨的方式處理，而且最好私下進行，越是搬到公眾眼前，就越會惹怒旁人，不過公私界線也並不是唯一的判定準則。在輕鬆的場合犯錯還好，但若氣氛莊重正式，那可就很令人作嘔了，舉例來說，晚餐時當眾吐痰就比其他情況來得嚴重；此外，地點也有其重要性。在戶外吐痰不太會引人反感，但如果是走在時尚大宅擺放藝術品的長廊時吐，那除非有用手帕搗住，否則旁人馬上就會驚愕不已；社會地位的複雜影響就更不用說了，一般而言，僕役在主人面前都必須特別小心地控制身體現象，但與階級相當或較低的人相處時，自由度則大得多。

惡行的嚴重程度通常會因性別提升，許多不當行徑若出現在男性身上，的確會招致非難沒錯，但若犯行的是女性，則會變得罪大惡極、絕不可赦。在性行為方面，我們對這樣的雙重標準似乎已習以為常，男人上妓院或找情婦，多少能獲得寬容（大家總會說什麼「男生就是愛玩嘛」），但女性如果買妓、外遇，可就會遭受強烈譴責了。事實上，語言的使用也反映了這樣的差異，男人嫖妓時，身分是「顧客」，這個詞可涵蓋許多活動與關係，而且並不涉及身分本質，但女人的身分卻會因此而被定義，一旦從事了性工作，就會變成「妓女」，而沒有誰會以「以性交易為業的女性」來稱呼；性生活混亂的男性常獲得雄風昂揚這類的讚美，眾人還會以他作為男子氣概的榜樣，但如果想找讚揚女人性生活豐富的歷史記錄，可

就沒那麼容易了。

　　我在研究英國的文藝復興時，經常注意到這樣的態度，除了性行為之外，大眾在評判我們探討過的其他壞習慣時，對男女的回應也大不相同。舉例來說，女性如果過度沉溺於菸酒，所受的評判會比男性嚴厲得多，反觀男人就算喝酒喝到吐、當眾吸菸或在家大吼大吵、驚擾鄰居，也仍舊能獲得寬容，但換作女性，可就很難倖免於大眾非難了。男性是會被罵酒鬼、臭鬼沒錯，但女性則幾乎一律都得承受「婊子」的罵名；男人即使一度縱情於酒精，清醒後仍有機會重獲尊敬，可是女人一旦酗酒，之後若想重回從前的社會地位，可就有很長的一段路要走了。

　　大體而言，社會對女性的要求比對男性嚴格得多，男人犯個小錯尚可被原諒，甚至頗具笑果，但女人只要鬆懈個一時半刻，就很容易遭到公眾非難。舉放屁為例，男人即使當眾放屁，也不難以嬉鬧的態度一笑置之，化解尷尬場面，還能藉以展現穩健、有活力的形象。在貴族和庶民文學中，關於放屁的笑話多半是以男性為主角，而且敘述口吻大都十分陽剛。主人翁的形象經常好笑甚至有點調皮，但人格本質並不會因放屁而遭到質疑，基本上仍是個正人君子；相較之下，女性放屁的笑話就相當罕見，即使並非完全沒有，作者的筆調也通常無情得多，而且說法較為含糊、隱晦。各位不妨回想一下前一章那兩個公開發表的放屁笑話：角色清一色為男性的〈議會之屁〉說法直接，風格爆笑又歡快，反觀描述女性放屁卻怪

到狗頭上時，則只是輕描淡寫地帶過。女性沒能控制好身體現象時，各種形式的作品多半都會予以省略，表面上常說是為了展現「紳士風度」，禮貌、體貼地避免女性遭受檢視，但隱藏此說法之下的，其實是根本上的雙重標準：男性出錯沒什麼關係，所以可以公然嘲弄，但女性一旦犯錯就得馬上掩蓋，以免如此令人羞恥的情事被大眾發現。

我們在探討惡行惡狀時，也曾提過把壞事做好做滿的現象，也就是選定要以哪種方法使壞以後，便以模範生的姿態壞到極致。使壞的準則特別受性別影響，例如辱罵男女仇家時用語就相當不同；某些無禮的動作不分男女，有些主要只有男性使用（例如打大腿），有些則是女性的專利（像是雙手叉腰和搖晃手指）；此外，一如我們先前所述，兩性的打架型態也極為不同，肢體衝突多半發生於男性之間，女人較少涉入，即使真打起來，也只會攻擊敵方的臉與頭髮，會拿武器互鬥的，基本上多是男人。

搗蛋時該怎麼做才算正確，也取決於自身所屬的社會階級。在一五九〇年代，紳士即使好鬥，也不會直接出手互毆。正確的作法是先發出戰帖，然後於黎明時分與對手碰面；武器不是長棍或短劍配圓盾，而是單單一把西洋劍。要想違抗社會規範，方法也有分對錯，但更精確而言，或許該說規範分為許多層面，而多數人在使壞時，都只願意打破一兩個層面的規矩而已。舉例來說，決鬥不僅違法，也不符合教會與社會的期待，畢竟在多數人眼裡，寬容並保持

和諧才是情緒憤怒高張時的最佳處理方式，可是決鬥者願意撇開這些考量，當社會眼中的惡人，但也並非壞到極致，只是沒能讓所有人都滿意罷了。

在我們所探討的時期，英國完全沒有女性決鬥的相關記錄。這類敘述到了十八、十九世紀才少量出現，某些甚至可能是由後人偽造，但出了英國，則有英勇的瑞典女貴族格威爾‧葛蓮媞爾娜（Görwel Gyllenstierna）於一六一一年與姐妹的丈夫對決，而在十七世紀末葉的法國，茱莉‧達比妮（Julie d'Aubigny）也展開了她多姿多采的不凡生涯，不僅變裝、唱歌劇，也與人決鬥；反觀英國，關於女性決鬥的作品全都是純屬虛構。在《第十二夜》中，伯爵女扮男裝的年輕僕人（由年輕男演員所飾）遭受霸凌，不得不挺身和膽小的安德魯‧艾古契克爵士對峙，在這個當口，常態的性別規則幾乎要被推翻，但僕人的兄弟卻及時趕到，阻止了決鬥發生。由此可見，即使只是舞台表演，而且角色實際上是由男性飾演，女性決鬥的場景仍太過使人驚駭，讓莎士比亞決定避免。弗朗西斯‧博蒙特（Francis Beaumont）和約翰‧弗萊切（John Fletcher）在一六一〇年的劇作《少女的悲劇》（*The Maid's Tragedy*）中，則稍微比較勇敢地讓女扮男裝的角色（由年輕男性飾演）參與決鬥，並安排「她」因為失了防備而受重傷喪命。這一幕顯然是少女一劇的精采焦點，劇本出版時，封面的木刻版畫描繪的也是此幕中刺激的致命一擊。

在現實生活中，決鬥者不僅得符合性別期待，還必須遵照書面守則中的動作細節與流程規定：沒等到指定時間不得上場決鬥、地點得選在經過核可的場地，雙方也要事先達成協議，決定是要一見血就喊停，還是一直打到有人喪命為止，此外，決鬥中是否納入負責特定事項的角色（例如決鬥者選作「副手」的紳士是否應到場支持，並確保流程正確執行），也要先行確定。紳士若想成為決鬥模範生，就必須遵守各層面的規矩，接受廣為流行的社會榮譽守則所帶來的約束，遇上不該忍受的事，得表示憤怒不滿，並以符合自身社會階級與性別的方式回應；相較之下，村婦若與鄰居發生衝突，則應以口頭攻擊與手勢作為武器，才符合當下情境，以及她的性別

描繪女性決鬥的虛構作品——未免也太驚世駭俗了吧！

和社會地位。罵人、打手勢確實不好，但眾人都心照不宣地看作是可容忍的惡行，而且在這種狀況下有哪些話能罵，又有哪些意涵清楚的動作和手勢可用來助陣，其實也已有既定公式。當事人當然可以依吵架主題即興發揮，將常用的說法與觀點以不同的方式組合，甚至帶入自己發明的一兩句華麗用語，不過基本上都還是會依循既定模式。

在喜歡製造汙辱、傷害，使他人反感、厭惡的族群中，有許多特色明顯的團體，喜歡推翻普遍性的社會規範，以此作為自身派系的守則。我們在探討惡行惡狀時，常引用戴克在《傻蛋入門手冊》中針對行禮、裸露和用餐時上廁所等行為所給的建議。在他的敘述中，最高等級的「傻蛋」形象十分鮮明，基本上就是許多倫敦人在真實生活中每天都得應付，而且很瞧不起的討厭鬼。這本精巧的作品之所以饒富趣味且影響深遠，是因為戴客傳達了一個重點：那個年代的惡劣之人在行事時，其實也遵從著統一的標準，而這套標準塑造出的產物，就是書中的傻蛋。傻蛋的行為守則或許和父親與家教所選擇的不同，但看在自認反骨、富冒險精神且不受常態約束的有錢年輕人眼裡，卻是一以貫之的最高指導原則。

對傻蛋行為守則最為遵從的，當屬鄉間無所事事的紳士之子了。由於父親與兄長握有土地所有權，忙著監督地產，所以他們顯得有些多餘，也只能帶著繼承而來的少量遺產與零花用的小錢，聚集到倫敦，形成了小型次文化。他們的行為常帶挑釁意味，表面上

肆無忌憚，但其實心裡很需要歸屬感，畢竟已不容於主流社會了，只得好好融入叛逆的小團體才行。這群人對外表特別重視，會不惜重本地買精緻布料與流行服飾，此外也蓄長髮，營造獨特造型，與周遭市民呈強烈對比；平時常在幾處知名地點逗留，其中又以聖保羅大教堂的聚集密度最高。這些年輕的紳士之子是惡名昭彰地易怒，總認為自己高人一等，早上晚起，愛上劇院看戲及參加其他公眾娛樂活動，飲酒無度，也興致勃勃地追隨潮流吸菸，到旅社、酒吧與酒館吃東西時，行為總是粗野無禮。因此，要是有人說青少年次文化是誕生於二十世紀下半葉，那可能是對歷史不太了解。

傻蛋與上述的紳士之子在一六〇〇年前後特別多，他們出現於一五八〇年代，但在英國內戰即將爆發之際也逐漸消失。大體而言，其他喜歡放肆胡鬧的次文化族群所施展的惡行也相當類似，例如一五五〇到七〇年代那些拿劍與圓盾四處滋事的暴徒，以及形成於一五九〇年代前後的幫派都是處事無禮、任意行使暴力、過度飲酒、縱情吸菸且服裝奢華。這些不當行徑在城鎮與鄉間的各個社會階級都很常見，並沒有太大的獨特性可言，但在次文化成員及文藝復興時代的旁觀者眼裡，每個小團體的惡行組合都不相同，所以才各有特色。

除了這些遊手好閒的富裕男子外，也有其他團體的歸屬感是奠基於惡行，例如貴格會就是一例。貴格派教徒若知道我把他們與傻蛋、海克特幫，以及愛耍劍與圓盾惹事生非的暴徒相提並論，大概

會覺得很受侮辱,但事實上,他們也是故意省去客套禮節,以此為手段來強化團體的身分認同。在早期皈依貴格會的信徒所寫的自傳性作品中,主題經常是如何捨棄主流,改行正確的貴格之道,以及這個新教派是如何施加壓力,讓他們感受到改變的急迫性,且敘述筆觸十分直白詳細;另一方面,清教徒和「比清教徒更令人傷腦筋的新教徒」其實也是藉著違抗社會慣例,找到了極大的自我肯定,例如採特殊的走路姿勢,以親吻、握手的方式行禮,拒絕以健康之名敬酒,抵禦某些時尚潮流,以及大量使用「你」和「汝」這兩種稱呼等等,都在在彰顯他們與其他族群的不同。許多人為了強調自己已皈依新的教派,都會欣然接受這些非典型作為,就算冒犯到大眾仍在所不惜,而且也自認比一般人優越、高尚,所以和逆天幫、海克特幫以及提屠魯幫並沒有什麼兩樣。

說了這麼多,各位應該可以想見,若要壞得徹底、壞得毫無死角,那就得像變色龍一樣,時時調整說話方式、行為舉止、風格習性和衣著裝束等等,才能永遠和周遭的人處於對立狀態。

就許多層面而言,二十一世紀的現代人對此並不陌生,畢竟我們經常必須與意見、觀點各不相同的族群來往,所以也已習慣依據周遭環境、相處對象,甚至是當下的時間來調整自身行為,例如英國的無線電視以晚上九點為分水嶺,時間一過即可播放針對成人觀眾拍攝的內容,而美國廣播系統也有類似機制,在英文中稱為「safe-harbour」,字面意思為「避風港」。某些人認為帶冒犯意

味的字眼，在其他人眼中可能是營造歸屬感的途徑，像我學罵髒話的過程就是這樣，至今我還記得相當清楚。當時我在鐵路局工作，但派駐到某處時，卻特別覺得自己像外人，明明該學機廠的運作方式，男同事卻都不讓我參與。後來，我無意間在毫不自知的情況下，說了一個當地人認為粗魯無禮的詞，沒想到大家的態度竟因而軟化，突然間，我就因罵髒話而融入了他們。在那之後，眾人與我相處時都自在得多，而我也繼續在說話時穿插髒字，以顯示我是團體的一員。

此外，現代人對於控制身體的概念也相當熟悉。在從前的社會，處理身體現象、體液與廢料時，都應謹慎為上，這樣的觀念到現在仍十分強烈。我們如果鞋子被吐得亂七八糟，或看見馬桶被尿得到處都是，以及沒包好就隨手亂扔的棉條，都會覺得噁心，這樣的感受可說是直接證明了我們與古人的連結。調皮地放屁、打嗝以博取眾人一笑，或藉此在正式場合胡鬧，對我們來說都不陌生，畢竟許多人都曾經歷類似的場面；至於透過打扮方式和刻意選擇的言行舉止來激怒他人，則更是現代青少年的最愛。他們希望能透過這種途徑來營造身分認同，和十六、十七世紀的各個年輕族群其實沒有兩樣。

另一方面，「使壞也得按照規矩來」的概念同樣存在於當今社會，而性別也依然是主要的區分基準之一。雖然性別界線已不像從前那麼涇渭分明，但在現代人的刻板印象中，女性的爭執基本上還

是以口舌交鋒為主，男性則比較可能動手；此外，肢體暴力使旁人感受到的憤慨程度也和從前一樣，會受性別歧視影響。以目前越來越多年輕女性訴諸暴力的現象為例，八卦小報的嚴厲抨擊常語帶偏頗，明顯暗示沉溺恐嚇、搶劫與其他攻擊形式的女性比犯下相同惡行的男性來得更糟、更讓人害怕。

　　大體而言，惡行惡狀的某些層面是從以前延續到了現在沒錯，但有些仍大不相同，能讓我們看出古今迥異的心態。例如在禮儀之書中，文藝復興時代的作者會以順帶一提的口吻，提醒年輕男僕「盡量」不要殺人，這樣的建議現代讀者看了大概會嚇得倒抽一口氣；此外，女人看到鄰居跟外遇對象上床後，竟立刻跑去向倫敦市長告狀？換作是我們，應該會有所猶豫吧。

　　透過惡徒的行徑，我們能看出古人對名譽與敬意遠比現代人來得重視。一如我們先前所述，有些人的自尊和社會地位與日常生活中的細微行為緊密相連，而且關係錯綜複雜。由於這些行為的功能在於公開表示尊敬，所以這種人即使只是遭受最輕微的侮辱，反應都會相當劇烈，甚至經常為此訴諸暴力。此外，受尊敬與否與一個人在性方面的行為存在密切關聯，這項原則在兩性身上一體適用。無論爭執的起因為何，街頭叫囂都經常淪為「婊子」和「綠帽」滿天飛的對罵，原因無他，就只因為以這類說法攻擊他人最是有效。要找最容易攻擊的弱點，從性事這方面下手準沒錯，而且即使只是出言暗諷或毫無根據地含沙射影，也足以破壞對方的社會地位，或

至少達到威脅目的。

文藝復興時代的男性常赤手或持長棍、短劍行使暴力，由此我們可以看出十六、十七世紀社會對男子氣概的定義，與二十一世紀相當不同。從前，體魄、力量與剽悍之氣是領導力與權威的象徵，可為男人博取尊敬與崇拜；相較於社會低層的平民，貴族的階級越高，就要越是易怒、越愛動手，即使是面對家人，也要透過肢體上的「懲戒」來管控孩子、太太與僕人，以維持陽剛威武的形象。

文藝復興社會並不太會刻意避談性事，不過大眾對此抱持的看法可說是非黑即白，好與壞之間的界線就像楚河漢界一樣，但若說到更詳細的分類方式，則沒什麼人有興趣探討。

對於乾淨的亞麻布，古人執著到幾乎有點強迫症的地步，而裸露的身體部位則讓他們覺得厭惡反感。從霍拉刻畫的紙牌人物、荷琴森以銳利筆觸為丈夫所寫的傳記，到戴克的傻蛋和其他角色經歷的各種惡趣瞎搞，有些作者是以抱怨、牢騷的口吻來揭露不合禮節的行徑，但這些作品都體現了當代醫界對於疾病本質的理解。

對於自然界與人體的運作方式，以及人與神之間的關係，古人的信念與我們的理解大不相同，我們在研讀關於惡行的評論作品時，也一再見證這樣的差異。舉例來說，作者描述不良行為時，常會將人比作野獸，而且抨擊口吻與否定態度都比現代人談論獸性行為時強烈許多。這樣的差異提醒了我們，根據文藝復興時代的觀

點，神是以靈魂的有無來區分人與野獸，所以兩者間存在根本上的差異，這條根深蒂固的界線是無論如何都不能僭越的。

我們先前同樣提過，這個歷史時期的人認為兩性的身體與靈性有所差別，而這樣的想法也成了效果極強的驅動元素，形塑出男女特有的各種惡行。伊甸園的故事可說是核心因子，再加上蓋倫的體液理論經常進一步強化故事說法，所以兩性便在這樣的影響下發展出了相當不同的生活體驗。

當然，我們只談了些皮毛，但各位應該已經可以想見那個年代是多麼美好、奇異又耐人尋味了吧。文藝復興時期的異質性高，也十分複雜，更有許多不同族群、場合、處境與時機，讓人不得不巧妙微調自身的行為與回應，只不過古人的調整動機有時會讓現代的我們覺得詭異、甚至嚇人就是了。但話說回來，能夠探討古今觀點的差異，不是很有趣嗎？而且各位別忘了，我們也都是文藝復興先祖的後代啊！

致謝

　　這本書能誕生，要歸功於對我有所啟發的許多貴人。對於願意和我以各種方式一起胡鬧的親朋好友，我實在是怎麼都謝不夠：有些人在我讀到「鱈魚乾」這個罵人用語時，和我一起發笑，也有人花上好幾個鐘頭的時間，握著文藝復興時代的手冊，看著舉在半空中的一條腿，疑惑地想著下一步該往哪、又該怎麼踩，才不必跳起來。感謝堅持要分享軍隊經驗談的伙伴（雖然他們有時會太滔滔不絕，讓我不想聽都不行），也要謝謝許多人在我造訪全國各地的遺址時，悄悄上前問我一些詳細的歷史問題。能以這種方式分享我對歷史的熱忱，並從這麼多人身上學習、汲取靈感，我實在非常幸運。

　　我要特別向強與艾奇致謝，在寫書的這些日子裡，兩位的劍術技巧實在把我嚇得魂飛魄散；感謝杰奇和凱斯替我上了好幾堂大師課，讓我了解嘎嘎大笑的方式和賣魚婦大致的言行舉止；感謝教會我如何觀察旁人走路的伍茲小姐；謝謝和我一起實驗擤鼻涕方法的幾個孩子；也要謝謝大家為了禮貌起見而假裝有興趣，聽我長篇大論地談論當下遇到的棘手問題。

　　在此，我也由衷地想公開向所有資料處理人員表達無盡的感激，謝謝優秀的你們花費時日將手稿、財產名錄與法院記錄轉成文檔，製成數位化的文藝復興文本，讓世界各地的我們，無論身在哪

裡，無論從事學術工作與否，都能輕易探索歷史風貌。

此外，我也要感謝費歐娜‧斯萊特（Fiona Slater）和她在麥可‧歐瑪拉出版公司（Michael O'Mara Books）的團隊辛勤不倦的努力，並特別謝謝貝卡‧萊特（Becca Wright）整頓我混亂的語法、攻擊我恐怖的拼字，還揪出其他許多錯誤。要是沒有她幫忙，這本書的惡行惡狀，可就得再多添一筆了。感謝各位的洞見、耐心與技巧，書中如果還有其他錯誤，全怪我不周到。

不過我最要謝的，是馬克與伊芙。我對你們的感激堅定不移、始終如一。謝謝你們讓我看見光與亮。

參考資料

Anon., Cyvile and Uncyvile Life (London, 1579)

Anon., Th e Deceyte of Women (London, 1557)

Anon., Th e Babees Book (London, 1475)

Anon., Groundeworke of Conny-catching (London, 1592)

Anon., Th e Institucion of a Gentleman (London, 1555)

Anon., Tales and Quick Answers, very Mery, and pleasant to Rede (London, 1567)

Anon., Wine, Beer and Ale Together by the Ears (London, 1625)

Arbeau, Th oinot, Orchesographie (Langres, 1589)

Bales, Peter, Th e Writing Schoolemaster (London, 1590)

Bauman, Richard, Let your Words Be Few (Cambridge, Cambridge University Press, 1983)

Baxter, Richard, Reliquiae Baxterianae (London, 1696)

Becon, Th omas, Homilies: Against Whoredom (London, 1560)

Blount, Th omas, Th e Academie of Eloquence (London, 1654)

Boorde, Andrewe, A Compendyous Regiment of Healthe (London, 1540)

Brathwaite, Richard, Th e English Gentleman (London, 1630)

———, Some Rules and Orders for the Government of the House of an Earl (1603)

Bremmer, Jan and Herman Roodenburg (eds), A Cultural History of Gesture (London, Polity Press, 1991)

Breton, Nicholas, The Court and Country, Or A briefe Discourse Dialogue-wise set downe betweene a Courtier and Country-man (London, 1618)

Bryson, Anna, From Courtesy to Civility (Oxford, Oxford University Press, 1998)

Bulwer, John, Chirologia: or the Natural Language of the Hand (London, 1644)

————, Chironomia: or the Art of Manual Rhetoric (London, 1644)

Buttes, Henry, Diets Drie Dinner (London, 1599)

Capp, Bernard, When Gossips Meet: Women, Family and Neighbourhood in Early Modern England (Oxford, Oxford University Press, 2003)

Caroso, Fabritio, Nobilta di Dame (Venice, 1600)

Castiglione, Baldassarre, Il Cortegiano (1528)

Cervio, Vincenzo, Il Trinciante (Venice, 1593)

Clark, Sandra, Th e Elizabethan Pamphleteers (London, Athlone Press, 1983)

Clarkson, Laurence, Th e Lost Sheep Found (London, 1660)

Cockayne, Emily, Hubbub: Filth, Noise and Stench in England 1600–1770 (New Haven and London, Yale University Press, 2007)

Cogan, Th omas, Th e Haven of Health (London, 1584)

Cressy, David, Agnes Bowker's Cat: Travesties and Transgressions in Tudor and tuart England (Oxford, Oxford University Press, 2001)

Day, Angel, Th e English Secretary (London, 1586)

Dedekind, Friedrich, Grobianus et Grobiana: sive, de morum simplicitate, libri tres (Cologne, 1558)

Dekker, Th omas, Th e Gul's Horne-Booke (London, 1609)

Dekker, Th omas and Th omas Middleton, Th e Roaring Girl (London, 1611)

Della Casa, Giovanni, Il Galateo (1558)

Digges, Leonard, Stratioticos (London, 1579)

Durston, Christopher and Jacqueline Eales (eds), Th e Culture of English Puritanism 1560–1700 (Basingstoke, Macmillan, 1996)

Ellis, Clement, Th e Gentile Sinner (Oxford, Henry Hall, 1660)

Elyot, Sir Th omas, Th e Boke Named the Governour (London, 1531)

————, Th e Castel of Helth (London, 1534)

Erasmus, Desiderius, Th e Civilitie of Childehode (London, 1530)

Fissell, Mary E., Vernacular Bodies: Th e Politics of Reproduction in Early Modern England (Oxford, Oxford University Press, 2004)

Fiston, William, Th e Schoole of Good Manners (London, 1595)

Flather, Amanda, Gender and Space in Early Modern England (Boydell & Brewer, 2007)

Fox, Adam, Oral and Literate Culture in England 1500–1700 (Oxford, Oxford University Press, 2000)

Gainsford, Th omas, Th e Rich Cabinet (London, 1616)

Gheyn, Jacob de, Th e Exercise of Armes (London, 1607)

Giegher, Mattia, Li tre Trattati (Padova, 1629)

Gosson, Stephen, Th e Schoole of Abuse (London, 1579)

Gouge, William, Of Domesticall Duties (London, 1622)

Gough, Richard, Th e History of Myddle (c.1700)

Gowing, Laura, Common Bodies: Women, Touch and Power in Seventeenth-Century England (New Haven and London, Yale University Press, 2003)

——一, Domestic Dangers: Women, Words, and Sex in Early Modern London (Oxford, Oxford University Press, 1996)

Grassi, Giacomo di, His True Arte of Defence (London, 1594)

Greene, Robert, A Notable Discovery of Cozenage (London, 1592)

——一, Quip for an Upstart Courtier (London, 1592)

——一, Tale of the Proud Farmer and the Cutpurse (London, 1592)

Hailwood, Mark, Alehouses and Good Fellowship in Early Modern England (Woodbridge, Boydell Press, 2014)

Hall, Th omas, Th e Pulpit Guarded (London, 1651)

Hawkins, Francis, Youth's Behaviour (London, 1661)

Hawkins, Francis, Youths Behaviour, or Decency in Conversation amongst men (London, 1644)

Heywood, Th omas, Philocothonista, or the Drunkard, Opened, Dissected and Anatomized (London, 1635)

Hubbard, Eleanor, City Women: Money, Sex and the Social Order in Early Modern London (Oxford, Oxford University Press, 2012)

Holme, Randle, Th e Academy of Armory, or a Storehouse of armory and blazonry (Chester, 1688)

Hunnisett, Roy F. (ed.), Sussex Coroners' Inquests 1552–1603 (London, Public Records Offi ce, 1996)

Jones, Malcolm, Th e Print in Early Modern England: An Historical Oversight (New Haven and London, Yale University Press, 2010)

Lauze, F. de, Apologie de la Danse (1623)

Machyn, Henry, Diary of Henry Machyn: Citizen of London, 1550–1563 (edited by John Gough Nichols, New York and London, AMS Press, 1968)

Marston, John, Th e Scurge of Villanie (London, 1598)

Montague, Viscount Anthony M. B., A Booke of orders and Rules (1595)

Moryson, Fynes, An Itinerary (London, 1617)

Nashe, Th omas, Th e Anatomy of Absurdity (London, 1589)

O'Hara, Diana, Courtship and Constraint: Rethinking the Making of Marriage in Tudor England (Manchester, Manchester University Press, 2000)

Orlin, Lena C., Locating Privacy in Tudor London (Oxford, Oxford University Press, 2007)

Peacham, Henry, Th e Compleat Gentleman (London, 1622)

Perkins, William, Discourse of the Damned Art of Witchcraft (London, 1608)

Rhodes, Hugh, Th e Boke of Nurture for Men, Servants and Chyldren (London, 1577)

Russell, John, Th e Boke of Nurture (London, c.1460)

Saviolo, Vincentio, His Practise. In two Bookes. Th e fi rst intreating of the use of the Rapier and Dagger. Th e second, of Honor and honorable Quarrels (London, 1595)

Seager, Francis, Th e Schoole of Vertue (London, 1534)

Sharpe, James, A Fiery and Furious People (London, Random House Books, 2016)

Shepard, Alexandra, Meanings of Manhood in Early Modern England (Oxford, Oxford University Press, 2003)

Shepard, Alexandra, Accounting for Oneself (Oxford, Oxford University Press, 2015)

Silver, George, Bref Instructions upon my Paradoxes of Defence (written c.1600; published London, 1898)

———, Paradoxes of Defence (London, 1599)

Smyth, Adam (ed.), A Pleasing Sinne: Drink and Conviviality in Seventeenth-century England (Cambridge, D.S.Brewer, 2004)

Stubbes, Philip, Th e Anatomie of Abuses (London, 1583)

Swetnam, Joseph, Th e Schoole of the Noble and Worthy Science of Defence (London, 1617)

Tasso, Torquato, Th e Householders Philosophie (London, 1588)

Taylor, John, In Praise of Cleane Linen (London, 1624)

Th omas, Keith, Th e Ends of Life (Oxford, Oxford University Press, 2009)

Trevett, Christine, Women and Quakerism in the Seventeenth Century (York, Ebor Press, 1991)

Underdown, David, Fire from Heaven: Life in an English Town in the Seventeenth Century (London, HarperCollins, 1992)

University of California, Santa Barbara, English Broadside Ballads Archive (accessed online, https://ebba.english.ucsb.edu/, 2017)

Walker, Gilbert, A Manifest Detection of the Most Vyle and Detestable Use of Dice-play (London, 1552)

Walsham, Alexandra, Charitable Hatred: Tolerance and Intolerance in England 1500–1700 (Manchester, Manchester University Press, 2006)

———, Providence in Early Modern England (Oxford, Oxford University Press, 1999)

Ward, Joseph P. (ed.), Violence, Politics, and Gender in Early Modern England (Basingstoke, Palgrave Macmillan, 2008)

Weste, Richard, Th e Booke of Demeanor (London, 1619)

Whately, William, A Bride Bush (London, 1619)

———, Th e Poore Man's Advocate (London, 1637)

Wilson, Th omas, Th e Arte of Rhetorique (London, 1553)

Wurzbach, Natascha, Th e Rise of the English Street Ballad 1550–1650 (Cambridge, Cambridge University Press, 1990)

圖片來源

第一章

P16. Illustration from Civitates Orbis Terrarum. Liber Quintus by Georg Braun and Franz Hogenberg, Cologne c.1597

P35. Woodcut, London c.1620. From Th e Roxburghe Ballads, edited by J. Woodfall Ebsworth, Hertford 1899

P37. Th e Rich and Flourishing Cuckold Well Satisfi ed, London 1674 © The Bodleian Libraries, University of Oxford, 4° Rawl. 566 (22)

P38. Th e Severall Places where You may Hear News, c.1600. From Tittle-Tattle; Or, the several Branches of Gossipping from London in the Time of the Tudors by Sir Walter Besant, London 1904

P49. A caveatt for the citty of London, or, A forewarninge of off ences against penall lawes by Hugh Alley, 1598, photo held by Folger Shakespeare Library (CC BY-SA 4.0)

P62. A Pack of Knaves by Wenceslaus Hollar, 1640. Courtesy of the Thomas Fisher Rare Book Library, University of Toronto

P67. A Pack of Knaves by Wenceslaus Hollar, 1640. Courtesy of the Thomas Fisher Rare Book Library, University of Toronto

第二章

P81. The Chronycal of Englande by Anon, London 1515. From The English Woodcut 1480–1535 by Edward Hodnett, printed for the Bibliographical Society by Oxford University Press, Oxford 1935

P84. Illustration by Th oinot Arbeau, Langres 1589. From Die Tanze des XVI. Jahrhunderts (Nach Jean Tabourot's Orchesographie), Danzig 1878

P88. Illustration by Th oinot Arbeau, Langres 1589. From Die Tanze des XVI. Jahrhunderts (Nach Jean Tabourot's Orchesographie), Danzig 1878

P99. Illustration from Chirologia: or the Natural Language of the Hand by John Bulwer, London 1644

P100. Illustration from Chirologia: or the Natural Language of the Hand by John Bulwer, London 1644

P105. Th e Welshman's Complements, London 1642, Th omason Tracts E91,30 British Library, London, UK / c British Library Board. All Rights Reserved / Bridgeman Images

P108. Wall painting of the 'Prodigal Son' in Knightsland farmhouse, South Mimms, Hertforshire, c.1600

P113. Illustration from Chirologia: or the Natural Language of the Hand by John Bulwer, London 1644

P118. Illustration from Chirologia: or the Natural Language of the Hand by John Bulwer, London 1644

P119. Illustration from Chirologia: or the Natural Language of the Hand by John Bulwer, London 1644

P122. Illustration from Chirologia: or the Natural Language of the Hand by John Bulwer, London 1644

P123. Illustration from Chirologia: or the Natural Language of the Hand by John Bulwer, London 1644

第三章

P128. Engraving aft er Holbein from Henry VIII by A. F. Pollard, Goupil & Co., London 1902

P130. Engraving of the mercenary stance, 1510. From Vol. 1 Kulturgeschichtliches Bilderbuch aus drei Jahrhunderten by Georg Hirth, Knorr & Hirth, Munich 1882

P132. Detail of Cambridgeshire map from Th e Th eatre of the Empire of Great Britain by John Speed, London 1611, photo Marzolino / Shutterstock.com

P135. A caveatt for the citty of London, or, A forewarninge of off ences against penall lawes by Hugh Alley, 1598, photo held by Folger Shakespeare Library (CC BY-SA 4.0)

P139. La Bele Dame Sauns Mercy from Geoff rey Chaucer's Boke of Fame, printed by Richard Pynson, London 1526, photo 19th era / Alamy

P143. From Th e Foure Complexions by William Marshall, 1630. Kunstsammlungen der Fursten zu Waldburg-Wolfegg, Wolfegg

P155. Woodcut from the title-page of Th e Roaring Girle. Or Moll Cut-Purse by Th omas Middleton and Th omas Dekker, London 1611

P160. Woodcut from the title-page of Haec-Vir: Or Th e Womanish-Man, London 1620

第四章

P174. Th e Severall Places Where you May hear News, c.1600. From Tittle-Tattle; Or, the several Branches of Gossipping from London in the Time of the Tudors by Sir Walter Besant, London 1904

P178. A caveatt for the citty of London, or, A forewarninge of off ences against penall lawes by Hugh Alley, 1598, photo held by Folger Shakespeare Library (CC BY-SA 4.0)

P188. The Exercise of Armes by Jacob de Gheyn, 1607. Copyright of the Board of Trustees of the Royal Armouries

P195. A Straunge Foot Post by Anthony Nixon, 1613. C.27.b.4 British Library, London, UK / c British Library Board. All Rights Reserved / Bridgeman Images

P198. Illustration by Th oinot Arbeau, Langres 1589. From Die Tanze des XVI. Jahrhunderts (Nach Jean Tabourot's Orchesographie), Danzig 1878

P200. Detail of London map from Civitates Orbis Terrarum by Georg Braun and Franz Hogenberg, Cologne c.1575

P204. His True Arte of Defence by Giacomo di Grassi, London 1594. Reproduced by kind permission of the Raymond J. Lord Collection of Historical Combat Treatises

P211. Vincentio Saviolo his Practise in two Bookes by Vincentio Saviolo, London 1595, British Library, London, UK / c British Library Board. All

Rights Reserved / Bridgeman Images

P214. His True Arte of Defence by Giacomo di Grassi, London 1596. Reproduced by kind permission of the Raymond J. Lord Collection of Historical Combat Treatises

P222. A Mad Crue; or Th at shall be Tryed, London 1625. Woodcut from The Roxburghe Ballads, edited by Charles Hindley, London 1873

P224. Woodcut from the title-page of Th e Belman of London by Thomas Dekker, London 1608

P227. Copie of the Kings Message sent by the Duke of Lenox, London 1644, British Library, London, UK / c British Library Board. All Rights Reserved / Bridgeman Images

P229. The English Irish Soldier by Anon, 1641, British Library, London, UK / © British Library Board. All Rights Reserved / Bridgeman Images

第五章

P239. Woodcut c.1590. From Th e Roxburghe Ballads, edited by Charles Hindley, London 1873

P256. Woodcut from a ballad sheet Husbands Beware London, 1590. From A Pepysian Garland, edited by Hyder E. Rollins, Cambridge, Mass 1922

P257. A Looking Glasse for Drunkards; Or, Th e Good-fellows Folly, London 1660. Copyright the Bodleian Libraries, University of Oxford, Wood E 25(52)

第六章

P280. A Looking Glasse for Drunkards; Or, Th e Good-fellows Folly, London 1660. Copyright the Bodleian Libraries, University of Oxford, Wood E 25(52)

P285. A Pack of Knaves by Wenceslaus Hollar, 1640. Courtesy of the Thomas Fisher Rare Book Library, University of Toronto

P303. A New Sect of Religion Descryed, 1641. Copyright the Bodleian Libraries, University of Oxford

P304. A Nest of Serpents Discovered, London 1641, E.168[12] British Library,

London, UK / © British Library Board. All Rights Reserved / Bridgeman Images

P306. The Ranters Declaration, London 1650, E.620[2] British Library, London, UK / c British Library Board. All Rights Reserved / Bridgeman Images

P318. The Seven Deadly Sins, Luxuria. Lust by George Glover, 1635 © The British Museum

結語

P330. Illustration from the title-page of The Maids Tragedy by Francis Beaumont and John Fletcher, London 1650

裝飾用插圖

P18, 40, 76, 98, 110, 125, 152, 184, 197, 207, 219, 266, 281, 292, 301, 307. Illustrations by Th oinot Arbeau, Langres 1589. From Die Tanze des XVI. Jahrhunderts (Nach Jean Tabourot's Orchesographie), Danzig 1878

P12, 48, 60, 69, 115, 172, 233, 252, 275, 311. A Pack of Knaves by Wenceslaus Hollar, 1640. Courtesy of the Th omas Fisher Rare Book Library, University of Toronto

白目英格蘭：穿越到16世紀當混蛋，叫罵吃屎、仇女仇富、一言不合就單挑，莎士比亞也無賴的反指標文化攻略 / 露絲‧古德曼（Ruth Goodman）作；戴榕儀,葉織茵譯. -- 初版. --
[臺北市]：創意市集出版：家庭傳媒城邦分公司發行, 2020.10
　　面；　公分
譯自：How to behave badly in renaissance britain.
ISBN 978-986-5534-09-7（平裝）

1. 文藝復興　2. 西洋史
740.241　　　　　　　　　　　　　　　　109010890

白目英格蘭：穿越到16世紀當混蛋，叫罵吃屎、仇女仇富、一言不合就單挑，莎士比亞也無賴的反指標文化攻略

How to Behave Badly in Renaissance Britain

作　　　　者：露絲・古德曼 Ruth Goodman
譯　　　　者：戴榕儀、葉織茵
責 任 編 輯：張之寧
內 頁 設 計：家思編輯排版工作室
封 面 設 計：任宥騰
行 銷 企 畫：辛政遠、楊惠潔
總　編　輯：姚蜀芸
副 社 長：黃錫鉉
總 經 理：吳濱伶
發 行 人：何飛鵬
出　　　　版：創意市集
發　　　　行：英屬蓋曼群島商家庭傳媒股份有限公司城邦分公司
香港發行所：城邦（香港）出版集團有限公司
　　　　　　香港灣仔駱克道193號東超商業中心1樓
　　　　　　電話：(852) 25086231
　　　　　　傳真：(852) 25789337
　　　　　　E-mail：hkcite@biznetvigator.com
馬新發行所：城邦（馬新）出版集團
　　　　　　Cite (M) Sdn Bhd
　　　　　　41, Jalan Radin Anum, Bandar Baru Sri Petaling,
　　　　　　57000 Kuala Lumpur, Malaysia.
　　　　　　電話：(603) 90578822
　　　　　　傳真：(603) 90576622
　　　　　　E-mail：cite@cite.com.my
展 售 門 市：台北市民生東路二段141號7樓
製 版 印 刷：凱林彩印股份有限公司
初 版 一 刷：2020年10月
I S B N：978-986-5534-09-7
定　　　　價：420元

若書籍外觀有破損、缺頁、裝訂錯誤等不完整現象，想要換書、退書，或您有大量購書的需求服務，都請與客服中心聯繫。

客戶服務中心
地址：10483 台北市中山區民生東路二段 141 號 2F
服務電話：（02）2500-7718、（02）2500-7719
服務時間：週一至週五 9：30～18：00
24 小時傳真專線：（02）2500-1990～3
E-mail：service@readingclub.com.tw